2022 年汕头大学科研启动经费项目：
企业人权尽责研究（编号：STF22020）成果。

总顾问　徐显明
总主编　张　伟

企业人权尽责研究

刘林语
著

中国政法大学出版社
2025·北京

"人权文库"总序

　　"人权"概念充满理想主义而又争议不断，"人权"实践的历史堪称跌宕起伏、波澜壮阔。但不可否认的是，当今世界，无论是欧美发达国家，还是发展中国家，人权已经成为最为重要的公共话语之一，对人权各个维度的研究成果也蔚为大观，认真对待人权成为了现代社会的普遍共识，尊重和保障人权成为了治国理政的重要原则。正如习近平总书记所强调的："中国人民实现中华民族伟大复兴中国梦的过程，本质上就是实现社会公平正义和不断推动人权事业发展的进程"。

　　——人权之梦，是实现民族伟大复兴中国梦的应有之义。改革开放四十年以来，中国政府采取了一系列切实有效的措施，促进人权事业的进步，走出了一条具有中国特色的人权发展道路。在沿着这条道路砥砺前进的过程中，中国人权实践取得了举世瞩目的成就，既让广大人民群众体会到了实实在在的获得感，也向国际社会奉献了天下大同人权发展的"中国方案"。

　　——人权之梦，是我们对人之为人的尊严和价值的觉悟和追求。过去几年来，中国政府加快推进依法治国的重大战略部署，将"人权得到切实尊重和保障"确立为全面建成小康社会的重要目标，建立和完善保障人权的社会主义法律体系。《民法总则》《慈善法》《反家庭暴力法》《刑事诉讼法》《民事诉讼法》等一系列法律陆续出台或得到修订，中国特色人权发展道路的顶层设计被不断丰富和完善。

　　——人权之梦，是人类历史发展的必然趋势和时代精神的集中体现。1948年《世界人权宣言》颁布以后，人权事业的普及、发展进入了新的历史阶段。1993年第二次世界人权大会通过的《维也纳宣言和行动纲领》，更是庄严宣称："所有人的一切人权和基本自由……的普遍性不容置疑。"我国于 1991 年发表了第一份人权白皮书《中国的人权状况》，其序言里指出："享有充分的人权，是长期以来人类追求的理想。"2004 年"国家尊重和保障人权"被写入《宪法》，2007 年，人权又被写入《中国共产党章程》。自 2009 年以来，中国先后制定并实施了三期国家人权行动计划，持续加大人权保障力度。

今年适逢我国改革开放四十周年和《世界人权宣言》颁布七十周年，中国政法大学人权研究院决定着手策划出版"人权文库"丛书。文库着眼国内外人权领域，全面汇集新近涌现的优秀著作，囊括专著、译著、文集、案例集等多个系列，力求凝聚东西方智慧，打造成为既具有时代特色，又具备国际视野的大型人权丛书，为构建我国人权话语体系提供高品质的理论资源。这套丛书的筹备和出版得到了中宣部的大力支持，并有赖其他七家国家人权教育基地和国内学界多位专家学者的积极参与，同时还要感谢中国政法大学出版社的倾力相助。

此刻正值一年中收获的季节，文库的第一本著作即将面世，"九万里风鹏正举"，我们期待并且相信"人权文库"将会硕果累累，"人权之梦"终将照入现实。

是为序。

文库编委会　谨识
2018 年 9 月

前　言

　　20世纪以来，有关人权保障的各种社会运动不断涌现，人们认识到企业在消费者权益、劳工权利和环境保护等领域发挥着重要作用。在实践中，企业实施了侵犯人权不当行为的现象比比皆是，这些行为甚至违反了国家法律。此外，企业在国际经济发展和人权保障中的地位日益凸显，也促使学者开始思考企业的人权责任和应对企业经营中人权问题的策略。构建一个公平、高效的企业人权尽责机制已成为在这种新的国际形势下推进"一带一路"建设的必要条件和内在要求。

　　本书围绕企业人权尽责展开研究。企业人权尽责应当是一个广泛的概念，应当包括确保企业履行尊重人权的责任，必须具备必要的政策和适当的流程。《工商业与人权指导原则》确定了这项职责的三个组成部分。其一，企业必须制定政策承诺，以履行尊重人权的责任。其二，企业必须进行持续的人权尽责，以确定、预防、减轻和解释其对人权的影响。其三，企业必须建立适当的程序，以便能够补救其造成或助长的任何对人权不利的影响。而针对企业人权尽责这一问题，本书共分为七章进行论述。

　　第一章是关于企业人权尽责的理论依据。因为在企业人权尽责领域，西方学者提出了诸多理论，最典型的是利益相关者理论和社会责任理论。因而在本章会对这两个理论进行阐述，并分析它们各自与人权尽责机制的关系。首先，利益相关者理论包括两种，即规范性利益相关者理论和分析性利益相关者理论。利益相关者理论是企业人权尽责机制的重要理论来源，其核心是企业应当承担更加广泛的责任，通过帮助企业界定其影响范围，并且在人权尽责机制中加入利益相关者的参与，提高人权尽责机制的有效性。其次，企业社会责任理论强调企业应该在商业活动之外承担一些对社会的责任和义务。目前的企业人权尽责理念和原则都脱胎于该理论。最后，对于国际人权法下的企业人权责任进行探讨，介绍企业人权责任的历史发展，并分析跨国公司在国际人权法上的法律主体地位问题。

第二章从国际和国内的规则入手，分析了自愿主义路径和规范主义路径下规制企业人权尽责的规则，并探讨这两种路径对企业人权尽责制度发展的不同影响。自愿主义路径下更多强调的是一种法律规制之外的软法规范，其核心文件是联合国《工商业与人权指导原则》。该指导原则为企业承担人权责任提供了人权规则和原则。其中所建立起来的"尊重、保护和救济"框架得到了国际社会的认同。而规范路径则更加关注企业人权责任在法律层面的强制性规定。目前国际社会正在讨论制定工商业与人权条约，以在国际层面规范企业人权尽责。而在国内法层面，各国出台了一些有关强制企业人权尽责的法律规定。

第三章则聚焦在企业人权尽责的核心要素，探讨了企业人权尽责的内涵、权利范围、国家责任以及企业承担人权责任的具体要求。其中企业人权尽责的内涵部分讨论了人权责任的道德属性和法律属性。在国家责任部分，分别从母国责任和东道国责任展开论述，认为母国责任更多是对东道国责任的一种补充。在企业履行责任的要求方面，强调企业在进行人权尽责的时候应当履行注意义务，不得实施共谋行为。

第四章主要通过选取来自世界 500 强企业的人权政策承诺案例来讨论如何制定企业人权政策。首先，分析企业在制定人权政策承诺时的原则，包括承诺遵循国际标准，明确使用"人权"这个词汇，以及确保人权政策的公开和透明。其次，明确企业人权政策承诺针对的对象，尤其是利益相关者。最后，实质性的企业人权政策应当满足以下指标：结果导向；有明确的权利人和义务人；具有包容性；透明度；较为广泛的问责。

第五章则从负面人权影响的角度分析企业人权尽责中如何避免和人权有关的风险。识别和评估人权影响是企业人权尽责程序的启动步骤。

首先，明确企业负面人权影响的含义和类型，其包括潜在的人权不利影响和实际的人权不利影响。其次，从权利主体的角度出发，讨论妇女、儿童、土著人、移民等易受不利影响群体的权利保障。最后，对企业人权影响评估程序进行阐述。

第六章介绍企业人权尽责的相关补救机制。首先，补救机制是为了让人权受害者获得有效救济。而基于国家和基于非国家的非司法申诉机制应遵循的原则包括：合法；无障碍；可预测和公平。其次，本章讨论了理论和实践层面企业人权尽责存在的主要争议，包括域外管辖问题和企业、母国及东道国的责任承担问题。最后，分析了从国家和企业两个层面基于国家的非司法补救机制、国家司法补救机制、企业业务层面的申诉机制等补救制度。

第七章以中国为对象，分别从中国政府和企业的角度，分析企业人权尽责的实施现状，并给出针对性的建议。首先，本章分析了国际人权尽责规则对中国政府和企业的影响。其次，本章分别介绍了中国政府和企业在人权尽责领域采取的具体举措，涉及政府制定的相关法律和政策、企业发布的绿色承诺以及管理规则。再次，建议中国政府坚持可持续发展和合作治理原则，制定工商业与人权国家行动计划，促进人权教育。最后，从应对人权风险的角度对中国企业提出了建议，包括企业制定和完善人权政策承诺，强化人权风险防范能力，完善内部补救机制，进行内部人权培训。

目　录

导　论

一、研究缘起

20 世纪 90 年代，工商业与人权议题被纳入全球政策议程之中。跨国企业在全球的影响力急剧扩张，跨国投资和经营活动变得习以为常。但是公司侵犯人权的事件也随之增长，联合国对这种现象给予高度关注。[1] "工商业和人权"这一术语最早出现在 2005 年联合国人权高级专员在人权委员会第六十一届会议上递交的报告中[2]，其概念是"跨国企业和其他工商企业在人权方面的责任"。联合国《工商企业与人权：实施联合国"保护、尊重和补救"框架指导原则》（以下简称《工商业与人权指导原则》）成功提供了一个全球商定的权威标准，说明了国家和工商企业为保护和尊重所有商业背景下的所有人权需要采取的行动。同样重要的是，《工商业与人权指导原则》帮助各利益相关方基于一种"通用语"开展对话，这种通用语是私营和国家行为体都能理解的共同语言。自 2012 年以来，越来越多的利益相关方聚在一起，讨论如何落实企业人权责任，预防企业侵犯人权，并且为人权受害者提供补救。[3] 2020 年，促进可持续发展世界商业理事会将制定尊重人权的政策和人权尽责程序作为其成员资格的五项标准之一。

---

〔1〕 联合国大会：《工商企业与人权：实施联合国"保护、尊重和补救"框架指导原则》，第 A／HRC／17／31 号，2011 年，第 1~2 页。

〔2〕 经济及社会理事会：《联合国人权事务高级专员关于跨国公司和有关工商企业在人权方面的责任的报告》，第 E／CN.4／2005／91 号，2005 年，第 4 页。

〔3〕 联合国大会：《〈工商企业与人权指导原则〉十周年盘点》，第 A／HRC／47／39 号，2021 年，第 4 页。

第一，工商业与人权规则法制化在国际社会已经成为一种趋势，不少国家开始考虑甚至已经进行相关立法。这种强制化的企业人权尽责规则明确东道国责任，国家有义务保护人权免受社会中任何行为者，包括工商企业的侵犯。这意味着国家必须防止、调查、惩治和纠正国内工商业活动中发生的侵犯人权行为。此外，《工商业与人权指导原则》建议在各国领土或管辖范围内，国家应当明确其对企业的预期，即在企业开展经营的任何国家和任何背景下都尊重人权。

第二，在新时代，中国政府和企业越来越重视人权保障，积极应对国际人权发展的新挑战和人权负面影响。大多数企业负面人权事件的主要后果是企业的声誉受到影响，其产品或服务遭到消费者的抵制。上述情况都证明了这种负面公众关注的潜在成本巨大。而通过制定可信的人权尽责机制，企业将更有能力管理这些声誉、运营和法律风险。[1] 中国在 2013 年提出并执行了"一带一路"倡议，鼓励企业跨国投资和经营。诸多中国企业开始加入"一带一路"的建设中，在共建"一带一路"国家进行投资。但是，中国企业在境外遇到了人权风险的挑战。为了更好地推进"一带一路"建设，中国企业必须通过人权尽责来减少或预防人权风险，中国政府也有义务防止中国企业在境外侵犯人权。此外，在环境领域，中国对国际社会作出了碳达峰、碳中和承诺。因而，中国政府和企业确保企业人权尽责的实现，是如期实现该承诺，缓解全球气候变暖的重要举措。

第三，虽然企业经营的核心一直是生产产品或提供服务，并获取最大利润，但是我们需要考虑企业的行为能惠及更多的人，尤其是贫困和最弱势的人。对此，目前国际社会提倡可持续发展。其理念是满足当前人们的需求，却不有损未来人们的发展要求。[2] 由此可见，企业的商业行为和人权是密切相关的，它会影响到诸多人权，包括获得公正审判

---

〔1〕 Liesbeth Enneking, Ivo Giesen, Anne-Jetske Schaap, Cedric Ryngaert, François Kristen, Lucas Roorda, *Accountability*, *International Business Operations*, *and the Law*, London, Routledge, 2019, pp. 20-25.

〔2〕 The World Commission on Environment and Development (1987), *Our Common Future*, Oxford University Press, 1990, p. 87.

权、教育权、健康权和劳工权利等。我们应当利用全球经济为个人提供过上更好生活的机会，同时利用国际人权法来解决这种全球不平等。

二、研究意义

企业的商业行为和人权息息相关，并且可以通过企业尊重和保障人权，来推动人权保障水平的提高。企业人权尽责不仅对于企业的发展至关重要，而且也关乎国家的可持续发展。已有研究只注重国家责任或者企业的经济利益，本书将力图弥补空白，具体来说：

(一) 理论意义

第一，通过对企业人权尽责的系统化研究，有利于构建以尊重人权为主导的人权尽责理论体系，确保企业人权尽责和企业自主权之间的平衡，为中国企业的对外经营和投资行为提供理论指导，服务"一带一路"经济发展的需求。目前中国学界对工商业与人权缺乏系统化的研究，没能很好地满足中国企业"走出去"的需求。而且国际上的工商业与人权规则越来越完善，中国亟需建立起相配套的企业人权尽责体系。本书所做研究将有助于缩小国内和国际的差距，将国际规则纳入中国特色理论体系，更好地实现可持续发展。

第二，拓展国内人权研究的边界。工商业与人权研究既是一个跨学科的研究，也是人权研究领域有待发展的独特分支。目前中国国内研究集中在立法对策领域，对于国际人权标准和企业处理人权事件实践的专门研究并不多，只有少数学者探讨了这些人权标准对中国企业走出去的影响。但是并没有结合各国企业保障人权的良好经验，也没有考虑到中国企业在对外投资经营中所面临的特殊问题。[1] 本书搜集和分析各跨国公司具有典型性和代表性的人权判决或者事件，探讨各国构建企业人权尽责的立法和政策，加强对企业内部企业人权尽责机制的分析。

(二) 实践意义

第一，为中国企业防范和处理各种人权风险，应对人权指控提供指导，增强企业的软实力。目前，国际社会对于工商企业应当防止其行为

---

〔1〕 王立峰：《中国海外投资企业人权政策探析》，载《人权》2013 年第 3 期。

侵犯人权已经达成了共识，并且要求对企业侵犯人权行为进行救济。越来越多的中国企业开始跨境投资和经营，其面对基于国际人权规则和国内法的诉讼，以及基于事实与业务联系的各类人权负面影响的指控也越来越多。同时，工商业与人权领域新型国际规则的产生也对企业的发展空间形成挤压，因此需要加强研究，提供行动指导和解决方案。本文旨在通过对国际人权标准、人权风险分布，以及企业良好实践的研究分析，为中国企业提供识别和应对人权风险，解决人权诉讼和指控的系统性方法。

第二，规制跨国公司在中国构建可持续发展供应链，防范在供应链中出现的人权风险。目前跨国公司加大了在中国的投资，其在中国造成的人权负面影响也层出不穷。面对跨国公司利用其组织方式，经常躲在所谓"公司面纱"后逃避责任；或者跨国公司母公司即使有能力影响子公司的行为，却设法躲避为子公司承担责任；亦或者国家法院利用"不方便法院"拒绝受理案件等障碍，经社文委员会认为缔约国有责任采取必要步骤应对这些挑战，以防止出现诉诸司法的机会被剥夺的情况，并确保受害人有获得有效补救和赔偿的权利。这需要缔约国排除获得补救的实质性障碍、程序性障碍和其他实际障碍。而且随着全球化的不断扩大，企业的供应链在不断拉长。跨国公司在中国建立的子公司往往处于供应链的低端，对于员工权益、环境保护等人权保障存在诸多问题。因此，本书将构建企业负面人权影响的评估机制，规制跨国公司在中国的经营和投资活动，使其更加符合中国新发展理念。

三、国内外研究综述

近年来，企业人权尽责的研究已经成为前沿热点议题。国外学者十分重视企业人权责任，而人权尽责是企业人权责任的有机组成。随着各国立法和实践的需要，学者们在基础理论、法制化路径和人权尽责内容方面都有成果。中国学者的研究成果也日益丰富，不仅介绍了企业人权责任的内容，而且关注到了国际层面企业人权责任规范的发展状况，并对中国政府和企业提出了一些建议。但是国内对企业人权尽责的研究不够深入，难以满足中国企业走出去的需要。

（一）国外研究概况

迄今为止，企业人权尽责机制在国外学界作为工商业与人权的核心内容，其研究成果丰硕并渐成体系，包括企业人权责任的基础理论、企业尽责机制的法制化路径，以及企业人权尽责的核心内容三个方面。

1. 对企业人权责任的基础理论研究脱胎于"企业社会责任"，并成为一门相对独立的学科。其中论证企业人权责任的法理基础主要是企业社会责任论和利益相关者理论。

第一，国外工商业与人权研究脱胎于19世纪末期以来的"企业社会责任"理论研究。20世纪30年代，"伯利—多德论战"在美国法学界引起广泛关注，多德教授的观点挑战了传统的"股权至上"理念。随着经济活动社会和环境影响的不断扩展，企业社会责任理念渐成主流，强调企业不仅仅对股东负责，而且应该自觉自愿对企业的所有利益相关者承担责任。这种自愿主义的企业社会责任理论虽然也意在引导"向善的"企业行为，但经常以"业务必要"为行动基础和决策方向，因而缺乏可预测性、可比性以及公开透明性，并可能忽略社会公义和整体利益。[1] 20世纪90年代以来，贸易自由化、内部市场的去管制化和遍及全球的私有化，极大地拓展了跨国公司的权力，同时也使其在全球范围内对各类人权的负面影响得到了越来越多的关注。进入21世纪以来，企业的人权责任或者工商业与人权议程，作为企业社会责任的基线要求和伦理本源被学界和联合国等国际治理机构提出，国际人权标准被视为个体对抗跨国公司的"非基于业务必要"的普遍基准和价值主张，并开始探讨为此在国际、国内和业务层面建立保障机制。因此，国际人权标准被引入工商业研究，企业人权责任理念完善并重构了"企业社会责任"理论和机制，并使得工商业与人权研究逐渐成为一个独特的国际议程和一门相对独立的学科。21世纪以来，诸多著名学者发表了有关企业人权责任的著作与论文，包括约翰·鲁格教授自2005年担任联合国秘书长工商业与人权特别代表以来的系列研究，[2] 以及大卫·

〔1〕 李莎莎：《企业人权责任研究》，吉林大学2018年博士学位论文。
〔2〕 John G. Ruggie, Business and Human Rights, *The Dovenschmidt Quarterly* 4, 2013.

金利、[1] 苏利亚·迪瓦、[2] 罗里·沙利文、[3] 卡林·布曼、[4] 多萝西·鲍曼·保利[5]以及贾斯汀·诺兰[6]等学者的密集研究。此外，自《工商业与人权指导原则》出台以来，联合国不仅曾设立特别代表和专门的工作组，还多次举办联合国工商业和人权论坛，推动在联合国和其他国际治理体系中企业人权责任的主流化。这也使得联合国及其各个专门机构、经合组织、区域组织以及国际商协会组织、非政府组织甚至企业本身都致力于这一领域的专门性研究或技术性研究，涌现出了数量丰硕、视角新颖和理论深入的研究报告。

第二，在企业人权责任领域，西方学者提出了诸多理论，包括财务回报理论、风险规避理论、利益相关者理论、企业社会契约论和可持续发展理论等。利益相关者理论和企业社会契约论是其中影响较为广泛的。公司在国内和国际经济中发挥的作用是根本性的，过去几十年来，企业对人权的影响日益明显。自《工商业与人权指导原则》通过后，企业应当尊重人权已经得到国际社会的认可，其中核心是确立和落实人权尽责机制。但是对于企业应当采取人权尽责机制的根源，学者们展开了激烈的辩论。其中核心问题是：人权为企业发展能够带来什么好处？因而，学者们提出了不同的理论来回答这个问题。

（1）财务回报理论。许多学者研究的重点是衡量一家企业对企业社会责任的承诺与财务业绩之间的联系。主流论证观点是企业对人权的

---

〔1〕 Morten B. Pedersen, David Kinley, *Principled Engagement*：*Negotiating Human Rights in Repressive States*, London, Routledge, 2013.

〔2〕 Surya Deva, David Bilchitz（eds）, *Human Rights Obligations of Business*：*Beyond the Corporate Responsibility to Respect?*, Cambridge University Press, 2013.

〔3〕 Rory Sullivan, Andy Gouldson, *Climate Change and the Governance of Corporations*：*Lessons from the Retail Sector*, London, Routledge, 2020.

〔4〕 Karin Buhmann, Neglecting the Proactive Aspect of Human Rights Due Diligence? A Critical Appraisal of the EU's Non-Financial Reporting Directive as a Pillar One Avenue for Promoting Pillar Two Action, 3（1）*Business and Human Rights Journal*, 2018.

〔5〕 Dorothée Baumann-Pauly, Justine Nolan, *Business and Human Rights From Principles to Practice*, London, Routledge, 2016.

〔6〕 Robert McCorquodale, Justine Nolan, The Effectiveness of Human Rights Due Diligence for Preventing Business Human Rights Abuses. *Netherlands International Law Review*, 2021.

保障实际是一种潜在的投资，收获的潜在利益会超过成本。迄今为止，这些实证研究主要集中在企业社会责任方面，而不是人权责任方面。一些研究集中在企业与环境问题上；这些研究一致表明，企业社会责任政策至少对企业绩效有一些积极影响。因此，能否从成本—效益的角度量化，从而论证采取人权政策的相对成本和未来可能获取的经济效益是否成比例，仍然是一个悬而未决的问题。甚至有学者认为是否存在良好的人权商业案例并不是激励和证明公司尊重和保障人权的基础。[1]

（2）风险规避理论。在现代社会，人权是保护或治理社会中重大社会风险的社会机制。或者，正如乌尔里希贝克所说，工业化和全球化带来的风险，也就是现代化带来的风险。舒亨利将人权风险称为危害人类基本利益、体面生活和正常社会生活的"标准风险"。[2] 但是随着全球化的发展，市场代理人，特别是强大的跨国公司，在不断制造这些人权风险。因此，有必要扩大社会和法律保障领域，保护人们免受工商业行为所带来的社会和人身伤害。鲁格教授指出"事实上，历史告诉我们，当市场的范围和力量远远超出使其顺利运作并确保政治可持续性的制度基础时，市场对社会和企业本身就构成的风险最大"。目前大多数的研究都集中在规章制度方面。工商业和人权领域是一个新的监管领域，它为风险管理提供了正当性、合法性和基于人权的机制。此外，有学者研究表明大多数企业负面人权事件的主要后果是企业的声誉受到影响，其产品或服务遭到消费者的抵制。这些企业会成为媒体关注对象，引发消费者运动，甚至因与人权问题有关而引起偶发诉讼。上述情况都证明了这种负面公众关注的潜在成本巨大。学者认为通过制定可信的人权尽责机制，企业将更有能力管理这些声誉、运营和法律风险。在民意调查显示公众对企业的信任出现巨大波动之际，以可信的方式解决人权

---

〔1〕 MRobert McCorquodale, Justine Nolan , The Effectiveness of Human Rights Due Diligence for Preventing Business Human Rights Abuses. *Netherlands International Law Review*, 2021, p. 10.

〔2〕 Henry Shue, *Basic Rights. Subsistance, Affluence, and US Foreign Policy*, Princeton：University Press, 1980, p. 17.

问题是影响企业维护和恢复公众信任越来越重要的因素。[1]

（3）可持续发展理论。鲍曼-保利和波斯纳建议不再局限在财务回报和风险缓解上的争论，更多将人权和企业的可持续发展联系起来。其研究发现在每个公司内部，人权的商业案例既有消极的方面，也有积极的方面。消极的商业案例侧重于通过公司业务活动来避免面临人权风险和发生侵犯人权行为；积极的商业案例表明，积极主动地处理与其商业活动有关的人权问题会带来好处。他们提出了一个论点，即行业特定的人权标准既降低了声誉风险，又为公司带来了积极的好处。[2]

（4）公司治理理论的委托/代理理论。从公司治理的角度考虑企业承担人权责任的理由也颇受学者欢迎。其中，核心关于公司治理功能和责任的理论，旨在解释股东（委托人）如何有效地监督董事（代理人）的绩效，使其更负责任。[3] 解决这一难题的方法是，给股东强加代理费用，并要求进行严格的股东批准，这是在法律上影响公司经营的关键事件。此外，科斯于1937年阐明了交易成本经济学理论，该理论要求参照生产率的提高与交易成本的降低来衡量公司治理的有效性。[4]

（5）企业社会契约论。最早是由自然法学派提出，是卢梭、霍布斯等法学家解释国家成立的政治理论。而企业社会契约理论的代表人物是唐纳森和邓斐。[5] 其经典理论是"综合的社会契约"。古典政治哲学和最新的社会契约理论都被融入其中。其主要观点包括，在宏观层

---

[1] Liesbeth Enneking, Ivo Giesen, Anne-Jetske Schaap, Cedric Ryngaert, François Kristen, Lucas Roorda, *Accountability, International Business Operations, and the Law*, London, Routledge, 2019, pp. 20~25.

[2] Dorothée Baumann-Pauly, Justine Nolan, *Business and Human Rights From Principles to Practice*, London, Routledge, 2016, p. 27.

[3] Adolf A. Berle, Jr., Corporate Powers as Powers in Trust, 44 *Harvard Law Review*, 1931, p. 1049.

[4] 李培润：《委托代理机制下浅析公司治理与内部控制》，载《中外企业家》2019年第18期。

[5] 吴晓霞：《企业价值、社会契约与政府机制》，载《宏观经济研究》2018年第11期。

面，缔约者之间达成某种契约，这种契约中包括一些具体道德规范。[1]

（6）利益相关者理论。弗里曼是该理论的代表性学者。他在 2006 年的著作《利益相关者：理论和实践》（Stakeholders：Theory and Practice）中进一步阐述这一概念。[2] 其主要观点是，公司的网络延伸到受公司目标实现影响的个人或实体（利益相关者），包括消费者、雇员、政府和整个社会。而企业的利润最大化与国家管制并不冲突，但有时利润最大化必须适应对人权义务的追求，因此必然对追求利润的方式加以调整。[3]

2. 国外的跨国公司人权尽责研究越来越关注通过制度化路径来解决企业侵犯人权的治理困境，但在国际法理论层面难以获得突破。

传统国际法认为，企业不是国际法的主体。而国家作为国际法的主体，能够独立参与国际关系并直接承受国际法上的权利和义务。但是随着跨国公司在国际经济秩序中的地位的提升，企业在国际法上的地位有了一定的转变。一方面，仍有学者坚持认为在国际法中，国家是义务的直接承担者，而企业是间接承担者，它不能直接承担国际法的义务。[4] 另一方面，多数学者从现实主义角度出发，都认为就现行的国际法结构而言，保护人权的首要或主要责任在于国家，而不是企业，因此鲜有学者突破现有的国际法基本权力框架，例如主张使企业成为国际法或国际人权法的主体。所以，自 2011 年以来，国际上关于工商业与人权问题的研究也集中于如何在现行国际法和国内法框架下，分配和协调国家的人权义务和企业的人权责任。

目前，工商业与人权领域的国际和国内规则演变有着明显的法制化趋势。在国际层面，2011 年联合国人权理事会核可了约翰·鲁格教授团

---

〔1〕 吴晓霞：《企业价值、社会契约与政府机制》，载《宏观经济研究》2018 年第 11 期。

〔2〕 Andrew L. Friedman, Samantha Miles, *Stakeholders：Theory and Practice*, Oxford University Press, 2006, p. 36.

〔3〕 Andrew L. Friedman, Samantha Miles, *Stakeholders：Theory and Practice*, Oxford University Press, 2006, p. 40.

〔4〕 Surya Deva, Human Rights Violations by Multinational Corporations and International Law：Where from here?, *Connecticut Journal of International Law* 19, 2003, p. 23.

队起草的《工商业与人权指导原则》，要求国家建立和完善政策和法律机制尽到保护人权免受企业损害的义务，同时要求企业建立人权政策和人权尽责管理机制以落实尊重人权的责任。尽管这是第一个得到国际社会普遍认可的工商业与人权领域的标准文件，但部分学者也质疑其遗留下大量仍待解决的争议问题。例如苏里亚·迪瓦认为跨国公司的义务不应仅仅局限在尊重人权；[1] 另一些学者也认为《工商业与人权指导原则》缺乏落实责任的问责机制。因而，在 2014 年 6 月，人权理事会通过第 26/9 号决议要求拟订一项具有法律约束力的国际文书。此外，部分国家近年来也开始制定具有约束力的相关法律，例如英国的《现代奴役制法》、法国的《人权警戒义务法》、美国的《多德-弗兰克法案》以及拟议中的欧盟《企业人权尽责法案》等。这使得学界开始密集探讨工商业与人权关系的制度化路径。有些学者坚持规制主义理论，认为法制化会强化原有的共识，更好地解决问题。[2] 也有学者认为应鼓励和优化自愿主义路径，认为法律约束不是解决工商业的人权影响的最佳工具。[3] 总而言之，有关企业人权责任的研究已经不再停留在将企业人权责任直接定位为软法文书和价值主张，而是探索应当如何使企业的人权责任机制化，从而更易于衡量、监督和追责。

（二）国内研究概况

总体而言，目前国内直接研究企业人权尽责机制的文献很少。现有的文献多是基于国际工商业与人权的规范，探讨企业人权责任的性质与追责问题，主要包括企业人权责任的法理基础、企业人权责任的内容和实现机制等三方面的内容。

第一，在责任的法理基础上面，中国学界的研究成果没有把企业社会责任和人权责任进行很好的区分，没有形成系统化的企业人权尽责研

〔1〕 Surya Deva, Human Rights Violations by Multinational Corporations and International Law: Where from here? , *Connecticut Journal of International Law* 19, 2003, p. 22.

〔2〕 Kimberly D Krawiec, Cosmetic Compliance and the Failure of Negotiated Governance, 81 (2) *Washington University Law Quarterly*, 2003, p. 32.

〔3〕 John G. Ruggie, Just Business: Multinational Corporations and Human Rights, Norton, *Amnesty International Global Ethics Series* , 2013, p. 5.

究。自 20 世纪 90 年代以来，中国学界逐步引入和吸收了"企业社会责任"的概念，并主要从利益相关者理论的角度进行对策研究和企业管理研究，其中出现了诸多实证研究成果，但集中在工商管理领域，因而具有浓重的"业务导向"和工具主义色彩。有的学者从基础理论出发，在实然和应然的层面研究企业和人权的关联，从而论证企业人权责任的法理依据，如李玉杰[1]、孙丰云。[2] 此外，2016 年程骞的博士论文《公司人权义务的法哲学原理》一文从法理学视角分析了公司人权义务，探讨企业在市场、社会及政治层面的主体属性，强调企业需要承担人权义务，但是并没有论述人权尽责背后的法理基础。[3] 于亮则从工商业与人权的角度出发，探讨跨国公司母国的人权义务。[4]

　　第二，中国学者关注到国际层面企业人权责任的规范在不断发展，并认识到这些规范对中国也有着重要意义。隆德大学的拉杜教授和武汉大学的张万洪老师肯定了《工商业与人权指导原则》在工商业与人权议程中的核心地位，在论文中还介绍了该议程中的前沿问题，并提出在新时代的背景下，中国应当更加重视工商业与人权。[5] 还有学者探讨了跨国公司与人权保护之间治理缺口的根源，分析跨国公司应当承担的人权责任，进而提出中国在解决该问题中应当发挥的作用。[6] 此外，针对最新的工商业与人权条约草案，李卓伦通过对企业人权责任的比较分析，探讨了该条约的适用范围以及中国参与到条约草案谈判之中的必要性，并对中国的参与路径提出了具体建议。[7]

　　第三，关于企业人权尽责的内容方面，大多数学者的研究集中在介

　　〔1〕李玉杰：《工商企业在商业活动中尊重和保护人权的责任》，载《天津商业大学学报》2015 年第 1 期。

　　〔2〕孙丰云：《企业与人权的伦理关联》，载《道德与文明》2016 年第 2 期。

　　〔3〕程骞：《公司人权义务的法哲学原理》，武汉大学 2016 年博士学位论文。

　　〔4〕于亮：《跨国公司母国的人权义务》，法律出版社 2020 年版，第 1~7 页。

　　〔5〕Radu Mares，张万洪：《工商业与人权的关键议题及其在新时代的意义——以联合国工商业与人权指导原则为中心》，载《西南政法大学学报》2018 年第 2 期。

　　〔6〕隽薪：《国际投资背景下的跨国公司与人权保护》，法律出版社 2019 年版，第 52~138 页。

　　〔7〕李卓伦：《工商业人权条约的适用范围研究——兼论中国参与工商业人权条约进程的必要性与途径》，载《南海法学》2020 年第 2 期。

绍企业人权责任或者企业人权义务的内容，没有全面系统地论述企业人权尽责。有的从主张企业人权责任的内容限于企业尊重人权。而有的却认为企业不仅要尊重人权，还需要保护人权。李莎莎在其博士论文《企业人权责任研究》中提出企业人权责任不同于国家责任。企业的人权责任范围也不是所有的人权。她认为在现有人权体系中，企业人权责任是有边界的。[1] 胡珀、李卓伦从历史发展的角度揭示了企业人权责任"软法"和"硬法"规则的互动，认为构建企业人权责任制度需要加强国际合作和多层治理。[2] 袁楚风则从人权保障的视角出发，阐述了企业人权责任和国家义务之间的关系，进而分析为了实现企业人权责任，国家应当承担的四类人权义务。[3]

第四，在企业人权责任的追责机制或者实现机制上面，主要是立足于现有的国际软法规则。有的从人权保护的实践和《工商业与人权指导原则》出发，探讨针对企业侵犯人权的应对举措，试图构建企业人权尽责机制或人权政策，如王立峰。[4] 也有的学者结合中国的国情，根据一带一路的政策导向和中国企业对外投资发展中的问题，探讨联合国《工商业与人权指导原则》等国际文件中的人权标准对中国企业的影响。[5] 但是缺乏对这些政策性研究和企业行动的指引研究，也缺乏如何将这个议程的"国际化"的深入思考。

不少学者还对企业人权责任的法制化进行研究。例如许斌在其博士学位论文《论工商业人权责任的制度化》中对工商业与人权责任的软法与硬法发展进行梳理，提出在责任实施规范方面，公约应采取间接方式进行规定。同时建议围绕人权尽责构建工商业人权责任公约，建立层级化内部实施机制。人权尽责既是风险管理方法，也是一项注意义务。

---

〔1〕 李莎莎：《企业人权责任研究》，吉林大学 2018 年博士学位论文。

〔2〕 胡珀、李卓伦：《企业人权责任的历史演进与未来展望》，载《北华大学学报（社会科学版）》2020 年第 3 期。

〔3〕 袁楚风：《企业人权责任实现的国家义务》，载《温州大学学报（社会科学版）》2016 年第 6 期。

〔4〕 王立峰：《中国海外投资企业人权政策探析》，载《人权》2013 年第 3 期。

〔5〕 李林芳、徐亚文：《"一带一路"倡议与中国企业承担人权责任策略探析》，载《北方法学》2020 年第 2 期。

而且要求缔约国采取外部措施，指导和确保企业实施人权尽责，并在一定程度上支持域外管辖。[1]

　　值得注意的是，与学界研究滞后相比，中国的业界，尤其是行业组织在企业人权尽责议题上的研究不仅较早，而且更为深入。例如，梁晓晖博士在 2005 年主创的《中国纺织服装企业社会责任管理体系》在中国首次提出了企业"尊重和保护人权"的理念，并且研究和制定了一系列帮助企业履行尊重人权责任的管理工具和培训系统。此后，中国五矿化工进出口商会的《中国对外矿业投资行业社会责任指引》（2014）、中国通信企业协会的《中国通信企业社会责任管理指南》（2015—2016），以及中国五矿化工商会的《天然橡胶可持续发展指南》（2014—2017）等行业性社会责任指导文件都沿用了《中国纺织服装企业社会责任管理体系》的思路，在深入研究和广泛征询企业意见的基础上提出了"尊重人权"的要求甚至是"人权尽责"的管理流程，具有理论上的先进性和实践上的适用性。但是，这些研究仍局限在部分行业，并且目前还没有建立普遍性跨行业的工商业与人权研究，这使得现有研究难以满足业界发展的需求。

　　总而言之，我国学术界对这一问题的关注强度和研究深度都较低，研究成果较少。政府、学术机构和民间团体对企业人权尽责机制议题缺乏足够重视，不足以影响政策制定并引导企业实践。

　　（三）小结

　　首先，国际层面早就承认母国有义务向受害者提供有效的补救措施，以防止在其领土内成立的控股公司在东道国犯下的域外侵犯人权行为。其次，人权尽责最早起源于公共政策应对措施，以管理跨国公司在反腐败和提供私人安全等领域的活动所产生的风险，现在正以一系列形式和各种方式被各国制度化。最后，值得注意的是最近在全世界，特别是在欧洲，将侵犯人权行为的企业责任扩大到各集团及其全球价值链的趋势日益明显。一些国家已经通过要求企业进行人权尽责的立法。其中

──────────

〔1〕　许斌：《论工商业人权责任的制度化》，山东大学 2020 年博士学位论文。

法国 2017 年《人权警戒义务法》和荷兰《童工尽职调查法》都是里程碑式的立法，为公司在集团业务和价值链中防止和纠正侵犯人权行为规定了具有约束力的义务。

强制性企业人权尽责在工商业与人权领域是一个新兴的概念，因为它为国际社会提供了一条前进的道路，能够在全球化经济中有效地将负责任的商业行为制度化并付诸实施。越来越多的国家将其视为一种工具，从而促进和确保企业对国内外商业活动和关系造成的人权损害承担更高程度的人权责任，并进行问责。这一趋势背后的推动力是各国对衡量投资项目可持续性的环境、社会和治理标准的兴趣激增，以及对域外管辖态度的转变。[1] 但是不可否认，工商业与人权规则法制化还只是一种趋势，尚有许多国家仍在考虑甚至拒绝进行相关立法。因而，对于如何构建一个公平的、兼顾人权与发展的工商业与人权国际法治理论还有待进一步考量。

四、研究方法

（一）比较研究方法

比较研究方法主要通过以下路径进行，通过中国与国际社会得到普遍认可的法律因素之间比较，借鉴经验，通过分析与总结，发现共性与不同。以《工商业与人权国家行动计划》为例，本文将选取已经出台该文件的主要国家和地区，并对其具体条款内容作比较的考察，从而为中国构建自己的《工商业与人权国家行动计划》建言献策。

（二）案例研究方法

本书会选取具有典型性的跨国公司海外贸易和投资当中出现的人权案件，分析企业在对外投资中遇到的具体人权风险，结合国际人权标准，从而构建适用于中国企业的人权尽责机制。

书中将会使用到的 500 强企业数据，除了在各企业官方网站查找，还会通过世界银行、全球契约数据库、企业责任资源中心等网站搜索。

---

〔1〕 Liesbeth Enneking, Ivo Giesen, Anne-Jetske Schaap, Cedric Ryngaert, François Kristen, Lucas Roorda, *Accountability*, *International Business Operations*, *and the Law*, London, Routledge, 2019, pp. 25~27.

此外，对于各国发布的《工商业与人权国家行动计划》，将通过丹麦人权研究所工商业与人权国家行动计划数据库进行检索。

（三）规范研究方法

规范研究方法是以法律规范为基础，对法律规范的立法原意、立法宗旨和规范结构进行解释。本书在研究过程中也运用了规范研究方法，将对相关的国际公约、软法、规则、国内宪法和国内法律进行规范分析，探讨企业人权尽责的核心要素和国际标准。本书还会运用规范研究方法对我国现有立法中涉及企业人权尽责的规范进行梳理，并在此基础上进行分析，最后提出具体建议。

五、主要创新

（一）人权法学的视角

目前，对于企业尽责的研究大多局限在企业管理的角度，本书将从国际人权法的角度出发，探讨企业根据国际人权法应当承担的人权责任范围，并且结合工商业与人权的各国案例和企业良好实践，立足服务联合国工商业与人权条约草案谈判的国家需要，以推进"一带一路"建设为契机，研究中国企业如何应对日益复杂的国际经济新秩序。并且以法院判决和各国法律新发展为基础，进行多方面论证，重点突破防范人权风险机制缺失、国家责任不明确、企业人权责任模糊等具体问题。

此外，对企业而言，国际社会已经达成了共识，即企业应当承担尊重人权的责任。但是对于企业如何履行人权责任的问题争议还比较大。现有研究成果大多坚持企业利益先导的人权尽责理念，只是把人权尽责作为空洞的口号。而本书会坚持以尊重人权为主导的人权尽责理论，强调构建保障人权和尊重企业自主权相平衡的人权尽责机制。

（二）预期成果具有一定的实践意义

本书研究的问题属于前沿课题，且具有非常重大的现实紧迫性。自20世纪80年代以来，随着国际人权公约的不断出现，国际人权标准逐渐成为国际社会政治和法律的基本伦理标准。一些美西方国家开始利用了这种发展趋势，以人权之名，谋取政治和经济利益，在世界各地打压中国的贸易投资和企业。面对这种"人权霸权"，我们应正视问题，构建符合中国新发展理念的工商业与人权话语体系。

　　本书会选取具有典型性的跨国公司海外贸易和投资当中出现的人权案件，分析企业在对外投资中遇到的具体人权风险，结合国际人权标准和国内规定，从而构建符合中国国情的企业人权尽责的机制。

第一章　企业人权尽责的理论依据

尽责的定义是"在特定情况下，可以预期一个理性或审慎的人具有，并通常会表现出的某种程度的谨慎、能动或关切；没有任何绝对标准可加以衡量，但取决于具体情况中的有关事实"。[1] 由此可见，尽责强调的是一种审慎义务。人权尽责作为《工商业与人权指导原则》所规定的落实企业人权责任的关键机制，其实质是一种持续的人权风险识别和应对机制，要求企业在合理范围内采取尊重人权的举措。而国家则承担保护人权义务，包括监督企业履行人权尽责，保护人权免受企业行为的侵害。

在企业人权责任领域，各国学者提出了诸多理论，其中影响较为广泛的是利益相关者理论和企业社会责任理论。因此，下文将介绍利益相关者理论和企业社会责任理论的定义和内容，并且分析两种理论和企业人权尽责的关系。在此基础上，本章还会从国际人权法的角度探讨企业人权尽责的历史发展及跨国公司的法律地位等。

第一节　利益相关者理论

利益相关者理论自诞生起就备受学者的重视。早期，学者和企业家

---

〔1〕 联合国：《企业尊重人权的责任：解释性指南》，第 HR/PUB/12/02 号，2012 年，第 6 页。

们都认同建立公司的目标是最大化股东价值，即最大化长期的股票增长或股息。费里德曼指出，在资本主义世界中，企业只需要遵循有关游戏规则，确保企业之间的竞争是自由和公开的，不存在任何欺骗或欺诈的情况，这就是企业唯一的社会责任。[1] 然而，另有一种观点批判了股东价值最大化的观点，认为企业有更广泛的责任，而这些责任最好用受影响者的利益来界定。这种观点后来被总结为利益相关者理论。

规范性利益相关者理论和分析性利益相关者理论是该理论的重要组成部分。规范性利益相关者理论被普遍认为是利益相关者理论的核心。[2] 亨德利认为存在三类规范性利益相关者理论。第一类理论提出，在一个公正的社会中，企业应该为利益相关者的利益而管理。第二类理论要求改变法律和社会机构的相关规定，以确保公司对利益相关者承担更大的责任。第三类理论认为，考虑到现有的法律和制度环境，管理者至少应该考虑企业中所有利益相关者的利益。[3]

分析性利益相关者理论研究集中探讨在实践中管理者和利益相关者的具体行为，以及他们各自的态度和观点。该理论认为利益相关者和利益相关者群体也会做出决策，并且影响结果。相关组织中的管理者可以根据特定利益相关者或利益相关者群体的响应和预期做出决策。[4] 有学者认为分析性利益相关者理论还处于发展的早期阶段。在分析性利益相关者理论方面还有很多工作要做。[5]

一、利益相关者理论的"利益相关者"

弗里曼在 1984 年出版的《战略管理：利益相关者方法》一书被普

---

〔1〕 Monroe Friedman, Consumer Boycotts: A Conceptual Framework and Research Agenda, *Journal of Social Issues*, 1991, p. 168.

〔2〕 Andrew L. Friedman, Samantha Miles, *Stakeholders Theory and Practice*, Oxford University Press, 2006, p. 36

〔3〕 John Hendry, Economic Contacts Versus Social Relationships as a Foundation for Normative Stakeholder Theory, *Business Ethics: A European Review*, 2001, pp. 223~32.

〔4〕 Andrew L. Friedman, Samantha Miles, *Stakeholders Theory and Practice*, Oxford University Press, 2006, pp. 133~134.

〔5〕 Andrew L. Friedman, Samantha Miles, *Stakeholders Theory and Practice*, Oxford University Press, 2006, pp. 136~137.

遍认为推广了利益相关者概念。这种理论的出现是为了填补企业在道德或者规范上的真空。[1] 当时，学者认为企业作为经济组织体，其受到"无形之手"的支配，但是这种市场秩序带来的整体福利和个体的自私是不矛盾的。因此，市场主体并不需要道德预设。[2] 但是，学者们日益认识到企业作为市场主体，其个体的自私性不能有损利益相关者的权益，否则将不利于市场秩序的稳定。

（一）利益相关者的定义

利益相关者理论一直在不断发展中，学者们的定义也在不断变化。但是普遍被学术界认可的是弗里曼所下的定义，利益相关者是指"能够影响或被实现目标影响的任何团体或个人"。[3] 弗里曼对利益相关者理论的重要贡献是，将这一概念从对企业战略或企业道德的专一关注中分离出来。这意味着利益相关者的定义并不需要得到组织的认定，团体或个人认为自己可能受到组织目标的影响，即使组织内没有人注意或承认存在这些影响。弗里曼还基于价值创造活动是股东、客户、供应商、员工和社区之间的契约过程这一理念，开发了利益相关者理论的"规范核心"。其采用了罗尔斯自由主义的自治、团结和公平理念。弗里曼的意图是解决"没有道德的商业或没有商业的道德"悖论。此外，在其2004年的著作中，弗里曼进一步把利益相关者拓展为对公司的生存和成功至关重要的群体，并阐述了三个原则。一是赋权利益相关者原则：公司的管理应符合利益相关者的利益。二是董事责任原则：公司董事有责任根据赋权利益相关者原则，谨慎使用合理判断来指导公司行为。三是利益相关者追索原则：利益相关者可因董事未能履行所需的注意义务

---

[1] R. Edward Freeman, *Strategic Management: A Stakeholder Approach*. Boston, MA: Pitman, 1984, p. 15.

[2] ［英］亚当·斯密：《国富论》，郭大力、王亚南译，商务印书馆2015年版，第430~443页。

[3] R. Edward Freeman, *Strategic Management: A Stakeholder Approach*. Boston, MA: Pitman, 1984, p. 46.

而对其提起诉讼。[1] 卡罗尔则提出利益相关者的定义是影响或受组织及其流程、活动和职能影响的任何个人或团体。[2] 斯塔里克提出了其他可以被视为利益相关者的非生命实体，例如已经死亡和尚未出生的人。而且子孙后代的利益经常被带到对于环境影响的讨论中。此外，他还指出，企业创始人去世后，其企业通常被描述为留下的"灵魂"或遗产，而且许多非西方文化尊重死去的祖先。这些企业文化或者遗产可以说是通过这种精神媒介影响当前的企业。在这里，这种关系是基于潜在利益相关者的主观或价值导向。他甚至提出爱情、诚实和社区等没有实体的概念可以被视为利益相关者，因为它们可以体现在物质生活中。[3] 柯伊·拉宁则建议将利益相关者提升为"利益相关者忠诚度阶梯"，而不是专注于建立新的关系。企业的发展战略应当根据利益相关者在忠诚阶梯上的实际位置和期望位置之间的状态与利益制定。[4]

综上所述，利益相关者定义通常以两种方式阐明利益相关者的概念。首先，它们表明了组织和利益相关者之间联系的性质。通常，这在定义的动词中有明显体现。弗里曼的定义中的连接动词是"影响"。[5]然而，有些动词更准确地描述了关系的性质，如"负责、支持、依赖、提供意义、冒有价值的风险或投资、伤害和好处、声音"。[6] 其次，利益相关者的定义会增加对组织或利益相关者的形容词或其他限定词。这导致可能被确定为利益相关者的范围缩小。在弗里曼的定义中，利益相

---

[1] R. Edward Freeman, *A Stakeholder Theory of the Modern Corporation*, T. L. Beauchamp and N. E. Bowie (eds.), *Ethical Theory and Business*, 7th edn. Upper Saddle River, NJ: Pearson/Prentice-Hall, 2004, pp. 58~64.

[2] A. B. Carroll, J. Nasi, Understanding Stakeholder Thinking: Themes from a Finnish Conference, *Business Ethics: A European Review*, 1997, pp. 46~51.

[3] M. Starik, Essay by Mark Starik: The Toronto Conference: Reflections on Stakeholder Theory, *Business & Society*, 1994, pp. 89~95.

[4] Koiranen, M., Custopreneurship Coalitions in Relationship Marketing, in Jula, N. (ed.), *Understanding Stakeholder Thinking*. Helsinki: LSR-Publications, 1995, pp. 184~194.

[5] 即 affect。这是一个宽泛的动词。其他定义中所使用的类似广泛且相对中性的动词包括 impact、influence、interact。

[6] 这些词所对应的英文是"responsible, support, dependent, provide meaning, risk something of value or invest, harms and benefts, voice"。

关者影响或影响的是组织目标的实现。因为利益相关者的数量仅限于那些影响组织战略目标的人。

（二）利益相关者的范围

利益相关者理论的核心是明确利益相关者的范围。根据研究表明，需要考虑的最常见利益相关者群体包括：股东、客户、供应商和分销商、员工和当地社区。[1] 上述的这些群体都会受到企业为了实现其目标而实施行为的某种程度的影响。除了上面列出的个人和团体外，许多个人和团体也会被视为利益相关者，例如：利益相关者代表，如供应商或分销商的工会或行业协会；被单独或作为利益相关者代表考虑的非政府组织；竞争对手；政府、政策制定者和监管者；媒体等。[2]

丹麦人权中心在其一份报告中指出，相关利益相关者的确定将取决于各种因素，如业务项目或活动的性质、预期影响、地理位置等。目前并不存在固定的利益相关者名单。但是，其认为确定和包含的利益相关者必须包括受影响的权利持有人、责任承担者以及其他相关方。[3] 而且如果能够明确利益相关者，企业在进行人权影响评估时将更加有针对性，更能够确保人权尽责程序的落实。

早期的利益相关者理论重点在于管理，因为它源于对管理行为的规范性关注。然而，通过学者的理论研究成果来看，利益相关者理论关注管理层和利益相关者的关系。这些关系同其他群体之间的关系一样，涉及社会、经济和政治层面。有学者认为企业内部应当有专门的管理者负责界定利益相关者。埃文（Evan）和弗里曼将之阐述为以下两个原则：其一，公司合法性原则。公司的管理应着眼于利益相关者：客户、供应商、法人代表、员工和当地社区。这些群体的权利必须得到保障，而且，在某种意义上，这些群体必须参与实质上影响其福利的决策。其二，利益相关者必须遵守诚信原则。管理层与利益相关者以及作为抽象

---

[1] Andrew L. Friedman, Samantha Miles, *Stakeholders Theory and Practice*, Oxford University Press, 2006, p. 13.

[2] Andrew L. Friedman, Samantha Miles, *Stakeholders Theory and Practice*, Oxford University Press, 2006, p. 14.

[3] The Danish Institute for Human Rights, Stakeholder Engagement, 2016, p. 10.

实体的企业存在信托关系。[1] 作为利益相关者的代理人，它必须以利益相关者的利益为出发点，也必须以企业的利益为出发点，以确保企业的生存，维护每个集团的长期利益。

二、利益相关者理论与企业人权尽责的关系

20 世纪 70 年代，利益相关者概念主要用于战略管理文献中。可以说，这是对 20 世纪 60 年代学生、工人、环境学家和消费者群体剧变的反应。弗里曼指出，一些人预测，股东持股将减少，因为企业也将为其他利益相关者的利益而运营。[2]

随后，利益相关者理论被引入人权尽责概念中，并且被放入有关企业的影响范围内容之中。首先，企业的影响范围。在全球契约和联合国高专办共同出版的《将人权纳入商务实践（一）》中，对跨国公司影响范围的定义倾向于将跨国公司视为具有某种政治、经济或地理上的相似性的"个人"。每个公司，无论大小，都有一个影响范围。正如各种学术研究所观察到的，当前商业全球化趋势的标志是核心公司在大型商业关系网络的中心出现。核心公司在其全球价值链中起着关键的推动作用。它不仅对自己的员工有重大影响，而且对上游供应商和下游客户也有重大影响。"影响范围"的概念包括这种关系组合，以及核心公司作为全球价值链领导者的核心地位。[3] 随后该机构在 2007 年出版的《将人权纳入商务实践（二）》中进一步提出跨国公司致力于尊重和支持人权，避免在侵犯人权方面串通一气，延伸到所有在其影响范围内的人。但公司与员工的关系处于其影响范围的中心。除了员工之外，跨国公司还与更广泛的行动者建立了关系，在这些行动者中，跨国公司可能有能力在人权方面施加不同程度的影响。例如，居住在其运营区域附近

〔1〕 Evan, W. M., R. Edward Freeman, *A Stakeholder Theory of the Modern Corporation: Kantian Capitalism*, in T. L. Beauchamp and N. E. Bowie (eds.), *Ethical Theory and Business. Englewood Cliffs*, pp. 75-84.

〔2〕 Andrew L. Friedman, Samantha Miles, *Stakeholders Theory and Practice*, Oxford University Press, 2006, p. 23.

〔3〕 United Nations Global Compact, Office of the High Commissioner of Human Rights: Embedding Human Rights into Business Practice, 2004, p. 36.

或以其他方式依赖于跨国公司的社区以及其供应商、承包商和合资伙伴等商业伙伴。跨国公司也可能与公司的东道国或本国政府，或与控制其经营区域的武装集团有直接和密切的联系。作为各种商会组织成员，跨国公司的影响范围可能进一步扩大到政府和政府间决策机构。[1]

　　利益相关者的参与被纳入企业人权尽责机制的程序之中。早期利益相关者参与通常用于企业社会责任领域，是指企业努力"理解并让利益相关者及其关注点参与其活动和决策"的过程。[2] 有不同的方式让利益相关者参与到企业人权尽责的程序之中。第一种参与模式是公司可以通知利益相关者以提供项目信息，这被视为单向沟通。第二种参与模式是协商，这是一种双向沟通，侧重于分享信息和收集信息，以充分了解项目背景以及不同各方的偏好、关注和期望，并确保各方理解并相互学习对方的观点。这种参与形式还涉及公司对其在咨询期间确定存在的问题或获取的某些信息采取行动。第三种参与模式是谈判，谈判是公司和利益相关者之间的一种双向沟通形式，侧重于共享决策，以达成共享协议为目标。有意义的利益相关者参与的关键要素之一是持续参与，这种参与是双向的，本着诚意进行的，并对交流的观点、经验和期望作出反应。[3]

　　就企业而言，在人权尽责程序中咨询受影响利益相关者的义务也越来越明确，例如联合国《工商业与人权指导原则》的原则18明确指出，确定人权影响的过程应包括"根据工商企业的规模及其经营的性质和背景，酌情与可能受影响群体和其他相关利益攸关方进行切实磋商"。在相关评论中规定企业应设法了解潜在受影响的利益相关者的担忧，进行风险评估，并且考虑到相关者的语言和其他有效参与的潜在障碍，优

---

〔1〕 United Nations Global Compact, Office of the High Commissioner of Human Rights: Embedding Human Rights into Business Practice II, 2007, pp. 37-38.

〔2〕 Accountability, United Nations Environment Programme, Stakeholder Research Associates Canada (2005), *The Stakeholder Engagement Manual. Volume* 2: *The Practitioner´s Handbook on Stakeholder Engagement*, London: Accountability.

〔3〕 Organisation for Economic Co-operation and Development (2015), *Due Diligence Guidance for Meaningful Stakeholder Engagement in the Extractives Sector*, Paris: OECD.

先选择直接磋商。只有在这种协商不可能的情况下，企业应该考虑合理的选择，比如咨询可信的、独立的专家，包括人权捍卫者和民间社会团体。[1] 同时，2011 年《经合组织跨国企业准则》还指出，跨国企业应与相关利益相关方接触，以便在规划和决策可能对当地社区产生重大影响的项目或其他活动时，提供有意义的机会，考虑到他们的意见。[2] 国际金融公司也要求其客户以向受影响社区提供机会表达其对项目风险和影响的观点的方式进行咨询，咨询过程要求的参与范围和程度与特定项目的风险和负面人权影响相称。[3]

第二节　企业社会责任理论

在 19 世纪 70 年代，针对企业的道德和法律讨论在美国兴起。该讨论始于芝加哥大学经济学家弥尔顿·费里德曼的著名论断，即企业的唯一社会责任就是为股东赚钱。这场讨论由于媒体的传播而对美国乃至全世界都产生了深远影响。伴随着企业社会责任理论日趋体系化，该理论也逐渐被国际社会认同。

一、企业社会责任理论中的"社会责任"

企业应当承担什么样的社会责任是企业社会责任理论研究的突出问题。而企业社会责任理论本身有悖于传统的企业只对股东负责思想。因此，下文将通过梳理企业社会责任的历史发展情况，揭示在不同历史阶段下企业社会责任的核心内容，进而分析企业社会责任的特征和具体要求。

---

〔1〕　人权理事会:《工商企业与人权:实施联合国"保护、尊重和补救"框架指导原则》，第 A/HRC/17/31 号，2011 年，第 19~20 页。

〔2〕　OECD, OECD Guidelines for Multinational Enterprises, OECD Publishing, Part I, Chapter II General Policies 2011, para A. 14. http://dx. doi. org/10. 1787/9789264115415 - en, last visited at June 3, 2021.

〔3〕　International Finance Corporation, *Performance Standards on Environmental and Social Sustainability*, *Washington*; *International Finance Corporation*, Performance Standard 1, 2012.

（一）企业社会责任理论的发展

20 世纪 50 年代初期至 60 年代末期是企业社会责任研究的起步。学者们开始意识到企业应该在商业活动之外承担一些对社会的责任和义务，并且将履行责任的主体集中在企业和企业家身上。[1] 因为在工业革命时期，现代意义上的企业逐渐出现。企业的重要经济责任是实现利润最大化。而进入 20 世纪后，企业的角色发生转变，由"利润最大化"转向了"信托管理"。人们认识到企业不仅代表股东的利益，而且还代表员工、消费者的利益。并且慈善捐赠成为企业的主要活动之一。[2] 在这一时期，经济学家费里德曼认为如果企业管理者只是考虑社会责任，而忽视股东、消费者、员工的福利，那么实际上就是对上述群体征税，而且是不考虑这些群体的意见就花费了这笔钱。由于做决策的管理层并不负担成本，因此可能导致道德成本、浪费和无效率。后面也被称为代理成本。而且他指出企业履行社会责任的背后动机可能并不单纯，可能只是单纯出于企业自身的利益权衡。因此，企业社会责任应当是一种自愿的道德责任。[3]

美国学者伯利被广泛认为是第一位认真研究公司治理的学者，他率先提出了基于股东所有权和管理控制权分离的分析，提出公司是一种手段，通过这种手段，无数个人的财富被集中到巨大的组织中，对这些财富的控制权也被交给了统一组织。而被动持股的增长和大公司权力的增长，损害了股东有效行使其产权的能力。因此，管理者对股东的责任需要加强。他和另一位美国学者米恩斯于 1932 年系统地分析了在公众公司中存在的公司所有与公司经营相分离的现象后，在经济学和公司法学中都产生了重大的影响。伯利还在构建关于企业社会责任的辩论中发挥了关键作用。他探讨了企业社会责任的核心问题，比如企业的目的是什

---

〔1〕 田丽、李冰：《国外企业社会责任理论发展与特征》，载《经济研究参考》2016 年第 71 期。

〔2〕 郭锐：《道德、法律和公司——公司社会责任的成人礼》，中国法制出版社 2018 年版，第 40~43 页。

〔3〕 Milton Friedman, The Social Responsibility of Business Is to Increase Its Profits, *New York Times Magazine* , September 13, 1970.

么，它对社会有什么贡献?[1] 他还是第一批主张公司的经营应该仅仅是为了股东财富最大化——"股东至上"的人之一。对此，他认为实现这一目标的最佳手段是让公司经理全面对股东利益负责，至少直接对股东利益负责，主张公司财产应被视为公共财产或至少是"准公共"财产。[2]

20世纪70年代，企业社会责任的研究进入初步成型的阶段，加拿大学者佩格·纽豪热佩·李德和科可·斯特姆斯伯格提出了同心圆模型。道格拉斯·布兰森通过对企业治理改革的历史研究发现，企业治理改革是学者提出的解决所有权与控制权分离问题的方案。而在20世纪70年代提出的改革方案中形成了"企业社会责任运动"。在那个时代，改革者敦促政府进行干预，并将把企业责任从主要股东扩大到员工、消费者、供应商等。[3] 随后，有学者认为企业社会责任是企业治理目标模式的替代方案。[4] 1971年，美国经济发展协会出版的《商业组织的社会责任》对需要承担社会责任的主体进行罗列，并且阐述了这些主体所需要承担的社会责任的种类。此外，该报告指出企业社会责任由三个方面组成，由内向外构成三个同心圆，外层的实现以内层的实现为基础，从内层到外层依次为企业明确的经济责任包括经济增长和产品销售等、企业经济责任与变动中的社会价值观的结合、新出现但还不甚明确的社会责任。这也就是企业社会责任的"同心圆"理论。[5]

20世纪80年代以来，在企业和社会关系的讨论中引入了企业作为一种公民身份，并引申出企业应当承担社会公民的社会责任。与此同

---

[1] See Henry Hansmann, Reinier H. Kraakman, The End of History for Corporate Law, *SSRN Corporate Law*: *Corporate & Securities Law Electronic Journal* 89 (2). 2000, p. 439.

[2] See A. A. Berle, Jr., For Whom Corporate Managers Are Trustees: A Note, *45 Harvard Law Review*, 1932, pp. 1365~1367.

[3] See Douglas M. Branson, Corporate Governance "Reform" and the New Corporate Social Responsibility, *University of Pittsburgh Law Review*, 2001, p. 605.

[4] See Antony Page, Robert A. katz, Is Social Enterprise the New Corporate Social Responsibility?, *Social Science Electronic Publishing*, 2011, p. 1355.

[5] See Committee for Economic Development, Social Responsibility of Business Corporations, 1971, p. 15.

时，跨国公司侵犯人权的情况屡见不鲜，为人权保障带来了许多障碍。公众也日益感受到企业社会责任的履行关乎每个人的人权保障。全球开始关注企业社会责任的讨论。此时，学者们的研究重点是企业如何履行其社会责任，认识到企业能够通过履行社会责任来解决社会问题，并且将企业社会绩效纳入企业社会责任的研究中。[1] 尤其是卡罗尔，他探讨了企业和社会的关系，阐明企业社会责任的分层，并在此基础上提出新的企业社会绩效模型。对他来说，企业的社会责任的核心是在特定时期之内，社会在经济、法律、道德层面对企业的期望。在他的模型中，这些都是按照在重要性演变中的作用排序的，即早期的重点首要是经济问题，其次是法律问题，再次是道德问题，现在重点是自由裁量或自愿责任。[2] 自愿主义下的企业社会责任对企业没有明确的预期，但人们期望企业应该承担起自愿的社会角色，如慈善捐款。同时，在这种情况下，对企业提出了一定道德期望，但法律也没有加以强制规定。此外，他认同企业社会责任是作为社会契约的一部分的法律思考。卡罗尔构建的企业社会责任制度包括企业社会绩效的基本方面。它包含三个方面，分别是：其一，社会责任的类别；其二，存在社会责任的问题；其三，对社会问题的回应进行哲学的说明。[3]

20 世纪 90 年代以来，企业社会责任理论被应用到企业经营管理的实践中。在此期间出现了新的理论，即金字塔理论和三重底线理论。金字塔理论是卡罗尔在早期包括企业绩效的企业社会责任制度之上补充完善的。金字塔理论将企业社会责任从下到上按照重要程度依次排列，分别是：经济责任、法律责任、道德责任和慈善责任。[4] 埃尔金顿则构建了企业社会责任的"三重底线"理论。其中，"三重底线"分别代表

〔1〕 郭锐：《道德、法律和公司——公司社会责任的成人礼》，中国法制出版社 2018 年版，第 45~48 页。

〔2〕 Archie B. Carroll, A Three-Dimensional Conceptual Model of Corporate Social Performance, *Academy of Management Review* 4, 1979, p. 500.

〔3〕 Archie B. Carroll, A Three-Dimensional Conceptual Model of Corporate Social Performance, *Academy of Management Review* 4, 1979, pp. 503~505.

〔4〕 Archie B. Carroll, The Pyramid of Corporate Social Responsibility: Toward The Model of Management Organizational Stake Holders, *Business Horizons* 4, 1991, pp. 41~45.

了企业在社会、经济和环境三个方面的业绩表现。它被定义为"沿着资金、环境和社会三个维度来评价和衡量对资本投资的回报"[1]

（二）企业社会责任的特征

第一，企业社会责任的定义逐步被规范化和标准化。21世纪初，企业社会责任的相关标准就在一些国家中被确立起来，并且运用到实践中。其中ISO 26000的制定工作始于2004年，目的是帮助企业开展社会责任相关的活动，并且促使社会责任规则的规范化和统一化。《ISO 26000社会责任指南》是国际标准化组织于2010年11月1日发布的首个国际社会责任标准。它将企业社会责任拓展到所有类型的组织。其所定义的社会责任是"一个组织通过透明和道德的行为，为其决策及活动对社会和环境带来影响所承担的责任"。并且将一个组织的社会责任归纳为七个方面，其中包括了人权。[2] 该国际标准为自愿性标准，各类组织可根据实际需要自主选用。与此同时，中国依据ISO 26000制定了本国的社会责任指南。该指南阐明了包含企业在内的组织应当承担的社会责任。其对社会责任的定义是"组织通过透明和合乎道德的行为，为其决策及活动对社会和环境带来影响所承担的责任。这些行为致力于可持续发展，包括社会成员的健康和社会的福祉；考虑利益相关方的期望；符合适用的法律，并与国际规范相一致；被融入整个组织并在组织关系中实施"。[3] 此外，以ISO 26000为基础的ISO 20121活动可持续性管理体系标准、ISO 37001反腐败管理体系标准、ISO 20400可持续采购指南等标准的发布可以看出，企业社会责任正逐步从行业自律和自愿遵循转为加强内部管理的阶段，并且强调履行企业社会责任能够提高企业竞争力。

第二，根据《ISO26000-2010社会责任指南中文版（GBT36000-2015）》规定，为了履行社会责任，企业应当遵循以下两类原则。一

---

〔1〕 Archie B. Carroll, A Three-Dimensional Conceptual Model of Corporate Social Performance, *Academy of Management Review* 4, 1979, p. 505.

〔2〕 日内瓦国际标准化组织：《ISO 26000社会责任指南》，2010年版，第3~10页。

〔3〕 中华人民共和国国家质量监督检验检疫总局和中国国家标准化管理委员会：《ISO26000-2010社会责任指南中文版（GBT36000-2015）》，第3页。

类是考虑到企业经营背景和环境的多样性以及自身经济条件的差异性。企业在尊重国际行为规范的前提下，灵活采取承担社会责任的举措。另一类是企业在实践中遵循以下七项核心原则。其一，担责原则要求企业为其对社会、经济和环境的影响担责，这需要企业公布其采取的预防举措，并对造成影响的公众担忧作出回应。其二，透明原则是指企业应当保持对其影响社会和环境的决策和活动公开透明。对于受影响的利益相关者，这些信息应当便于获取、使用和理解。其三，合乎道德的行为原则规定企业的行为要符合"诚实、公正和正直"的价值观，其应当制定相应的道德标准并遵守这些标准。其四，尊重利益相关方的利益原则规定企业应当尊重和考虑利益相关方的利益，并且对其关切作出回应。其五，尊重法治原则要求企业了解其行为所涉及的法律法规，并且告知其内部人员遵守法律法规。其六，尊重国际行为规范原则要求企业还应当在国内法律缺少的情况下，将国际行为规范作为其行为的最低限度。其七，尊重人权原则指导企业在其商业活动中促进和保护人权，认识到人权的重要性和普遍性。[1]

　　第三，履行企业社会责任的目的是最大限度地实现可持续发展。世界各国领导人在 2015 年 9 月就可持续发展议题达成共识，通过了 2030 年可持续发展议程。该议程中提出了多个可持续发展目标。可持续发展目标的最终目标是消除贫困。它要求世界各国共同采取行动，在经济发展的同时保护地球。可持续发展目标的实现不仅能够消除贫困，而且也有助于促进平等、加快经济增长、应对气候变化和环境保护。对此，中国已经采取了一系列的规范加以指引，以更好实现可持续发展。2011 年，在中央企业"十二五"和谐发展战略纲要中明确提出了提高经济、社会和环境综合价值创造能力，推动中央企业履行企业社会责任。[2]

二、企业社会责任与企业人权责任的关系

　　企业人权责任是在对企业社会责任的批判和吸收中发展起来的，创

---

　　〔1〕　中华人民共和国国家质量监督检验检疫总局和中国国家标准化管理委员会：《ISO26000-2010 社会责任指南中文版（GBT36000-2015）》，第 5~8 页。
　　〔2〕　国务院国有资产监督管理委员会：《关于印发〈中央企业"十二五"和谐发展战略实施纲要〉的通知》，2011 年 10 月 8 日。

造性地将人权和企业相结合。在理论上，20 世纪初为了应对工商业活动中的跨国公司不当行为，美国学术界首先提出了企业社会责任。[1]根据传统公司法的理论，企业的唯一目标是通过最大化企业利润，进而实现最大化股东利润。学者们往往主张相关法律规则的构建应当是以此为核心。例如冈尼斯（1986）提出企业社会责任只是不切实际的想法，其隐含着对于众多困扰社会的问题之解决，企业负有直接的责任，并且它们有能力单方面解决此等问题。[2] 也有学者认为只要企业能够实现利润最大化，那么它就实现了其社会责任，因为每一个经济体实现利润最大化，最终就能够实现全社会福祉的最大化，其中代表人物是费里德曼（1970）。[3] 企业社会责任的倡导者则认为"企业社会责任"表述虽然模糊，但其所蕴含的意义丰富。有观点直接将企业社会责任等同于慈善捐赠。也有观点坚持企业社会责任是一种社会良心。更多的支持者是将其和正义相挂钩。[4] 随后 20 世纪 90 年代，企业社会责任与利益相关者理论的结合进一步推动工商业和人权的发展。其代表人物包括：美国佐治亚大学教授卡罗尔（1995）[5] 和大卫（1993）[6] 等。两种理论的结合更加适应了时代发展的需要，因为它不仅明确了企业社会责任的定义，而且提供正确地衡量企业社会责任的方法。利益相关者理论又能够让企业社会责任为其提供实证检验方面的支持。随后又提出了企业公民的概念，其核心和本质是"公民权"。安德鲁·纽曼对"企业社会责任"的定义是指公司运营的管理，以最大限度地提高运营产生的社

---

〔1〕 Rosamaria C. Moura-Leite, Robert C. Padgett, Historical Background of Social Corporate Responsibility, *Social Responsibility Journal*7 (4), 2011, p. 259.

〔2〕 R. Gunness, Social Responsibility: The Art of the Possible. *Business and Society Review*, 1986, pp. 26~27.

〔3〕 Milton Firedman, The Social Responsibility of Business Is to Increase Its Profits. New York Times Magazine, September 13, 1970.

〔4〕 C. Stone, *Where the Law Ends*. 1975, p. 71, quoted in Dr Saleem Sheikh, *Corporate Social Responsibility: Law and Practice*, Cavendish Publishing Limited, 1996, p. 15.

〔5〕 Archie B. Carroll, *Stakeholder Thinking in Three Models of Management Morality: A Perspective With Strategic Implication*, Helsinki, Finland: LSR publication, 1995, p. 86.

〔6〕 Chamber of Commerce of the United States of American, *The Corporation in Transition: Redefining Its Social Charter*, Washington, 1973, p. 23.

会和环境后果。这强调了与股东和外部社会保持透明度的作用，并授权股东让公司承担责任。[1] 这一定义包括环境、社会和治理问题的概念，投资者通常从外部考虑这些问题，并在企业社会责任框架（企业内部价值建设战略的一部分）内将其内部化。[2] 而关于可持续性发展与企业社会责任的讨论，可以参见韦默·莱德格[3]的著作。

企业人权责任的提出相对较晚。20 世纪 90 年代，人权这个专业术语才出现在企业社会责任的讨论中。随后，企业社会责任讨论的重点议题逐步集中在人权上面。[4] 1976 年的《经合组织跨国企业准则》并没有明确提及人权，随后 1979 年、1984 年和 1991 年的修订版也都没有提及。然而，在 2000 年修订版中提到了《世界人权宣言》，尽管是作为一般性的要求，但也明确要求企业在经营中尊重人权。根据《经合组织跨国企业准则》（2000 年）一般性政策的第 2 段规定 "企业应按照东道国政府的国际义务和承诺，尊重受其活动影响者的人权"。其中最具有影响力的是联合国特别代表鲁格教授的理论。他起草了《工商业与人权指导原则》并在人权理事会得到一致通过，该原则的最大贡献之一就是不仅提出国家保护人权的义务，而且明确企业有尊重人权的责任。[5]

由此可见，国际社会在企业社会责任和企业人权责任中都提及了人权，并且形成了一些共识。人权是人人享有的基本权利，尊重人权是实现企业可持续发展、社会公平的必需。企业作为社会成员，其行为能够在某种程度上影响到人权的实现，那么企业应当采取积极的举措不侵犯人权，并且对其潜在或者实际的人权影响进行评估和处理。

---

〔1〕 Andrew Newman, The Green Corporate Citizen? Renovating the Corporation to Institutionalise Environmental Sustainability, *Asia Pacific Journal of Environmental Law* 15（1）, 2013, p. 125.

〔2〕 Lance Moir, What Do We Mean by Corporate Social Responsibility?, *Corporate Governance* 16 1（2）, 2001, p. 17.

〔3〕 Werner Hediger, Welfare and Capital-Theoretic Foundations of Corporate Social Responsibility and Corporate Sustainability, *Journal of Socio-Economics* 518（39）, 2010, pp. 519~521.

〔4〕 M. P. Lee, A Review of Theories of Corporate Social Responsibilities：Its Evolutionary Path And The Road Ahead, *International Journal of Management Review* 10, 2007, pp. 297~311.

〔5〕 梁晓晖：《工商业与人权：中国政策理念的转变与业界实践的互动研究》，载《国际法研究》2018 年第 6 期。

但是，企业人权责任更多是从人权角度去谈的一种法律责任，而企业社会责任本质是一种道德层面的责任。在企业社会责任理论中，人权仅仅是社会责任的一个核心议题，还包括公司治理、公平运营、环境等其他议题。费里德曼认为企业承担社会责任并不是法律所要求的，而且这是管理者出于道德责任感所做出的决定，可能会增加企业的成本。[1] 因此，企业社会责任是从道德层面确立的责任。因为即使通过法律间接规定了国家的干预，但企业对社会责任的自觉意识或者说企业的价值追求，决定了如何执行，并且使得这种责任得到有效落实，甚至是落实到什么程度。[2] 但是企业人权责任强调企业行为要遵守东道国的法律和国际义务，并且对于受影响的受害者要给予救济。这就提高到了法律层面。如果企业违反了国际人权规范，受害者可以就其侵权行为提起诉讼。国际法庭和国内法院都已经对这样的案件进行了判决，有些案件甚至支持了受害者的诉讼请求，帮助其获得了损坏赔偿。

第三节　国际人权法下的企业人权责任

要讨论人权法下的企业人权责任问题，首先要明确企业人权责任的定义是什么。目前普遍得到认可的是"企业作为人权主体的人权需求而应当或不应当为一定行为的尺度"。[3] 但是，对于国际人权法下的企业的法律主体地位问题在法学界的争论分歧颇大。在实践中，由于跨国企业的行为会对其所在东道国的人们权利造成不利影响，而往常由于公司面试制度或者不方便法院原则，受害者难以维护自己的权益。因此，解

---

〔1〕　M. Firedman, The Social Responsibility of Business Is to Increase Its Profits. New York Times Magazine, September 13, 1970.

〔2〕　冯留坡:《法学视角：企业社会责任的基本理论问题探析》，载《中外企业家》2014年第31期。

〔3〕　程筹:《公司人权义务的法哲学原理》，武汉大学2016年博士学位论文。

决跨国公司在国际法上的地位问题日益受到学者的关注。[1]

一、企业人权责任的历史发展

明确企业人权责任的内容是对企业人权尽责展开研究的基础。下文将从历史发展的角度对企业人权责任的缘起和发展情况进行考察，探究企业人权责任在不同历史阶段的具体表现和规定。

（一）企业人权责任的缘起

第一，人权理论的发展促进了企业人权责任的提出和发展。首先，人权源自人性。确立人权的目标是防止公权力的越界，其决定了国家权力的正当性和合法性。[2] 其次，理解企业人权责任的前提是明确人权具有普遍性。1948 年的《世界人权宣言》向世界宣布了人权和基本自由的普遍性，即"人人有资格享受本宣言所载的一切权利和自由，不分种族、肤色、性别、语言、政治或其他见解、国籍或社会出身、财产、出生或其他身份等任何区别。"人权的普遍性包括主体的普遍性、内容的普遍性以及价值的普遍性这三个方面的内容。其一，主体的普遍性意味着容纳诸多差别的总体性，也就是平等。其二，内容的普遍性是指在实践层面，人权所包含的具体内容具有普遍性。国际社会对包括健康权、受教育权等在内的各项具体权利的内容已经达成共识。它们被国际人权公约加以确认，这些核心国际人权公约又对具体人权的保障设立了国际共同标准。这些标准是国际人权法在条约法层面对普遍性的确认。其三，价值层面的普遍性表现在人们对普遍认同了平等和不歧视等人权价值，进而对于人权义务的普遍接受。这是其核心价值所在。[3] 因此，人权成为一种普世价值，它应该得到尊重和遵守。对于人权保障而言，不仅仅是国家需要承担责任，作为社会成员的企业也应当承担保护人权的责任。而且企业保障的人权也应当是普遍的。此外，根据人权的特殊性原理，人权的产生和发展始终受到社会经济发展水平的影响和制约。

---

〔1〕　CESCR, Report on the Eighteenth and Nineteenth Sessions, U. N. Doc. E/C. 12/1998/26, 1999, p. 515.

〔2〕　刘志强：《人权法国家义务研究》，法律出版社 2015 年版，第 30～35 页。

〔3〕　张立伟：《人权的普遍性与特殊性析论》，载《西部法学评论》2008 年第 3 期。

人权的实现不是一蹴而就的，需要考虑所处的历史背景和社会需求。而且人权在实践层面表现为各项具体权利。[1] 但是，这些权利的保障标准也有所不同。因此，在实践中对于企业人权尽责不能一概而论，要鼓励企业依据其对人权价值的衡量和相对保护理念，采取多样化的有效举措。

第二，全球化和私有化的实践需求对企业提出了更高的要求，不仅仅是以往的道德责任，而上升到了人权责任。西方列强凭借第二次科技革命所创造的新生产工具，通过殖民获得大量资源。随后，西方发达国家从自由资本主义发展到垄断资本主义，垄断资本成为主导，而且国际垄断组织和跨国公司相继诞生。[2] 随后，伴随着跨国投资的兴起，企业兼并活动不断增加，国际经济分工协作关系越来越复杂。使得分布于不同国别和区域的生产过程之间建立起高度依存的关系，并且把世界各国相互依赖的经济关系推进到了空前紧密的程度。[3] 19 世纪 70 年代初，跨国公司通过其海外直接投资的影响力才被国际社会所认知。这个事件的爆发源于美国国际电信电报公司对智利内政的干预。[4] 当时，为了抵制以征收跨国公司为政治主张的阿连德当选智利总统，美国国际电信电报公司利用与美国政府高层的关系，与中情局合作，首先力争阻止阿连德当选。此举未果之后，美国国际电信电报公司又积极推动美国政府采取经济封锁措施，试图推翻阿连德政府。这些行为被知名专栏作家杰克·安德森公之于众，引起舆论一片哗然。阿连德政府于是终止了与美国国际电信电报公司的谈判，对该公司在智利的产业进行没收，并

---

〔1〕 张立伟：《人权的普遍性与特殊性析论》，载《西部法学评论》2008 年第 3 期。

〔2〕 关立新，王博，郑磊编：《马克思"世界历史"理论与经济全球化指向》，中央编译出版社 2013 年版，第 32 页。

〔3〕 贾根良：《不对称全球化：历史、理论与当代中国》，载《南国学术》2018 年第 4 期。

〔4〕 Karl P. Sauvant, The Negotiation of the United Nations Code of Conduct on Transnational Corporations: Experience and Lessons Learned, *The Journal of World Investment & Trade* 16, 2015, p. 13.

指责该公司干涉主权国家内政。[1] 1972 年 12 月，阿连德总统在联大会议的发言上，向全世界说明了这个事件的来龙去脉，强调了跨国公司对人权的巨大潜在威胁。[2] 在阿连德政府的成功倡导下，联合国经济及社会理事会成立了一个由知名人士组成的小组，"研究超国家大公司（跨国公司）的作用及其特别是对发展中国家发展进程的影响，以及在国际关系上所涉的问题……"[3]

21 世纪之后，各国政府渐渐把原来视为公共的职务，通过外包和私有化，让渡给私营企业。[4] 事实上，这种公共服务或者产品的私有化已被证明是合理的，而且有助于政府减少财政赤字。[5] 从经济社会权利保障的角度来看，私有化在一定程度上整合了社会资源，能够更有效地利用经济力量来确保权利的享有。[6] 这种私有化不断加深被认为是经济全球化的集中表现。冷战结束以来，世界各地区越来越倾向于减少国家行政力量的干预，期冀依靠市场和经济力量解决社会福利的保障问题。尽管根据国际法，国家仍然对保障实现经济、社会和文化权利等人权负有最终责任。曼弗雷德·诺瓦克正确地指出，人权在私有化方面并不"中立"。因为国际人权义务的有效实现，前提是国家自身和国际社会发展、维护和逐步改善，从而建立具有一定水平的公共基础设施，

〔1〕 贺喜，宋晓丽：《阿连德时期跨国公司对智利内政的干涉——以美国国际电信电报公司为例》，载《国际关系学院学报》2012 年第 2 期。

〔2〕 智利前总统萨尔瓦多·阿连德于 1972 年 12 月 4 日在联合国大会上的发言，第 A/PV. 2096 号，第 57 段。

〔3〕 详见联合国经济及社会理事会 1972 年通过的第 1721（LIII）号决议，第 E/5209 号，第 3~4 页。

〔4〕 Chang Kil Lee, David Strang, "The International Diffusion of Public Sector Downsizing: Network Emulation and Theory-Driven Learning", in The Global Diffusion of Markets and Democracy 141, Beth A. Simmons, Frank Dobbin & Geoffrey Garrett eds., 2007.

〔5〕 Danny Nicol, Swabian Housewives, Suffering Southerners: The Contestability of Justice as Exemplified by the Eurozone Crisis, in Europe's Justice Deficit, Dimitry Kochenov, Gráinne de Búrca, Andrew Williams eds., 2015, pp. 156~168.

〔6〕 CESCR, General Comment No. 3: The Nature of States Parties Obligations, U. N. Doc. E/1991/23, 1990.

使得所有人都能有效地享有和行使所有人权。[1] 这种私有化促使跨国公司在公共服务中发挥越来越重要的作用。而且它作为经济全球化的重要主力，已经成为国内和国际社会关系不可忽视的组成部分。

（二）不同阶段的企业人权责任内容

企业人权责任的理念从提出到成为工商业与人权话语体系的重要组成部分，历时数十年时间。这一集聚现代文明智慧的方案得到了众多国家和联合国的普遍认同。一方面反映了当前国际社会在全球化和跨国公司治理困境下既有国际机制面临的深刻危机，另一方面也体现了跨国公司在全球经济发展的重要作用，国际社会对企业应当承担尊重人权责任的理念形成了高度的共识。企业人权责任从理念发展为工商业与人权话语体系的重要组成部分共经历了以下四个阶段。

第一，萌芽与确立阶段。18 世纪末至 19 世纪初，世界进入经济全球化时代。[2] 在此期间，跨国公司的全球经营活动日益频繁，甚至有的跨国公司行为会延展到多个国家，其影响力不再局限于注册地国。工商企业可能卷入的人权风险也日益增加，这种风险包括童工、强迫劳动、工作场所和社区中对妇女、少数民族、移民和其他人的歧视、生活工资不足、受影响的工人、社区成员和土著人民的参与度不足、被迫重新定居或缺乏获得补救的途径。这些风险涉及系统性问题，在多数情况下与根本原因或基本发展问题相关，如贫穷、腐败和法治薄弱。[3] 这些是个体工商企业无法独立解决的挑战，其核心解决措施是提高跨国企业经营地国家治理水平，由政府领导、帮助和监督企业履行其人权责任。此外，还存在市场失灵问题，例如由于目前缺乏系统性机制，投资者、与私营部门互动的公共机构和监管机构无法奖励良好做法，因此激

---

〔1〕 Manfred Nowak, Human Rights or Global Capitalism: The Limits of Privatization, *Journal of Economics*, 2017, pp. 195~196.

〔2〕 ［澳］戴维·金利:《全球化走向文明：人权和全球经济》，孙世彦译，中国政法大学出版社 2013 年版，第 34~35 页。

〔3〕 人权理事会:《人权与跨国公司和其他工商企业问题工作组的报告》，第 A/73/163 号，2018 年，第 9 页。

励结构不足以解决对人的影响。[1] 总而言之，全球化背景下的各国治理水平差异是工商业与人权困境的根源，[2] 因为随着跨国企业的影响力的日益增加，其在工商业活动中侵犯人权不当行为的负面影响范围也愈加扩大。正因为随着全球化的发展以及公司侵权行为的愈发频繁，联合国对于工商业和人权议题也日益关注。20 世纪 90 年代，工商企业与人权议题多次在联合国层面展开激烈的讨论，其背景是跨国贸易和经济日益繁荣，跨国公司的数量急剧增加。跨国公司侵犯人权事件的增长引起国际社会日益关注工商企业负面人权影响，同时联合国也对这个问题表现出高度关注。[3] 虽然"工商业和人权"的表述直到 2005 年才出现在联合国人权高级专员在人权委员会第六十一届会议上递交的报告中，其含义是跨国公司和其他工商企业在人权方面的责任。[4] 但是笔者认为联合国层面对工商业和人权的关注可以追溯到 20 世纪 90 年代起其他国际人权机构的各类工商业与人权倡议，这些倡议为日后联合国建立其工商业与人权保护制度奠定了基础。

第二，2008 年以后人权责任的核心要素——人权尽责的内容载入联合国决议，成为指导企业履行人权责任的新理念。2008 年，特别代表约翰·鲁格教授在被任命的三年后，经过不断地研究和持续磋商，在人权理事会第八届会议上提出了"保护、尊重和补救"框架。其核心内容包括国家的保护人权义务、企业尊重人权义务、提供补救的义务。这三项框架之间是相辅相成的。[5] 而这些框架的基础是承认国家尊重、保护和实现人权和基本自由的现有义务；工商企业作为社会机构，履行

---

〔1〕 ［澳］戴维·金利：《全球化走向文明：人权和全球经济》，孙世彦译，中国政法大学出版社 2013 年版，第 145~153 页。

〔2〕 人权理事会：《保护、尊重和救济：工商业与人权框架人权与跨国公司和其他工商企业问题秘书长特别代表约翰·鲁格的报告》，第 A/HRC/8/5 号，2008 年，第 3 页。

〔3〕 人权理事会：《工商企业与人权：实施联合国"保护、尊重和补救"框架指导原则》，第 A /HRC/17/31 号，2011 年，第 1~2 页。

〔4〕 经济及社会理事会：《联合国人权事务高级专员关于跨国公司和有关工商企业在人权方面的责任的报告》，第 E/CN. 4/2005/91 号，2005 年，第 4 页。

〔5〕 人权理事会：《保护、尊重和救济：工商业与人权框架人权与跨国公司和其他工商企业问题秘书长特别代表约翰·鲁格的报告》，第 A/IIRC/8/5 号，2008 年，第 8 页。

专门职能的作用，要求其遵守所有适用法律和尊重人权；权利和义务需要在遇到违反时获得适当和有效补救。[1] 随后，2011 年人权理事会在第 17/4 号决议中一致通过了《工商业与人权指导原则》。这标志着首次有一个联合国政府间机构就此前分歧很大的工商业与人权问题核可了一个规范性文件。虽然，该指导原则本身不是具有法律约束力的文件，但是理事会的核可有效地将该指导原则确立为在预防和处理工商业相关活动对人权的不利影响方面的全球权威标准。[2]

第三，2011 年以后，实践中企业人权责任的概念被其他国际组织的文件吸收。《工商业与人权指导原则》和《经合组织跨国企业准则》都对企业人权尽责作出了规定，企业人权尽责也已被纳入社会责任标准 ISO 26000 和国际劳工组织经修订的 2017 年《关于跨国企业和社会政策的三方原则宣言》。对联合国《全球契约》及其签署方而言，企业人权尽责也是一种参考标准，指导它们实施必要的政策和进程，以确保它们遵守《全球契约》的原则。[3] 联合国全球契约机构也推行了一系列人权措施。例如帮助公司采取整体方法评估和解决潜在的治理风险和机遇。鼓励企业将公司治理的人权问题纳入其运营和投资，包括企业养老金计划。还开发了价值驱动模型[4]和协作平台[5]来改善公司与其他资本市场参与者的信息共享。其中价值驱动模型利用关键业务指标来确定和说明企业可持续性活动对整体绩效的贡献。而协作平台通过将参与公司与平台中的相关专家和利益相关方聚集在一起，为制定和实施先进的企业可持续发展实践提供了协作空间。此外，联合国全球契约还继续支

---

〔1〕 联合国人权事务高级专员办事处：《工商业和人权：实施联合国"保护、尊重和补救"框架指导原则》，第 HR/PUB/11/4 号，2011 年，第 6 页。

〔2〕 联合国人权事务高级专员办事处：《尊重人权的公司责任解释性指南》，第 HR/PUB/12/02 号，2012 年，第 6~7 页。

〔3〕 联合国大会：《〈工商企业与人权指导原则〉十周年盘点》，第 A/HRC/47/39 号，2021 年，第 6 页。

〔4〕 United States Global Compact: Implement the Value Driver Model. see https://www.unglobalcompact.org/take-action/action/value-driver-model, last visited at December 15th, 2021.

〔5〕 United States Global Compact: Global Compact LEAD, see https://www.unglobalcompact.org/take-action/leadership/gc-lead, last visited at December 15th, 2021.

持和推动一系列倡议，其中包括联合国支持的负责任投资原则、环境署金融倡议、赤道原则和可持续保险原则。[1]

第四，企业人权责任成为联合国工商业与人权话语体系的重要组成部分，并且开始制定工商业与人权条约。2014 年 6 月 26 日，人权理事会通过第 26/9 号决议要求拟订一项监督对跨国公司和其他工商企业活动的国际人权条约，并专门设立了有关政府间工作组。该工作组的头两届会议建设性地讨论了该项国际文书的内容、范围、性质和形式。工作组的主席兼报告员基于会议的讨论，编写具有法律约束力的文书草案的要素，供工作组第三届会议开始时就这一议题进行实质性谈判。[2]

二、国际人权法下的企业主体地位——以跨国公司为例

企业人权责任首先要明确企业作为人权主体的特殊性。企业作为非国家行为体，其内涵和外延比公司更为广泛，包括跨国公司、有限责任公司等多种不同类型的公司。[3] 跨国公司的概念最早是由经济学家提出的，其关注的是资本的跨国化经营以及由此导致的跨国公司管理问题。[4] 跨国公司被视为垄断资本积累到一定程度的产物。而联合国在 1983 年拟订《联合国跨国公司行动守则草案》。该草案中提出跨国公司的类型较为丰富，包括公营、私营和公私合营等不同形式。但是跨国公司的共性是其项下有多个实体，且分布于不同的国家。但是，这些实体的决策系统是集中在一个决策中心的，实体之间坚持共同的发展战略，执行的政策也是一致的。[5] 由此可见，跨国公司是一个在多个国家经营的经济实体，通常情况下，总部设在一个国家，而其他设施则设在其

---

〔1〕 United States Global Compact：Financial Markets，see https：//www. unglobalcompact. org/what-is-gc/our-work/financial，last visited at December 15th，2021.

〔2〕 人权理事会：《拟订一项关于跨国公司和其他工商企业与人权的关系的具有法律约束力的国际文书》，第 A/HRC/RES/26/9 号，第 3～5 页。

〔3〕 程骞：《公司人权义务的法哲学原理》，武汉大学 2016 年博士学位论文。

〔4〕 慕亚平、沈虹：《并非法律关系主体——跨国公司法律地位再探讨》，载《国际贸易》2002 年第 6 期。

〔5〕 联合国大会：《联合国跨国公司行动守则草案》，第 E/C. 10/1983/S/4 号文件，1983 年，第 2 页。

他国家。此外，跨国公司各实体既相互独立，又在母公司的统一管理之下。[1]

不同跨国公司的经营模式各有不同。一种常见的模式是将行政总部设在一个国家，而生产设施设在一个或多个其他国家。这种模式通常允许公司利用在特定地区合并的好处，同时也能够在生产成本较低的地区生产商品和服务。另一种组织模式是将母公司设在一个国家，并在世界其他国家运营子公司。在这种模式下，除了与母公司的一些基本联系外，子公司或多或少独立运作。设立跨国公司的第三种方法是在一个国家设立总部，负责监管延伸至许多不同国家和行业的多元化集团。在这种模式下，跨国公司包括母公司、分公司和子公司等类型。[2]

（一）跨国公司的法律主体地位

随着跨国公司在国际经济秩序中的地位的提升，企业在国际法上的地位有了一定的转变。一方面，仍有学者坚持认为在国际法中，国家是义务的直接承担者，而企业是间接承担者，它不能直接承担国际法的义务。另一方面，多数学者从现实主义角度出发，都认为就现行的国际法结构而言，保护人权的首要或主要责任在于国家，而不是企业，因此，对于跨国公司法律主体的争论一直是法学家讨论的焦点。其主要包括两大理论。

第一类理论是跨国公司法律客体论。该理论的观点为跨国公司不是法律关系的主体。因为依据跨国公司的定义而言，跨国公司包括母公司、子公司、分公司等多个法律实体。其行为产生的法律责任应当由各部分法律实体独立承担。因此，跨国公司并不具备整体的法律主体资格，只能作为客体存在。对此观点的反对意见较多。首先，法律关系的客体是法律关系主体的权利和义务所指向的对象。由此可见法律关系主体和客体的相对性。其次，跨国公司被看成是一个独立集合体。在联合

---

〔1〕 慕亚平、沈虹：《并非法律关系主体——跨国公司法律地位再探讨》，载《国际贸易》2002 年第 6 期。

〔2〕 Alessandro Bonanno, Globalization and Transnational Corporations, *International Encyclopedia of the Social & Behavioral Sciences*, 2015, pp. 218~224.

国以及经合组织出台的企业人权责任相关文件中都提到了跨国公司，这些规定暗含着跨国公司作为整体享有权利和承担义务，而没有明确区分其下的子公司和分公司责任。但是，跨国公司的各内部实体需要对跨国公司行为承担责任，而且不能依据这种实体内部责任承担的分配，来推定跨国公司不具有独立承担责任的能力。[1]

第二类理论是跨国公司法律主体论。该理论可以分为国内法律主体说和国际法律主体说。第一，国内法律主体说认为跨国公司不能承担国际法上的权利义务关系，不是国际法的主体；但是国内法承认其法律主体资格，因为跨国公司的各部分实体最终是遵循东道国或者母国的法律规定。企业法律人格的取得不仅是企业被国家授权的标志，也是落实企业法律责任的基础。在现有的企业法律形态中，国家赋予企业法人以主体资格，能够相对独立承担法律责任。对此，学者认为企业是根据成立或者注册地国家的国内法获得法律资格，而在国内法中规定了由母公司和分公司组成的跨国公司具有法律主体资格。而且一般在公司法上，分公司是从属于母公司的，不具有独立的法律地位，所以母公司具有国内法的法律主体资格。[2]

第二，国际法律主体说的核心观点是跨国公司在国际法层面能够承担一定的权利和义务关系，越来越多地参与到国际关系中。虽然实践中有跨国公司参与国际诉讼和仲裁的案例，并且联合国在制定条约时会考虑到跨国公司的意见，但尚没有理论支持跨国企业具有国际法律人格。主流的观点对国际法律主体说还是持否定态度，但是学者们开始讨论跨国公司承担国际条约的权利和义务的可能性。大卫·金利提出，让跨国公司有足够的国际法律人格来承担相关的国际义务，因为个人根据国际习惯法和国际人道法是具有法律地位的，那么法人也应当被承认具备国际法律人格，能够享有国际法的权利和承担义务；如果法人违反了国际

---

〔1〕 于文婕：《论跨国公司之法律主体地位》，载《河北法学》2009 年第 3 期。

〔2〕 于文婕：《论跨国公司之法律主体地位》，载《河北法学》2009 年第 3 期。

法的规范，其侵权行为也应当可以被起诉。[1] 也有学者认为，跨国公司在国际法层面得到了一般国际法的承认，但其行为并没有受到特别规范。国家也并不认同将跨国公司视为国际主体，因为这会影响到国家的主权，国家不愿意让企业在国际事务中发挥自治作用。[2] 此外，对跨国公司在国际司法机构是否享有诉权的质疑，虽然已经有部分跨国公司的案例，但无法作为诉权成立的依据。跨国公司与国家等国际法主体在权利义务上存在一些差异，而根据这些差异无法推定跨国公司是否具有国际法上的法律主体资格。

（二）企业根据条约法而具备的法律能力

虽然在目前的条约法体制下，国家是其唯一的成员。但是人权条约也为个人和团体创设了权利，这些权利可以通过向国际或者区域性法院进行申诉来获得保障，例如欧洲人权法院受理个人申诉的案件。依据国际司法，国际法在某种情况下能够适用于某些非国家行为人。《防止和惩治灭绝种族罪公约》第 4 条就规定犯有灭绝种族罪的人包括统治者、公务员或者私人，这已经成为习惯国际法。由此可见，习惯国际法对个人已经施加了义务。皮埃尔进一步提出，企业在国际层面有着有限的法律地位，其限度是在国际仲裁机构为根据某些特殊契约而享有权利进行辩护的权利。[3]

在条约法中，企业作为非国家行为人已经获得向国际法庭提起诉讼的法律能力。《欧洲保障人权和根本自由公约》（又称《欧洲人权公约》）对个人申诉专门进行规定。第 34 条要求"法院可以接受任何个人、非政府组织或者是个人团体提出的声称自己是公约和议定书所保障的权利遭到……侵犯的受害人的申诉"。有学者认为这里的"个人"只包括自然人，但法人团体或非法人团体可以提起申诉，且在实践中不少

［1］ D. Kinley, J. Tadaki, From Talk to Walk: The Emergence of Human Rights Responsibility for Corporations at International Law, *Social Science Electronic Publishing* 44, 2004, p. 947.
［2］ ［英］安德鲁·克拉帕姆：《非国家行为人的人权义务》，陈辉萍、徐昕、季烨译，法律出版社 2013 年版，第 100~101 页。
［3］ ［英］安德鲁·克拉帕姆：《非国家行为人的人权义务》，陈辉萍、徐昕、季烨译，法律出版社 2013 年版，第 99~101 页。

企业、工会、政党等都提出过申诉。[1] 比如在 G. I. E. M. S. R. L. 等诉意大利案件中，申诉人是四家具有法人资格的意大利公司和第四家公司的一名董事。而且提起申诉公司的注册办事处分别位于巴里、罗马和佩拉罗。该案件争议点在于"非法开发"的土地被国家强制没收是否违反《欧洲人权公约第 1 号议定书》第 1 条对财产权的规定。因为根据意大利规划法，如果"非法场地开发"的罪行是实质性的，刑事法院有义务没收该土地及在其上的任何建筑物，即使该土地是由第三方拥有的（证明是善意行事的除外），无论被告是否被判有罪。欧洲人权法院认为该案件主要问题在于法院是否在申请人的一般利益和个人权利之间取得了公平的平衡。而其意见是意大利规划法的规定无法实现充分的利益平衡。首先，没收是一项在确定场地开发的非法性后自动实施的措施。其次在本案中，申请公司甚至不是诉讼的当事方。最后，意大利法院认为没有对没收是否对相关方造成过大的负担进行评估是有问题的。所以，欧洲人权法院认为意大利法院的判决违反了《欧洲人权公约第 1 号议定书》第 1 条。[2]

此外，1966 年《关于解决国家和他国国民之间投资争端公约》规定了自然人和法人可以在某种情况下将争端提交给解决投资争端国际中心。[3] 该国际中心是根据上述公约成立的，旨在为解决政府与外国私人投资者之间争端提供便利的机构，其主要的解决争端措施是仲裁或者调解。

在理论层面，跨国公司并不属于国际法的主体，不需要承担国际义务。但是在国际法的实践层面，有条约规定跨国公司可以参与国际诉讼或者仲裁，并且在区域和国际法院都存在相关的企业诉讼案例。因此，针对跨国公司是否是国际法上的法律主体，这个问题应当从在国内和国

---

〔1〕 ［英］安德鲁·克拉帕姆：《非国家行为人的人权义务》，陈辉萍、徐昕、季烨译，法律出版社 2013 年版，第 103 页。

〔2〕 European Court of Human Rights, CASE OF G. I. E. M. S. R. L. and Others v. Italy, application nos 1828/06, 34163/07 and 19029/11, Judgement of 28 June 2018.

〔3〕 国际复兴开发银行：《关于解决各国和其他国家的国民之间的投资争端的公约》，第 25 条。

际两个维度去进行全面分析。

（三）跨国公司作为国内法主体的现实情况

第一，各国在国内法确认了跨国公司享有权利和承担义务的法律资格。在规范层面，跨国公司在其注册地国家和其他公司一样，应当遵循当地的公司法规定。而且国内的对外贸易法、税法、外汇管理法等法律都会对跨国公司的部分行为进行规制。例如中国的《跨国公司跨境资金集中运营管理规定》主要针对企业外汇收入结汇支付。而根据宏观审慎原则，该管理规定的适用范围是跨国公司的外债业务以及境外的放款业务。[1]

第二，国内法院受理有关跨国公司的诉讼并不是少数。美国最高法院在"柯欧贝诉荷兰皇家石油公司案"[2] 判决中，就讨论了能否依据《外国人侵权法》追究跨国公司侵犯人权的责任。判决书以否定的方式回答了这一问题，理由是法院认为作为一般规则，《外国人侵权法》仅适用于起诉和声称的侵权行为与美国之间有充分联系的情况。此外，法院也坚持不能直接根据《外国人侵权法》起诉公司，因为习惯国际法中并没有认可企业承担任何民事、刑事或者行政责任。但有法官在少数意见中反对这种推理，认为国际法院没有对企业行为进行严格处罚，并不意味着公司不在国际法管辖范围内，也不能推论出当企业从事国际法准则所禁止的行为时，企业不需要对受害者承担民事赔偿责任。既然国际法让各个国家自由裁量是否应该要求违反规定的企业承担民事责任，而美国已经颁布了《外国人侵权法》来规定这种民事责任，那么企业应该根据该法承担责任。[3]

（四）跨国公司发展为国际人权法主体的可能性

根据国际法，成为国际法主体的三个要件是：具有直接参与国际关

---

〔1〕 国家外汇管理局：《国家外汇管理局关于印发〈跨国公司跨境资金集中运营管理规定〉的通知》，汇发〔2019〕7号。

〔2〕 US Supreme Court, Esther Kiobel et al. v. Royal Dutch Petroleum Co. et al., No. 10-1491, Opinion, April 17, 2013.

〔3〕 US Supreme Court, Esther Kiobel Co. et al. v. Royal Dutch Petroleum et al., No. 10-1491, Opinion, April 17, 2013.

系的能力、直接享受和承担国际法上的权利义务的能力、独立进行国际求偿的能力。[1] 该标准也适用于国际人权法主体的判断。对此，下文将从这三个方面对跨国公司发展为国际人权法主体的可能性进行分析。

第一，跨国公司已经成为影响国际关系的重要力量，在国际经济和政治舞台上发挥举足轻重的作用。跨国公司的经营通常是跨国界的，会对多国产生影响。而随着全球化的加速，跨国公司的能力不断提高，甚至有时会代替政府部门提供某些公共服务。实际上，跨国公司已经成为超越国家监管能力的经济主体，改变了国际和国内的政治秩序。而且国际关系已经不再局限于政治和军事领域，经济和文化也成为重要议题。跨国公司作为强大的经济主体，其能够对政府的政策偏向施加影响，游说政府通过有利于其利益的政策。这种情况在欧美国家较为普遍。[2]而且在当今国际外交中，利用跨国公司走出去的形象来宣传和推广本国的国家形象，维护国家利益的现象已经非常普遍。

第二，虽然目前国际社会还不认可跨国公司能够在国际法上直接承担权利义务。但是由于产业链的不断延伸，人员、货物、资金流动愈加便利，跨国公司的影响力也扩散到全球，尤其是发展中国家。与此同时，以跨国公司为工具的非法活动急剧增长，并成为国际社会面临的新挑战。对此，联合国 2003 年就试图通过《跨国公司和其他工商企业在人权方面的责任准则》，[3] 其中有条款规定，直接根据国际法，企业应当承担人权义务，而且承担的义务范围与国家批准的条约义务范围一致。此外，不少国际组织开始制定相应的软法，规制跨国公司侵犯人权行为。以经合组织为例，其通过《经合组织跨国企业指南》明确了什么是负责任商业行为，要求企业为侵权行为承担责任。经合组织将这种负责任商业行为定义为：①为实现可持续发展而对经济、环境和社会进步作出积极贡献；②避免和解决与直接和间接经营、产品或服务有关的

---

〔1〕 王铁崖主编：《国际法》，法律出版社 1995 年版，第 45~46 页。

〔2〕 顾杰、胡伟：《对跨国公司开展公共外交的思考》，载《青海社会科学》2014 年第 4 期。

〔3〕 联合国促进和保护人权小组委员会：《跨国公司和其他工商企业在人权方面的责任准则》，第 E/CN. 4/Sub. 2/2003/12/Rev. 2 号，2003 年，第 5 页。

人权负面影响。[1] 遵守这些准则的各国政府已作出具有法律约束力的承诺，即设立国家联络点作为专门调解和解决工商领域人权争议的机构。

第三，跨国公司能够独立进行国际求偿。以欧洲人权法院为例，其在具有里程碑意义的阿格泰西米（Agrotexim）公司等诉希腊案确立了在某些情况下公司能够作为受害者提起诉讼。该案件的争议是针对雅典市政当局为征用一家有限公司——查尔斯·费克斯啤酒厂（Karolos Fix Brewery）的房地产而采取的城市规划措施。原告是六家持有其51%股份的公司。他们抱怨当局的行为违反了《欧洲人权公约第1号议定书》第1条，因为雅典市议会对该厂拥有的场地采取的措施无理干涉了他们和平享有自己财产的权利。该诉讼得到受理，欧洲人权法院认为作为该企业大股东的申请公司是城市规划措施的受害者。其理由包括申请的股东是通过受影响企业的媒介开展业务的，而且在申诉的争议事项上有个人利益。[2] 此外，在欧洲人权法院对英国政府监控问题的判决中，申诉人是就公民自由和记者权利相关问题开展活动的组织和个人，包括公司。案件所包含的三份申诉的背景是，前美国国家安全局承包商爱德华·斯诺登（Edward Snowden）披露存在由美国和英国情报部门运作的监视和情报共享计划。申诉人认为，其活动的性质意味着其电子通信和/或通信数据可能被英国情报部门截获，或从通信服务提供商或国家安全局等外国情报机构处获得。最终，法院认定英国的批量拦截制度违反了《欧洲人权公约》第8条（尊重私人和家庭生活或者通信的权利）和第10条（言论自由）。[3] 由此可见，欧洲人权法院承认在某些情况下，公司可以作为受害者提起诉讼申请。

综上所述，跨国公司具备参与国内、国际社会活动的能力，并且能够独立进行国际求偿。但是主流观点坚持跨国公司并不是国际人权法的

---

〔1〕 OECD（2011），*OECD Guidelines for Multinational Enterprises*, OECD Publishing.

〔2〕 European Court of Human Rights, Agrotexim and Others v. Greece, application no. 14807/89, Commission decision of 12 February 1992.

〔3〕 European Court of Human Rights, Big Brother Watch and Others v. the United Kingdom, application nos. 58170/13, 62322/14 and 24969/15, Judgement of 25 May 2021.

主体，不具有相应的国际法律人格，无法直接享受和承担国际人权法上的权利和义务。不可否认的是，有关跨国公司责任主体地位的争议还将继续下去，实践的需求会推动国际人权法在这方面的进一步发展。

第二章　两种路径下的企业人权尽责规则

人权与跨国公司和其他工商企业问题工作组认为《工商业与人权指导原则》实施十年以来，最瞩目的一项进展是人们日益认识到需要根据《工商业与人权指导原则》制定法律。这样的"硬化"是规范的正常演变，从少数人的实践演变为更广泛的接受，再到软性规则，然后是硬性规则。[1] 因此，本章将基于自愿主义路径和规范主义路径这两种不同的规制企业人权责任路径，来介绍相关国际规则的发展。

第一节　自愿主义路径下的企业人权尽责规则

对于 21 世纪的许多大型跨国公司来说，全球扩张是其商业模式的核心。这些公司中有许多是强大的全球行动者，有些公司的年收入相当于或超过它们开展业务的国家的国内生产总值。跨国公司全球扩张的主要动机是利润。一些跨国公司严重依赖在偏远地区获得的自然资源；还有一些公司为了降低制造成本或其他生产成本而出国。但是不可否认的是，这些跨国公司的商业活动都对当地人们的权利保障造成了一定程度的影响。自愿主义路径的代表是 2001 年联合国《工商业与人权指导原则》。该路径的核心模式是保护、尊重和补救框架，其理念是虽然跨国

---

[1] 联合国大会：《〈工商企业与人权指导原则〉十周年盘点》，第 A/HRC/47/39 号，2021 年，第 8 页。

公司并不是国际法所规制的主体，但是在国际层面，包括跨国公司在内的工商企业应当对其行为承担尊重人权的责任。

一、自愿主义路径下的国际规则

自愿主义路径强调的是企业自愿履行其人权责任。通过这种路径建立的国际规则主要分为联合国体系、多边国际机构和国际性行业组织及社会组织三个层次。其中联合国体系的代表文件是《工商业与人权指导原则》。

（一）联合国体系下的企业人权尽责规则

《联合国宪章》序言指出，联合国利用国际机构，促进各国的经济和社会进步。第 55 条规定：为了创造稳定和福祉的条件，联合国应促进提高生活水平、充分就业和经济社会进步与发展的条件，以及"解决国际经济、社会、卫生及相关问题"。由此可见，其设想是把经济作为实现人权和基本自由的一种手段，人权在《联合国宪章》中不仅是政治问题，也是经济问题。[1]

《联合国宪章》的经济社会理想是极其美好的，不过随着时间的推移，联合国成员国数量不断攀升，美国及其盟友再也无法舒适地主宰联合国。相反，他们面临着来自苏联及其社会主义阵营的反对。因此，西方列强选择建立替代性机构，如世界银行和国际货币基金组织，[2] 在这些机构中，他们可以主导政策决策，并制定更符合其直接利益的政策。所以，当经济及社会理事会在 1948 年 2 月尝试通过《哈瓦那宪章》，为全世界构建促进贸易的规则、减少关税、贸易便利化的经济框架，由于其中规定了涉及管理对外投资的社会保障条款，遭到了美国的激烈反对，最终该计划流产。[3]

随后，美国主导了关税及贸易总协定，建立起联合国系统之外的贸

---

〔1〕 梁晓晖：《工商业与人权：从法律规制到合作治理》，北京大学出版社 2019 年版，第 25 页。

〔2〕 James Paul, The United Nations and Global Social-Economic Policy – Global Keynesianism for a New Era, Global Policy Forum, 1996, p. 2.

〔3〕 霍建国，庞超然：《国际投资规则的发展与启示》，载《国际经贸探索》2017 年第 8 期，第 70~72 页。

易协定。其最显著的特点是不包括社会性条款，只讨论经济问题。从此，国际贸易经济规则和以联合国主导的社会规则辉煌分裂。这也使得日后联合国很难再介入经济事务的管理。例如，各种公司和商业协会多年来一直与联合国保持距离。1973 年，跨国公司中心（UNCTC）和经济及社会理事会跨国公司委员会成立，对商业活动进行了严格的监测，并就一项具有国际约束力的公司行为守则进行了谈判，但没有取得成功。[1]

在具有深远影响力联合国参与和发表的倡议和标准方面，主要标志是联合国全球契约和联合国《跨国公司和其他工商企业在人权方面的责任准则》[2]。此外，在该阶段值得注意的还有 2003 年《全球契约的工商业和人权保证的十个准则》。

第一，联合国前秘书长安南创设的全球契约的治理模式为日后联合国建立其"尊重、保护和补救"框架提供了有益经验。2000 年联合国颁布的《联合国全球契约》被工商企业界普遍接受，目前有大约 2300 个公司参加。它要求企业遵守联合国提出的 10 项有关人权、劳工标准、环境和反腐败的普遍原则。而且其前两个人权原则将"同谋"和"影响范围"的概念引入公司社会责任领域，并有着特殊的意义。[3] 不久后，2002 年全球契约还通过了《安全与人权自愿原则》，以解决采掘业公司的正当安全需求与周边社区人民人权可能或经常受到保安人员侵犯之间的关键联系。《安全与人权自愿原则》在以下三个问题上向各公司提出了实际指导意见：风险评估，包括发生暴力的可能性；发现企业因与军队和警察等保安部门的关系而需要应对各种人权问题，以及应对的建议；与私人保安部队有关的类似问题。最重要的可能是要求公司定期检查安全部队的人权纪录。

---

〔1〕 James Paul, The United Nations and Global Social-Economic Policy - Global Keynesianism for a New Era. Global Policy Forum, 1996, p. 2.

〔2〕 经济及社会理事会：《联合国人权事务高级专员关于跨国公司和有关工商企业在人权方面的责任的报告》，第 E/CN. 4/2005/91 号，2005 年，第 8 页。

〔3〕 经济及社会理事会：《人权与跨国公司和其他工商企业问题秘书长特别代表的临时报告》，第 E/CN. 4/2006/97 号，2006 年，第 10 页。

第二，2003 年人权理事会通过的《跨国公司和其他工商企业在人权方面的责任准则》[1] 提出企业应当承担"增进、保证实现、尊重、确保尊重和保护人权"的责任。其主要目的有三个。第一个目的是协助公司发现人权政策的差距，了解国际标准对其责任的要求。该准则提供了一个更好的人权框架，尽管目前学界还在围绕着某些原则进行辩论。但在过去，公司只遵守《世界人权宣言》，没有明确的指导标准。第二个目的是引起对企业与人权问题的深入讨论和关切。第三个目的是将企业行为作为强制性标准加以规范。准则要求各公司不得"从事或受益于"国际法所禁止的行为。[2] 可惜在表决时未获通过。人权委员会在 2004 年 4 月的会议上要求人权事务高级专员办事处继续研究这些准则提出的问题，并报告跨国公司现行标准的范围和法律地位。[3]

第三，2003 年 12 月在巴西召开的第三届国际影响力人权会议发布了《全球契约的工商业和人权保证的十个准则》[4]，其中分别对人权、劳工、环境和反腐败等四个方面作出了规定。明确向工人提供健康保险、实施工人安全条例、利益相关者咨询论坛、积极参与其所在社区的人权活动等属于符合国际人权标准的企业社会责任行为准则。[5]

2005 年，人权委员会在第 2005/69 号决议中请秘书长任命一名人权与跨国公司和其他工商企业问题的特别代表，最初任期为两年。[6] 随后在 2005 年 7 月 25 日，经济及社会理事会通过了关于批准委员会请求的第 2006/273 号决定。同年 7 月 28 日，联合国秘书长任命约翰·鲁格

---

〔1〕　联合国促进和保护人权小组委员会：《跨国公司和其他工商企业在人权方面的责任准则》，第 E/CN. 4/Sub. 2/2003/12/Rev. 2 号，2003 年，第 5 页。

〔2〕　人权理事会：《联合国人权事务高级专员 2007 年 2 月 16 日题为"人权与金融业"的行业磋商报告》，第 A/HRC/4/99 号，2007 年，第 17 页。

〔3〕　人权理事会：《工商企业与人权：实施联合国"保护、尊重和补救"框架指导原则》，第 A/HRC/17/31 号，2011 年，第 3~4 页。

〔4〕　United Nations Global Compact, Office of the High Commissioner of Human Rights: Embedding Human Rights into Business Practice, 2004, p. 11.

〔5〕　United Nations Global Compact, Office of the High Commissioner of Human Rights: Embedding Human Rights into Business Practice, 2004, p. 25.

〔6〕　经济及社会理事会：《增进和保护人权——人权与跨国公司和其他工商企业问题秘书长特别代表的临时报告》，第 E/CN. 4/2006/97 号，2006 年，第 3 页。

教授作为特别代表。其中规定特别代表的任务是确认并澄清跨国公司和其他工商企业在人权方面的公司责任和问责标准；阐明国家在工商业与人权方面应当承担的责任；构建人权影响评估机制，并用这种机制评估跨国公司和其他工商企业的行为；汇编现有的最佳实践。[1] 由此可见，联合国开始着手构建人权角度下工商业活动中的国际人权标准，这标志着确立"保护、尊重和补救"框架的开始。

2008 年，特别代表约翰·鲁格教授在被任命的三年后，经过不断的研究和持续磋商，在人权理事会第八届会议上提出了"保护、尊重和补救"框架。其核心内容包括：其一，国家有义务提供保护防止第三方包括工商业侵犯人权；其二，公司有责任尊重人权；其三，必须提供更加有效的救济机会。[2] 因此，国家有义务尊重、保护和实现人权和基本自由。工商企业作为社会机构，应当履行专门职能的作用，遵守所有适用法律和尊重人权。[3] 随后，2011 年人权理事会在第 17/4 号决议中一致通过《工商业与人权指导原则》。这是目前在工商业与人权领域较权威的核心国际文件。[4]

2011 年 6 月，人权与跨国公司和其他工商企业问题工作组被设立，工作组成员任期三年，并且每年向人权理事会和联合国大会报告工作进展。[5] 人权理事会在第十八届会议上任命了工作组的 5 名独立专家，他们于 2011 年 11 月 1 日正式就职。2012 年 1 月 16 日至 20 日，工作组举行了第一届会议。[6] 截至 2018 年，工作组已经先后举办了 18 届会

---

〔1〕 经济及社会理事会：《增进和保护人权——人权与跨国公司和其他工商企业问题秘书长特别代表的临时报告》，第 E/CN. 4/2006/97 号，2006 年，第 3 页。

〔2〕 人权理事会：《保护、尊重和救济：工商业与人权框架人权与跨国公司和其他工商企业问题秘书长特别代表约翰·鲁格的报告》，第 A/HRC/8/5 号，2008 年，第 8 页。

〔3〕 联合国人权事务高级专员办事处：《工商业和人权：实施联合国"保护、尊重和补救"框架指导原则》，第 HR/PUB/11/4 号，2011 年，第 6 页。

〔4〕 联合国人权事务高级专员办事处：《尊重人权的企业责任解释性指南》，第 HR/PUB/12/02 号，2012 年，第 6~7 页。

〔5〕 人权理事会：《人权与跨国公司和其他工商企业问题工作组报告》，第 A /HRC/20/29 号，2012 年，第 3 页。

〔6〕 人权理事会：《人权与跨国公司和其他工商企业问题工作组报告》，第 A /HRC/20/29 号，2012 年，第 1~3 页。

议。而且工作组在落实《工商业与人权指导原则》方面已有了许多政策进展。[1] 截至 2021 年 12 月，27 个国家已公布了落实《工商业与人权指导原则》的工商业和人权国家行动计划，这些行动计划主要涉及工人权利、贸易、投资条约与投资国争端解决等议题。而包括阿根廷等在内的 13 个国家则处于制定该类计划的不同阶段。[2] 但是也有多国政府已通过并开始落实考量《工商业与人权指导原则》的相关策略，并表明目前不会制定相应国家行动计划。例如 2017 年 10 月，澳大利亚政府宣布暂时不制定工商业和人权国家行动计划，但早在 2016 年 12 月，澳大利亚政府宣布将成立一个多利益相关方咨询小组，由学术界、民间社会、企业和工业界的代表组成，提供专家意见，并支持就联合国《工商业与人权指导原则》的实施进行更广泛的磋商。该咨询小组于 2017 年 6 月 2 日成立。[3]

人权理事会 2011 年还要求工作组每年组织一场关于工商业和人权的年度论坛，第一届于 2012 年 12 月 4 日至 5 日举办。[4] 截至 2021 年 12 月，由联合国人权事务高级专员办事处组织的，由人权与跨国公司和其他工商企业问题工作组引导和主持的年度论坛已经举办了 10 次。论坛的任务是讨论《工商业与人权指导原则》在执行期间中有关原则的新进展，国家和企业遇到的新挑战，并且促进各国的合作和交流。[5] 此外，2014 年 11 月，根据人权理事会第 26/22 号决议，人权高专办启动了问责和补救项目。该问责和补救项目旨在帮助各国加强落实《联合国工商业与人权指导原则》（UNGPs）关于"获取补救"的"第三支

---

〔1〕 人权与跨国公司和其他工商企业问题工作组在人权理事会第 26 届会议上的发言，2014 年 6 月 11 日，第 1~3 页。

〔2〕 参见 The Danish Institute for Human Rights：National Action Plans On Business and Human Rights，https：//globalnaps. org/，最后访问时间：2021 年 12 月 5 日。

〔3〕 参见 The Danish Institute for Human Rights：National Action Plans On Business and Human Rights，https：//globalnaps. org/country/australia/，最后访问时间：2021 年 12 月 5 日。

〔4〕 人权理事会：《人权与跨国公司和其他工商企业问题工作组第三届会议的结果》，第 A /HRC/WG. 12/3/1 号，2013 年，第 3~4 页。

〔5〕 人权理事会：《人权与跨国公司和其他工商企业问题工作组关于工商业与人权论坛第六次会议的报告》，第 A /HRC/38/49 号，2018 年，第 3 页。

柱"，集中在司法机制层面。[1] 但是在人权理事会第 32/10 号决议赋予新的任务之后，问责和补救项目开始将目光转向国家非司法机制（State-based Non-judicial Mechanisms），将其作为对于工商业有关的侵犯人权行为的问责和补救的潜在来源。[2]

除了人权理事会的这些举措之外，联合国全球契约机构也推行了一系列人权措施。例如帮助公司采取整体方法评估和解决潜在的治理风险和机遇。鼓励企业将公司治理的人权问题纳入其运营和投资，包括企业养老金计划。还开发了价值驱动模型[3]和协作平台[4]来改善公司与其他资本市场参与者的信息共享。其中价值驱动模型利用关键业务指标来确定和说明企业可持续性活动对整体绩效的贡献。而协作平台通过将参与公司与平台中的相关专家和利益相关方聚集在一起，为制定和实施先进的企业可持续发展实践提供了协作空间。此外，联合国全球契约还继续支持和推动一系列倡议，其中包括联合国支持的负责任投资原则、环境署金融倡议、赤道原则和可持续保险原则。[5]

（二）多边国际机构

跨国公司侵犯人权事件的频发，使得社会各界认识到需要对企业的行为加以规制，避免其造成更大的人权损害。联合国也开始关注这一问题。[6] 虽然"工商业和人权"的表述直到 2005 年才出现在联合国人权高级专员在人权委员会第六十一届会议上递交的报告，其含义是跨国公

---

〔1〕 UN human rights office of the high commission: A scoping paper on State-based non-judicial mechanisms relevant for the respect by business enterprises for human rights: current issues, practices and challenges, 17 February 2017, p. 2.

〔2〕 UN human rights office of the high commission: How State-based NJMs respond to sectors with high risks of adverse human rights impacts: Sector Study -Part 1, May 2017, p. 2.

〔3〕 United States Global Compact: Implement the Value Driver Model. see https: //www. unglobalcompact. org/take-action/action/value-driver-model, last visited at December 5th, 2021.

〔4〕 United States Global Compact: Global Compact LEAD, see https: //www. unglobalcompact. org/take-action/leadership/gc-lead, last visited at December 5th, 2021.

〔5〕 United States Global Compact: Financial Markets, see https: //www. unglobalcompact. org/what-is-gc/our-work/financial, last visited at December 5th, 2021.

〔6〕 人权理事会:《工商企业与人权: 实施联合国"保护、尊重和补救"框架指导原则》, 第 A /HRC/17/31 号, 2011 年, 第 1~2 页。

司和其他工商企业在人权方面的责任。[1] 但是笔者认为联合国层面对工商业和人权的关注可以追溯到 20 世纪 90 年代起其他国际人权机构的各类工商业与人权倡议，这些倡议为日后联合国建立其工商业与人权保护制度奠定了基础。

联合国人权高级专员曾在报告中称自 1990 年至 2005 年的 15 年间，各类有关工商业和人权的倡议层出不穷。高级专员将与公司社会责任有关的倡议和标准分为六类：国际文书、国家标准、认证计划、自愿倡议、主流金融指数，以及工具、会议和其他倡议。[2]

2011 年《经合组织跨国企业准则》是一项综合性负责任商业行为准则。[3] 虽然其最初版本是在 1976 年制定的，但是该文件极大地推动了 20 世纪 70 年代全球范围开展的企业准则运动。2000 年经合组织在原有版本的基础上进行修订，其落脚点转向了可持续发展，着重在对企业履行社会责任方面的指导。其中最鲜明的特点是建立"国家联络点"系统。国家联络点一般指国家人权机构。这些联络点能够对有关公司侵犯人权行为的具体申诉进行处理，为受害者提供有效补救。[4] 此外，经合组织还在 2004 年出版了《G20/OECD 公司治理原则》，该原则已成为国家和企业治理的国际基准，也被金融稳定委员会采纳作为《健全金融体系关键标准》之一[5]。这些准则和原则对经合组织成员国和非成员国开展公司治理改革、建立本国的公司治理规范、制定新的立法和采取新的监管举措，都产生了重要影响。

此外，为促进有效遵守《经合组织跨国企业准则》，经合组织制定了不同风险行业部门的指南，让企业能够准确识别和应对与特定部门的

〔1〕 经济及社会理事会：《联合国人权事务高级专员关于跨国公司和有关工商企业在人权方面的责任的报告》，第 E/CN.4/2005/91 号，2005 年，第 4 页。

〔2〕 经济及社会理事会：《联合国人权事务高级专员关于跨国公司和有关工商企业在人权方面的责任的报告》，第 E/CN.4/2005/91 号，2005 年，第 4~5 页。

〔3〕 OECD (2011), OECD Guidelines for Multinational Enterprises, OECD Publishing.

〔4〕 经济及社会理事会：《人权与跨国公司和其他工商企业问题秘书长特别代表的临时报告》，第 E/CN.4/2006/97 号，2006 年，第 11 页。

〔5〕 OECD (2016), G20/OECD Principles of Corporate Governance (Chinese version), OECD Publishing, Paris.

业务运营、产品或服务相关的人员、环境和社会风险。这些部门指南在政府、企业、民间社会和工人之间就负责任的商业行为尽职调查建立了共识，并使企业能够建立供应链弹性、管理不确定性并推动长期价值。其中，《经合组织鞋服行业负责任供应链尽责管理指南》为在鞋服行业供应链的企业提供实施尽责管理的建议，以确保鞋服行业企业的运营遵守当地政府的法律和政策要求。该指南在尽责管理模块部分，提供了一系列风险识别和预防工具。这部指南经由多利益相关方制定，得到经合组织成员国和非经合组织成员国，商界、工会、民间社会代表的深度参与，还接受负责任商业行为工作组的监督。该指南以实践为导向，强调通过合作、建设性的方式，应对复杂的挑战。它基于法国和意大利国家联络点在鞋服行业实施《经合组织跨国企业准则》的深度报告，对2013年6月和2014年各国家联络点在孟加拉拉纳广场悲剧性倒塌事件发生后所作的声明做出回应。而《经济合作与发展组织受冲突影响和高风险区域矿石负责任的供应链尽职调查指南》则是首个在冲突矿产领域注重人权尽责的倡议文件。在文件中提到了如何建立透明的矿产供应链，促进企业尊重人权，避免在冲突地区的矿产开采或者贸易导致人权冲突。

　　国际劳工组织是联合国的专门机构，其在1977年11月经国际劳工组织理事会第204届会议批准，并经3次修正[1]的2017年版《关于多国企业和社会政策的三方原则宣言》是社会三方正规执行程序的重要规范声明。此外，2008年通过的《国际劳工组织关于争取公平全球化的社会正义宣言》也是有关企业人权责任的文件。这是国际劳工大会通过的第三个重要原则和政策声明。通过这份文件，182个成员国政府、雇主和工人组织的代表强调了"三方协商机制"。实践中，这份文件在全球化背景下确保经济发展和社会正义方面发挥了关键作用。[2]

　　综上所述，随着工商业与人权议题的兴起，在联合国系统之外的其

---

〔1〕　分别是第279届（2000年11月）、第29届（2006年3月）和第329届（2017年3月）修订。

〔2〕　国际劳工组织：《国际劳工组织关于争取公平全球化的社会正义宣言》，2008年。

他相关国际性倡议纷纷涌现，不论是采矿业[1]、金融业[2]等领域都强调确定企业的广泛人权责任，重点在于企业"不侵犯"人权，包括避免卷入侵犯人权的行为，以及在公司影响范围内采取支持和尊重人权的行动。这些国际性工商业和人权倡议的出现代表国际社会对于人权保障重视的提高，但是仍然存在诸多缺陷。

（三）国际性行业组织和社会组织

值得注意的是，在服装行业，某些领先企业的具体供应链责任是通过涉及领先企业和工人组织（通常是全球工会、国家工会和/或工人倡导的非政府组织）的谈判确定的。到目前为止，这些协议都在设法规范和保护工作场所的劳工权利，这些工作场所的主要公司不是工人的直接雇主。其他行业的劳工组织和领先品牌之间也达成了类似的供应链协议，如伊莫卡利工人联盟（CIW）与佛罗里达州的食品零售商和农民之间达成的公平食品计划协议（Fair Food Program agreement），以及"移民正义"组织与佛蒙特州和纽约的乳制品零售商和农民达成的"尊严牛奶协议"（the Milk With Dignity agreement）。[3] 这些组织可以是非常多样化的，包括在特定生产场所代表工人的地区和地方工会，以及在缺乏民主和独立工会代表的情况下被授权代表工人的地方非政府组织。

此外，参与制定可持续投资标准的五个主要组织——碳信息披露项目组织（CDP）、气候披露标准委员会（CDSB）、全球报告倡议（GRI）、国际综合报告委员会（IIRC）和可持续会计标准委员会

---

〔1〕　经济及社会理事会：《联合国人权事务高级专员就 2005 年 11 月 10 日至 11 日举行的"人权与采矿业"部门协商会议的报告》，第 E/CN. 4/2006/92 号，第 11 页。其中提到的倡议和标准有《安全与人权自愿原则》、金伯利进程钻石证书制度、商界领导尊重人权倡议、采矿业透明度倡议、《经合组织跨国企业准则》、《全球合约》。

〔2〕　联合国大会：《联合国人权事务高级专员 2007 年 2 月 16 日题为"人权与金融业"的行业磋商报告》，第 A/HRC/4/99 号，第 8～11 页。其中提到的倡议和标准包括：《赤道原则》、国际金融企业保障政策、联合国环境规划署金融倡议、"有心者胜"倡议、《负责人投资原则》、道德指数，如"FTSE4Good 指数"和"道琼斯可持续性指数"。

〔3〕　Miriam Saage-Maaß, Peer Zumbansen, Michael Bader, Palvasha Shahab, *Transnational Legal Activism in Global Value Chains: The Ali Enterprises Factory Fire and the Struggle for Justice*, Springer, 2021, pp. 144~145.

（SASB）——发布了 2021 年 9 月的"共同努力实现全面公司报告的意向声明"。[1]

二、以《工商业与人权指导原则》为核心的自愿主义人权尽责

2011 年人权理事会在第 17/4 号决议中一致通过《工商企业与人权问题指导原则》。作为一份说明人权义务的文件，该指导原则为来自不同行业的企业提供了一套切实可行的人权规则和原则。其中建立的"尊重、保护和救济"框架得到了国际社会的认同，下文将简要概述该指导原则的主要内容及软法性质。

（一）核心理念

《工商业与人权指导原则》在制定时遵循着尊重人权这一核心理念，强调国家要尊重、保护和实现人权，而企业也要尊重人权。同时，该文件是原则实用主义的思想为核心，对如何确保企业尊重人权给出了具有建设性的意见，赢得了国际社会的普遍认同。

1. 尊重

对于企业而言，除了遵守各国在适用性和执行方面各不相同的法律义务之外，《工商业与人权指导原则》还强调需要管理卷入侵犯人权行为的风险，这就需要采取人权尽责，避免侵犯他人的权利。跨国公司的人权侵害案例频发，跨国公司的影响力逐年增加。在担任特别代表期间，鲁格教授梳理了一系列涉及企业的人权典型案例，包括耐克在印度尼西亚雇用童工以及生产中使用有害物质，印度博帕尔工业灾难，壳牌公司在尼日利亚污染环境事件。其中，印度博帕尔工业灾难是历史上惨烈的工业灾难。1984 年 12 月 3 日凌晨，印度博帕尔市的美国联合碳化物印度分公司农药厂发生氰化物泄漏，引发了严重的后果。随后，有关诉讼在美印两国之间展开。但是，直到 5 年后在印度最高法院调解下，印度政府代表受害者和美国联合碳化物及其印度分公司达成和解协议，要求其支付 4.7 亿美元的赔偿金。此前美国法院曾经以"不方便法院原

---

[1] Statement of Intent to Work Together Towards Comprehensive Corporate Reporting, https：//www. nomuraconnects. com/focused-thinking-posts/esg-fad-or-future/, last visited at December 16th, 2021.

则"不予受理。而直到 26 年后，印度分公司的前高管成员才被印度法院判决 2 年有期徒刑和 2100 美元罚款。但主要负责人美国公司的主管安德森缺席判决，并且美国拒绝将其引渡。[1]

鲁格教授使用"责任"一词，认为这不同于法律义务，更多强调社会规范。而"尊重"代表着不去主动侵犯权利，以及不以某种形式卷入这种侵犯风险。目前，国际上关于跨国公司参与侵犯人权的标准认为，跨国公司并非自动参与侵犯人权，而仅仅是因为它们在一个国家，甚至是在一个地方存在，而这个国家或地区本身侵犯了人权。尽管这一原则受到人权倡导者的热议，《联合国跨国公司和其他企业在人权方面的责任准则》明确了跨国企业直接和受益者共谋的问题，跨国公司应禁止支持、索取或鼓励国家或任何其他实体滥用人权的活动。[2]

2. 遵循"原则实用主义"

鲁格教授认识到建立强制性规范的不成熟，吸取已有的国际工商业与人权倡议，通过"原则实用主义"的方法创造性提出了"保护、尊重和补救"框架。[3] 鲁格认为，原则实用主义是指坚定不移地致力于加强与工商业有关的人权的促进和保护原则，同时注重在最重要的地方，也就是在人们的日常生活中创造最有效的变革。[4] 这一观点是为了回复一系列的争议，包括是否应当制定有约束力的国际条约，以及企业的责任是否应该超越"尊重人权"走向"保障人权"。[5]

---

〔1〕　〔美〕约翰·鲁格：《正义商业——跨国企业的全球化经营与人权》，刘力纬、孙捷译，社会科学文献出版社 2015 年版，第 45~47 页。

〔2〕　联合国促进和保护人权小组委员会：《跨国公司和其他工商企业在人权方面的责任准则》，第 E/CN. 4/Sub. 2/2003/12/Rev. 2 号，2003 年。

〔3〕　Jens Martens, Problematic Pragmatism The Ruggie Report 2008: Background, Analysis and Perspectives, Global Policy Forum, June 2008, pp. 1~2.

〔4〕　Interim Report of the Special Representative of the Secretary-General on the Issue of Human Rights and Transnational Corporations and Other Business Enterprises, E/CN. 4/2006/97, 2006, para. 81.

〔5〕　Radu Mares, Business and Human Rights After Ruggie: Foundations, the Art of Simplification and the Imperative of Cumulative Progress, in R. Mares (ed.), *The UN Guiding Principles on Business and Human Rights -Foundations and Implementation*, Martinus Nijhoff Publishers, Leiden, Boston, 2012, p. 6.

第一，鲁格构建的工商业和人权"保护、尊重和补救"框架，明确了三大支柱的内容。这三大支柱的内容分别涉及国家和企业。其一，国家有义务通过政策、监管和裁定提供保护，防止第三方包括工商企业侵犯人权。其二，企业应当尊重人权，预防和消除人权负面影响。其三，必须为人权受害者提供更加有效的救济机会。[1] 这三个框架原则是相辅相成、不可分割的，缺少任一原则就会导致人权侵犯风险大大增加。

第二，鲁格断然拒绝联合国强制性准则或任何其他全球法律文书来确立公司的人权义务，他更多从政治角度而不是法律角度设计了这个框架。[2] 早在 2008 年，特别报告员鲁格教授认为向人权理事会建议各国谈判一项根据国际法对公司实施具有约束力的条约是不太可能实现的，理由如下：其一，条约的谈判和生效过程是漫长的，但是工商业与人权问题层出不穷，亟需解决。其二，条约制定过程可能破坏提高企业人权标准的短期有效措施，割裂已经达成的共识，让国家能够以条约谈判为借口，不采取中短期的措施保障企业侵权行为的受害者，从而造成不可预知的损害。其三，即使条约义务是强加给公司的，它们将如何执行仍然是一个严重的问题。[3]

第三，鲁格教授在框架的制定过程中集思广益，以研究和协商为基础，在文本和实践中都加以完善。首先，在文本方面，2010 年 10 月，人权理事会各代表团、工商企业和联合会以及民间社会团体专门就大纲进行了为期一天的讨论。该文件还提交给国家人权机构国际协调委员会年度会议讨论。此外，特别代表 2010 年 11 月 22 日将《指导原则和评论》提交所有成员国，并贴在网上征求公众意见。在线磋商吸引了 120

---

〔1〕 联合国大会：《保护、尊重和救济：工商业与人权框架》，第 A/HRC/8/5 号，2008 年，第 3~5 页。

〔2〕 Jens Martens, Problematic Pragmatism：The Ruggie Report 2008：Background, Analysis and Perspectives, Global Policy Forum, June 2008, p. 6.

〔3〕 John Ruggie, Business and human rights-Treaty road not travelled, *EC Newsdesk*, 6 May 2008, p. 2.

个国家和领土的 3 576 名访问者。[1] 其次，在实践方面，截至 2011 年
1 月，特别报告员及其小组对在 20 多个国家的企业经营及其在当地的
利益攸关者进行了实地访问。而指导原则的人权尽责规定的可行性曾经
在 10 个公司内部进行试点测试，从而明确非司法申诉机制的有效
标准。[2]

（二）《工商业与人权指导原则》的主要内容

鲁格教授在 2008 年提出目前工商业和人权困境的根源在于全球化
治理的差距，即这种经济力量和行为人的范围和影响与社会管理其不良
后果的能力之间存在的差距。[3] 这些治理差距也是企业和国家亟需解
决的难题。根本挑战是如何缩短并最终弥合与人权有关的差距。[4] 因
而，《工商业与人权指导原则》规定了在工商业和人权方面加强和更好
地调整这些治理制度的途径，即"保护、尊重和补救"框架，明确了
企业相对独立的社会责任。

在对当时的自愿倡议研究中，鲁格教授发现虽然自愿倡议是建立人
权保护机制的重要力量，但存在诸多局限，包括：其一，各倡议的参与
者很少，没有受到企业的足够重视。其二，倡议缺乏外部问责机制或者
效果不佳。其三，在整体上没有形成系统性的跨行业的规范。在上述研
究的基础上，鲁格教授提出了"保护、尊重和补救"框架。他认识到，
在当今全球一级，企业行为由三个不同的治理制度塑造：第一个是国内
和国际公法和治理制度；第二个是涉及受企业影响的利益有关者的民事
治理制度，采用企业合规机制；第三个是公司治理，将其他两种机制的
要素内化。

其核心内容包括：其一，国家有义务提供保护，防止第三方包括工

---

〔1〕　联合国人权事务高级专员办事处：《工商业和人权：实施联合国"保护、尊重和补
救"框架指导原则》，第 HR/PUB/11/4 号，2011 年，第 4 页。

〔2〕　联合国人权事务高级专员办事处：《工商业和人权：实施联合国"保护、尊重和补
救"框架指导原则》，第 HR/PUB/11/4 号，2011 年，第 4 页。

〔3〕　Monash University Castan Centre for Human Rights Law：Human Rights Translated 2. 0–A
Business Reference Guide，2016，pp. 9~10.

〔4〕　联合国大会：《保护、尊重和救济：工商业与人权框架人权与跨国公司和其他工商
企业问题秘书长特别代表约翰·鲁格的报告》，第 A/HRC/8/5 号，2008 年，第 3 页。

商业侵犯人权；其二，公司有责任尊重人权；其三，必须为人权受影响的人们提供更加有效的救济机会。这三项核心内容是相辅相成的。[1] 而这些核心内容的基础是承认国家尊重、保护和实现人权和基本自由的现有义务；工商企业作为社会机构，履行专门职能的作用，要求其遵守所有适用法律和尊重人权；权利和义务需要在遇到违反时获得适当和有效的补救[2]。

(三)《工商业与人权指导原则》的软法性质

联合国各机构仍在不断实践和完善《工商业与人权指导原则》中的"尊重、保护和补救"框架。人权理事会还设立了人权与跨国公司和其他工商企业问题工作组。[3] 随后人权理事会在第十八届会议上任命了工作组的 5 名独立专家，他们于 2011 年 11 月 1 日正式就职。2012年 1 月 16 日至 20 日，工作组举行了第一届会议。[4] 截至 2022 年，工作组已经先后举办了 22 届会议。而且工作组在落实《工商业与人权指导原则》方面已有了许多政策进展。[5] 人权理事会 2011 年还要求工作组每年组织一场关于工商业和人权的年度论坛，第一届于 2012 年 12 月4 日至 5 日举办。[6] 截至 2021 年 9 月，由联合国人权事务高级专员办事处组织的，由人权与跨国公司和其他工商企业问题工作组引导和主持的年度论坛已经举办了 8 次。论坛的任务是讨论在实施《工商业与人权指导原则》过程中出现的新趋势和遇到的挑战，促进企业和国家的

---

〔1〕 人权理事会：《保护、尊重和救济：工商业与人权框架人权与跨国公司和其他工商企业问题秘书长特别代表约翰·鲁格的报告》，第 A/HRC/8/5 号，2008 年，第 8 页。

〔2〕 联合国人权事务高级专员办事处：《工商业和人权：实施联合国"保护、尊重和补救"框架指导原则》，第 HR/PUB/11/4 号，2011 年，第 6 页。

〔3〕 人权理事会：《人权与跨国公司和其他工商企业问题工作组报告》，第 A/HRC/20/29 号，2012 年，第 3 页。

〔4〕 人权理事会：《人权与跨国公司和其他工商企业问题工作组报告》，第 A/HRC/20/29 号，2012 年，第 1~3 页。

〔5〕 人权与跨国公司和其他工商企业问题工作组在人权理事会第 26 届会议上的发言，2014 年 6 月 11 日，第 1~3 页。

〔6〕 人权理事会：《人权与跨国公司和其他工商企业问题工作组第三届会议的结果》，第 A/HRC/WG. 12/3/1 号，2013 年，第 3~4 页。

对话。[1]

　　"尊重、保护和补救"框架的核心内容已被许多其他国际和国家标准制定机构以及企业和其他利益相关方团体纳入，每个机构都有自己的执行机制。截至 2021 年，27 个国家已公布落实《工商业与人权指导原则》的工商业和人权国家行动计划，这些国家人权行动计划主要涉及工人权利、贸易、投资条约与投资国争端解决等议题。而包括阿根廷等在内的 14 个国家则处于制定该类计划的不同阶段。[2]但是也有多国政府已通过并开始落实考量《工商业与人权指导原则》的相关策略，但表明目前不会制定相应国家行动计划。[3]而在美国，《多德-弗兰克华尔街改革法》第 1502 节对在刚果民主共和国采购的冲突矿产规定了人权尽责的概念，这是公司尊重人权责任的一个核心组成部分。美国政府还将《工商业与人权指导原则》作为企业报告要求的基准。此外，根据《工商业与人权指导原则》制定人权政策、尽职调查程序和申诉机制的公司数量正在显著增加。国际商业协会和劳工联合会发布了《工商业与人权指导原则》的指南；民间社会团体在工作中援引这些指南，国家人权机构也是如此。[4]

第二节　规范主义路径下的企业人权尽责规则

　　民间社会、工会组织和国家人权机构已经达成广泛共识，认为有必要根据《工商业与人权指导原则》制定法律要求，大量投资者和工商企业本身也加入了这一共识，在国家、区域和国际各层面开展强制性人

---

　　〔1〕　人权理事会：《人权与跨国公司和其他工商企业问题工作组关于工商业与人权论坛第六次会议的报告》，第 A /HRC/38/49 号，2018 年，第 3 页。

　　〔2〕　参见 The Danish Institute for Human Rights：National Action Plans On Business and Human Rights：https：//globalnaps. org/，最后访问时间：2021 年 11 月 15 日。

　　〔3〕　参见 The Danish Institute for Human Rights：National Action Plans On Business and Human Rights：https：//globalnaps. org/country/australia/，最后访问时间：2021 年 11 月 15 日。

　　〔4〕　John G Ruggie，Business and Human Rights：The Next Chapter，*The Dovenschmidt Quarterly* 4，2013，p. 171.

权尽责工作。[1] 这些工作的核心是构建具有规范价值的企业人权尽责规则，下面将从联合国和各国国内相关规则展开研究。

一、规范主义路径下的联合国有关规则

规范主义路径更加强调企业人权责任应当具有法律强制力。这不仅需要制定具有约束力的国际条约或者准则，明确企业人权责任的范围和内容，而且要求有专门的执行和监督机构，以确保在实践中真正实现企业尊重人权。在过去的 20 年里，联合国在规范主义路径上取得了一些进展。

（一）《跨国公司和其他工商企业在人权方面的责任准则》

2003 年，当时联合国促进和保护人权小组委员会起草了《跨国公司和其他工商企业在人权方面的责任准则》[2]。它主要试图直接根据国际法，要求企业承担人权义务，义务范围与各国根据其所批准条约而接受的义务范围相同："增进、保证实现、尊重、确保尊重和保护人权"。其主要目的有三个：其一，协助公司发现人权政策的差距，了解国际标准对其责任的要求。它提供了一个更好的人权框架，尽管目前还在围绕着某些原则进行辩论。但是在此之前，这些公司只遵守《世界人权宣言》。其二，引起对企业与人权问题的深入讨论和关切。其三，将企业行为作为强制性标准加以规范。准则要求各公司不得"从事或受益于战争罪、反人类罪、种族灭绝、酷刑、强迫失踪、强迫或强制劳动、劫持人质、法外处决、即决或任意处决"或违反国际刑事或人道主义法。[3] 尽管不论是联合国人权委员会，还是增进和保护人权小组委员会都没有制定具有法律约束力的规则的权力，但是如果获得了人权委员会的通过，该准则就可以成为以后制定具有约束力文件的基础，或者影响国际习惯法的发展。其中国家承担主要义务，而企业则根据其影响范围承担

[1] 联合国大会：《〈工商企业与人权指导原则〉十周年盘点》，第 A/HRC/47/39 号，2021 年，第 8 页。

[2] 联合国促进和保护人权小组委员会：《跨国公司和其他工商企业在人权方面的责任准则》，第 E/CN.4/Sub.2/2003/12/Rev.2 号，2003 年，第 5 页。

[3] 人权理事会：《联合国人权事务高级专员 2007 年 2 月 16 日题为"人权与金融业"的行业磋商报告》，第 A/HRC/4/99 号，2007 年，第 17 页。

相应的次要任务。[1]

这一提议引发了工商界的坚决反对。其中，国际雇主组织和国际商会认为，该"准则"是将本该由政府承担的责任推卸给工商企业的一种事与愿违的尝试。另外，在起草的过程中，增进和保护人权小组委员会很少征询工商企业和国家的意见，因而缺乏相关的支持。尽管一些非政府组织领衔主导着"准则"的起草工作，但是他们的支持不足以获得本来就态度消极的人权委员会的帮助。[2] 由于这种观点，许多国家联合起来反对该"准则"。其中争议点主要包括两个方面：一方面，该准则是否有足够的法律依据作为支撑，因为在该准则中，只是重申了国际人权原则与条款，并且将这些原则原封不动地适用在企业中，这样的方式缺乏足够的法律依据与判例支持；另一方面，如何去分配国家与企业之间的人权责任，在该准则里并没有解释清楚其所提出的"主要"和"次要"责任应如何分配与承担。因此，该准则虽然得到了许多非政府组织的支持，却受到了国家和企业的强烈反对。因为该准则一旦得到实施，可能间接设立了新的国际人权义务，对于现有人权义务尚未履行好的国家来说是不能接受的。另外，即使在支持者中也有许多人怀疑准则是否能够真正得到实施，因为其缺乏足够的法律基础与进一步的细则。[3] 所以最终它没有被通过。随后，当时的人权委员会要求人权事务高级专员办事处继续研究这些准则引发的问题，并报告跨国公司现行标准的范围和法律地位。[4]

（二）工商业与人权条约草案的谈判

在《工商业与人权指导原则》执行 3 年后，以厄瓜多尔为首的非

〔1〕 John H. Knox, The Ruggie Rules: Applying Human Rights Law to Corporations, in R. Mares (ed.), *The UN Guiding Principles on Business and Human Rights – Foundations and Implementation*, Martinus Nijhoff Publishers.

〔2〕 Carmen Marquez Carrasco, The United Nations Mandate on Business and Human Rights: Future Lines of Actions, Revista Estudios Juridicos, Segunda Época, 2012, p. 6.

〔3〕 Radu Mares, Business and Human Rights After Ruggie: Foundations, the Art of Simplification and the Imperative of Cumulative Progress, p. 8.

〔4〕 人权理事会：《工商企业与人权：实施联合国"保护、尊重和补救"框架指导原则》，第 A /HRC/17/31 号，2011 年，第3~4页。

洲国家发表声明，认为国际社会"有必要迈向一个具有法律拘束力的框架，以规制跨国企业的工作，向直接源于或与跨国企业或其他工商业企业的活动相关的人权侵害的受害者提供适当的保护、正义和补救"。[1] 于是在 2014 年 6 月 26 日，人权理事会通过第 26/9 号决议要求拟订一项具有法律约束力的国际文书。[2]

2015 年 7 月，跨国公司和其他工商企业与人权的关系问题不限成员名额政府间工作组召开了第一届会议，研究了制定具有法律约束力国家文书的必要性、原则、重要概念和适用范围等基础问题。[3] 2016 年 10 月工作组在其第二届会议上，重点讨论了跨国公司和其他工商企业及人权方面的社会、经济和环境影响及其法律挑战，国家及跨国公司和其他工商企业的义务内容，以及今后界定具有法律约束力的国际文书范围的不同方法和标准。[4] 2017 年 10 月工作组的第三届会议上，在反思落实《工商业与人权指导原则》和其他相关国际、区域和国家框架的不足的基础上，讨论工商业与人权条约的基本要素，[5] 并起草和发布了"零草案"[6] 及其任择议定书草案，[7] 在第四届会议上针对条

---

[1]　厄瓜多尔政府，"Statement on behalf of a Group of Countries at the 24rd Session of the Human Rights Council"，http：//business-humanrights. org/media/documents/statement-unhrc-legally-binding. pdf，最后访问日期：2021 年 10 月 10 日。

[2]　人权理事会：《拟订一项关于跨国公司和其他工商企业与人权的关系的具有法律约束力的国际文书》，第 A/HRC/RES/26/9 号，第 3~5 页。

[3]　人权理事会：《跨国公司和其他工商企业与人权的关系问题不限成员名额政府间工作组（任务是拟订一项具有法律约束力的国际文书）第一届会议报告》，第 A/HRC/31/50 号，2016 年，第 5~6 页。

[4]　人权理事会：《跨国公司和其他工商企业与人权的关系问题不限成员名额政府间工作组第二届会议报告》，第 A/HRC/34/47 号，2017 年，第 6~18 页。

[5]　人权理事会：《跨国公司和其他工商企业与人权的关系问题不限成员名额政府间工作组第三届会议报告》，第 A/HRC/37/67 号，2018 年，第 5~8 页。

[6]　OEIGWG，"Legally Binding Instrument to Regulate, In International Human Rights Law, the Activities of Transnational Corporations and Other Business Enterprises"，https：//www. ohchr. org/Documents/HRBodies/ HRCouncil/WGTransCorp/Session3/DraftLBI. pdf，最后访问日期：2021 年 6 月 30 日。

[7]　关于任择议定书草案，参看：OEIGWG，"Draft Optional Protocol to the Legally Binding Instrument to Regulate, in International Human Rights Law, the Activities of Transnational Corporations and Other Business Enterprises"，https：//www. ohchr. org/Documents/HRBodies/HRCouncil/WGTransCorp/Session4/ZeroDraft OPLegally. PDF，最后访问日期：2021 年 7 月 1 日。

约的条款进行集中讨论。联合国人权事务副高级专员评价零草案及任择议定书草案对企业人权责任的实现具有重要意义，并且促使实质性谈判加快步伐。[1] 但是，在谈判过程中暴露出来的问题诸多，这也是真正达成条约所必须迈过的门槛。

在跨国公司与人权问题法律文书政府间工作组第五次会议上各国对修订后的零草案依旧争议较大。中国认为法律文书在加强人权保护的同时，应确保不影响各国特别是发展中国家受益于跨国商业活动。修订案的一些规定在这方面仍有改进空间。此外，法律文书要充分尊重东道国对人权侵害事件的主权和管辖权，避免将东道国主权范围内的事项不当转移给跨国公司母国。而目前的修订案规定的管辖权过于宽泛，既造成了不当的域外管辖，也给跨国公司母国规定了不合理的权利和义务。[2] 欧盟则认为条约草案中似乎缺少一些内容：例如，企业的非司法补救措施、补救措施问题没有得到充分解决，也没有数据保护条款。有部分内容还需要进一步澄清，例如第12条关于与国际法一致性的规定。此外，国家保护人权的义务如何实现有待进一步讨论。[3]

鉴于跨国公司与人权问题涉及广泛而重要的利益，条约的通过首先要充分考虑各国不同国情，尊重各国意见和关切，促使各国达成共识。这是为了平衡反映各方利益，也是条约未来获得广泛支持和普遍遵守的关键。但是如前所述，各国目前对条款内容的分歧比较明显，各国的诉求没有在条款中得到解决，因而条约还需要进一步的协商和讨论。

工商业与人权条约的出台是否意味着《工商业与人权指导原则》将退出历史舞台，这个问题并没有明确的回答。工商业与人权条约的制定是因为《工商业与人权指导原则》没有法律约束力，它只是构建了

---

〔1〕　人权理事会：《跨国公司和其他工商企业与人权的关系问题不限成员名额政府间工作组第四届会议报告》，第 A/HRC/40/48 号，2019 年，第3~7页。

〔2〕　See OHCHR, https：//www.ohchr.org/CH/HRBodies/HRC/WGTransCorp/Pages/IG-WGOnTNC. aspx, last visited June 20, 2021。

〔3〕　See OHCHR, https：//www.ohchr.org/CH/HRBodies/HRC/WGTransCorp/Pages/IG-WGOnTNC. aspx, last visited June 20, 2021。

一种合作治理的思路。[1] 由于它是建立在共识之上的，意味着这个让跨国公司为其侵犯人权行为负责的框架中，对责任主体争议采取了妥协。这种共识的达成遗留下大量仍待解决的争议问题。例如，有学者质疑跨国公司的义务不应仅仅局限在尊重人权，指出特别代表建立的标准使得企业承担较少的人权责任。[2] 而且《工商业与人权指导原则》的推进程度和效果不尽如人意，厄瓜多尔等国家认为应当坚持规范主义思想，制定针对跨国公司和其他工商业实体的人权影响的国际法律规范。所以，人权理事会通过第 26/9 号决议要求拟订一项具有法律约束力的国际文书。

如果只是简单地将工商业与人权条约视为《工商业与人权指导原则》的替代品，完全摒弃指导原则的合作治理思路，是否会导致割裂现有的国际共识，引发更大的争议和矛盾？例如，对于拒绝加入或批准工商业与人权条约的国家，条约要如何保障这些国家受害者的救济权利，是否会导致过于宽泛的域外管辖？对于本身在这一领域能力有限的政府、非政府组织和公司，制定具有法律约束力的标准会耗费大量的资金和精力，反而会阻碍对现有体系的创新发展。[3]

综上所述，虽然在联合国层面已经开始探索制定工商业与人权条约，但目前各方对于如何共同创建具有包容性和建设性的条约机制仍有所争议。条约的制定不是一蹴而就的，其谈判和磋商进展缓慢，这也给各国政府和学者留下更多思考时间。

二、各国企业人权尽责的立法

最近，有关企业人权尽责的国际和国内规则演变有着明显的法制化趋势。下文将通过从国别层面，对跨国公司在全球价值链中侵犯人权行为的硬法进行考察，力图辨析目前立法的主要模式。

---

〔1〕 梁晓晖：《工商业与人权：从法律规制到合作治理》，北京大学出版社 2019 年 10 月版，第 151 页。

〔2〕 Surya Deva, Human Rights Violations by Multinational Corporations and International Law. Where from here?, *Connecticut Journal of International Law* 19, 2003, pp. 5~7.

〔3〕 John Ruggie, Business and human rights-Treaty road not travelled, EC Newsdesk, 6 May 2008, p. 2.

狭义的人权尽责是国家和企业识别、预防、减轻和说明如何应对其负面人权影响的过程。这是联合国《工商业与人权指导原则》的一个核心概念，其中明确规定国家有义务保护人权，公司有责任尊重人权。但是在传统的国际法或国内法中，要求公司采取措施防止、监测或应对价值链中侵犯人权行为的约束性义务很少。根据国际人权法的传统观点，保护人权的责任在于国家，而公司最多只有尊重人权的责任。自2011年通过《工商业与人权指导原则》以来，人权尽责概念在国内法和国际法中得到了广泛和迅速的制度化。特别是各国在履行国际法规定的防止跨国公司侵犯人权的积极义务时，对其领土或管辖范围内的私营企业施加与人权尽责有关的义务。近年来各国与人权尽责有关的法规数量不断增加，也验证了这一趋势。而强制性尽职调查（mHRDD）是指一种法律机制，它规定了一种"法律上的注意义务"，立法要求企业采取合理行动，以防止对人权和环境造成不利影响。

（一）立法背景

目前，世界贸易和生产越来越多地围绕着"全球价值链"[1] 展开。全球价值链的概念于20世纪初被广泛讨论。当时各国生产日益分散，再加上全球买家和全球供应商熟练利用运输和通信技术的进步在全球布局，大型跨国企业将离岸外包和外包作为其全球战略的关键部分；外商直接投资和企业内部国际贸易的不断增加。这使得大多数货物和越来越多的服务是"世界制造的"，各国在价值链中需要互相竞争经济地位。因此，从全球价值链来分析跨国公司的侵犯人权立法规则，有助于控制和协调生产网络活动的跨国公司行为。首先，众多学者对全球价值链的定义不一。迈克尔·波特在其影响深远的1985年著作《竞争优势：创造和维持卓越绩效》中首次提出了价值链的概念。波特将价值链定义为"公司为向市场提供有价值的产品或服务而开展的一系列活动"[2]

---

〔1〕　全球供应链是另一个常用的术语，两者侧重点不同。早期关于全球供应链的讨论更注重物流。然而，自20世纪90年代中期以来，全球制造网络日益一体化和相互依存。因此，全球供应链越来越多地与企业内部和企业之间的物流以外的业务职能和流程联系在一起。

〔2〕　L. Jones, M. Demirkaya, & E. Bethmann, Global Value Chain Analysis: Concepts and Approaches. *Journal of International Commerce & Economics*, 2019, pp. 1~29.

经合组织高级经济学家科恩·德贝克和经合组织高级贸易政策分析师塞巴斯蒂安·米鲁多把价值链简单地定义为"将产品从概念转变为最终投放市场的迭代步骤"。[1] 但是普遍得到认可的观点是价值链中的每个阶段都在为最终产品或服务创造和增加价值，而跨国企业必须了解自己的价值链，才能发展和维持竞争优势。[2] 这一事实解释了为什么价值链被视为"全球的"。全球价值链中的活动也可广泛归类为低附加值（如简单的制造和装配形式）或高附加值（如新科技的研发、更复杂的制造、售后市场服务等）。[3]

　　全球价值链上的业务功能和生产活动越来越多地由位于不同国家的不同实体来执行。因此，与全球价值链相关的国际交易已成为跨境贸易的一个重要方面，全球价值链已被公认为推动世界经济结构变化的重要动力。[4] 虽然全球价值链有可促进经济增长、就业率提高、技能发展和技术转让的优势，但它们也与侵犯人权行为有关，例如童工或者人口贩卖。[5] 如今，许多跨国公司参与者处于跨界价值链的上游，在生产成本较低、工资较低、健康、安全和环境标准不足的国家进行离岸外包和分包工作。而真正昂贵的具有技术含量的工作往往在其母公司注册国。这种"生产的垂直分解"也适用于其他行业，如电子和汽车行业，在这些行业中，最终产品是由不同国家的服务和产品组合而成。但是价值链底部的公司往往设立在发展中国家。[6] 而且大型跨国公司的实力

---

〔1〕 Koen De Backer, Sébastien Miroudot, Mapping Global Value Chains, December 2013, p. 2.

〔2〕 L. Jones, M. Demirkaya, & E. Bethmann, Global Value Chain Analysis: Concepts and Approaches. *Journal of International Commerce & Economics*, 2019, pp. 1~29.

〔3〕 Torsekar, M. P, China Climbs the Global Value Chain for Medical Devices. *Journal of International Commerce & Economics*, 2018, pp. 1~2.

〔4〕 Sturgeon, J. Timothy, and Olga Memedovid. 2011 "Mapping Global Value Chains: Intermediate Goods Trade and Structural Change in the World Economy." United Nations Industrial Development Organization (UNIDO). Development Policy and Strategic Research Branch Working Paper 05/ 2010.

〔5〕 International Labour Organisation: Global estimates of child labour: Results and trends 2012~2016.

〔6〕 Global Policy Forum Europe, Whose Partnership for whose development?, August 2007, p. 4.

甚至会超过当地政府，受到其侵犯的人权受害者在当地难以寻求有效的补救。例如肯尼亚的铅污染案件，在 2007 年工厂泄露的铅污染了当地的空气、水源和土壤，导致村民患病和死亡，要求被告进行充分赔偿，清理被污染的水源和土壤，以及向受影响的村民提供医疗服务。直到 2016 年才提起诉讼，2018 年才进行审理。期间，案件证人不断受到骚扰，对此联合国专家曾 3 次呼吁政府采取措施，但政府均未对呼吁做出回应。[1]

（二）一般强制人权尽责相关成文法

人权是近年来在负责任的投资议程上不断攀升的一个话题，但欧盟目前正在努力出台规则，要求跨国公司对其价值链中的社会和环境风险负责，这可能会加速这一进程。早在 2010 年，"有关将木材和木材产品投放市场的经营者的义务"（第 2995/2010 号法规）就规定了强制尽职调查制度。而尽职调查义务由经营者承担，其核心包括两点：其一，提供必要的信息；其二，进行全面风险管理。[2] 但是，该法没有涉及那些特别与土著和当地社区有关的人权问题。随后，2017 年的《欧盟冲突矿产条例》[3] 规定了冲突矿物供应链尽职调查义务。该条例于 2021 年 1 月 1 日正式生效，直接适用于欧盟成员国。其中规定了尽责程序，第三方审计和公开报告等制度。根据该条例以及经合组织尽责指南的规定，供应链尽责程序是一个持续、主动和被动的过程。相关企业应当使用该尽责程序，以监控和管理其采购和销售，以确保其不会导致冲突或

---

〔1〕《肯尼亚发生铅中毒事件 联合国专家敦促该国政府保护环境捍卫者》，载联合国新闻网，https://news.un.org/zh/story/2018/05/1009871，最后访问时间：2021 年 5 月 14 日。

〔2〕 European Parliament, Regulation (EU) No 995/2010 of the European Parliament and of the Council of 20 October 2010 laying down the obligations of operators who place timber and timber products on the market Text with EEA relevance, Article 6.

〔3〕 European Parliament, Regulation (EU) 2017/821 of the European Parliament and of the Council of 17 May 2017 laying down supply chain due diligence obligations for Union importers of tin, tantalum and tungsten, their ores, and gold originating from conflict‐affected and high‐risk areas, 32017R0821.

不利影响。[1] 因此，欧盟进口商必须确保其供应链政策标准、合同和协议符合经合组织尽责指南。与此同时，此种风险管理义务的主体是欧盟进口商，这些企业需要对在供应链中造成的负面影响或者人权风险进行识别和评估，并对已识别风险采取应对措施。2018 年的《欧盟通用数据保护条例》旨在保护隐私权，对其管辖范围内的欧洲公司以及非欧洲公司的数据处理产生了巨大影响。此外，欧盟非财务报告指令要求有关公共利益的大型公司披露其在环境、社会和员工事务以及尊重人权等方面实施的政策信息。2020 年 4 月 29 日，欧盟委员会宣布 2021 年将启动一项立法倡议，要求公司进行强制性人权尽责调查，以防止在国外及其供应链中产生不利的人权影响。这一倡议起源于 2020 年 2 月发布的尽职调查研究报告。根据报告显示，公司声誉风险、投资者要求和消费者期望是公司采取尽职调查的主要激励因素；而诉讼风险，以及法规引起的其他处罚就不够有力。而且研究表明，企业和一般利益相关者（即民间社会、行业组织、工会、政府、法律专家等）普遍对当前的监管格局表示不满，包括缺乏法律确定性。[2]

对于法国，在 2016 年经济、社会和文化权利委员会甚至特别敦促法国通过其现行的强制性尽职调查义务法，当时法国议会正在审议该法。[3] 随后，2017 年通过了法国《人权警戒义务法》（French Duty of Vigilance Law）。该法规定在连续两个财政年度结束前，在其注册办事处位于法国境内的直接或间接子公司雇佣至少 5000 名员工的公司，或其本身及其注册办事处位于法国境内或国外的直接或间接有至少一万名员工的子公司应有义务保持警惕，以防止其控制的子公司或有商业关系

---

〔1〕 European Parliament, Regulation (EU) 2017/821 of the European Parliament and of the Council of 17 May 2017 laying down supply chain due diligence obligations for Union importers of tin, tantalum and tungsten, their ores, and gold originating from conflict-affected and high-risk areas, 32017R0821, p. 11.

〔2〕 Benjamin Grama, Mandatory Due Diligence Trends in Europe: Promises, Possibilities and Pitfalls, 26 August 2020.

〔3〕 CESCR, Concluding Observations on the Fourth Periodic Report of France (2016) CO 4.

的公司的活动对人权和基本自由、个人健康和安全以及环境造成严重损害。[1]

2015 年 4 月 21 日，一个由致力于人权、发展和环境保护的瑞士民间社会组织组成的广泛联盟发起了负责任的商业倡议。该倡议旨在引入一个具有约束力的法律框架，要求总部设在瑞士的企业对其人权和环境影响进行"适当的尽职调查"。这个瑞士负责任企业倡议（The Swiss Responsible Business Initiative）于 2020 年 11 月 29 日进行全民投票。尽管获得了 50.7%的民意，但由于大多数州投了反对票，负责任企业倡议被否决了。[2]

2021 年 6 月 11 日，德国议会批准了关于供应链中企业尽职调查义务的联邦法案，即《德国供应链尽职调查法》。对在德国运营的某些公司规定了一项强制性义务，即建立、实施和更新尽职调查程序，以评估供应链中特定基本人权和某些环境标准的遵守情况。该法案将适用于注册办事处或主要营业地在德国的公司，以及在德国设有分支机构的外国公司。该法案将于 2023 年 1 月 1 日生效，为公司提供一个过渡期，以审查其现有合规体系，调整或建立新体系，并培训其员工。不遵守该法案条款的企业将受到制裁，特别是将被处以高达每年全球营业额 2%的罚款，并将其排除在公开招标程序之外。工会或非政府组织的私人执法将进一步增加违反新规则的风险，使在德国经营的公司面临诉讼、财务和声誉风险。[3]

值得注意的是，该法案虽然并未对适用范围内的公司施加任何新的民事义务，但允许工会和非政府组织代表潜在侵权受害者提起诉讼，从而增加了公司在现行民事责任制度下的诉讼风险。这是一种政治妥协，

---

〔1〕 French Duty of Vigilance Law, https：//www. legifrance. gouv. fr/jorf/id/JORF-TEXT000034290626？r=AtVgPOmMom. last visited at May 3rd, 2021.

〔2〕 Swiss Coalion for Corporate Justice, The Responsible Business Initiative, https：//corporatejustice. ch/, last visted at May 4th, 2021.

〔3〕 Federal Ministry of Labour and Social Affairs, Act on Corporate Due Diligence in Supply Chains, 18. August 2021, https：//www. bmas. de/EN/Services/Press/recent－publications/2021/act-on-corporate-due-diligence-in-supply-chains. html. last visited at December 15th, 2021.

是在那些希望扩张的人和那些希望限制企业对供应链影响的责任的人之间经过长期激烈辩论后达成的。这场辩论是在贾比尔诉基克案的背景下进行的。在该案中，2012 年一家德国服装零售公司在巴基斯坦的一家供应商经营的纺织厂发生火灾，受害者在德国起诉了该公司。据索赔人称，工厂经营者执行的工作安全措施不符合行为守则中规定的最低劳动法标准。该行为守则是与德国服装零售公司商定的，并以"联合国相关规则"为基础，并且工厂经营者不遵守行为守则造成了严重损害。德国法院考虑了该公司是否可能根据侵权法和合同法承担责任。最终，德国法院驳回了该索赔请求，因为根据巴基斯坦法律，侵权法索赔是有时限的，而且合同法上的索赔没有依据。[1]

（三）针对供应链中现代奴隶制风险的成文法

荷兰在 2019 年 5 月 14 日通过了《童工尽职调查法》。该法律要求向荷兰消费者销售商品或服务的公司在其供应链中识别并防止雇用童工。由此可见，荷兰也遵循了国际趋势，即推行强制性的公司人权尽责。这部法律引入了注意义务，以防止提供使用童工生产的商品或服务。这一义务不同于普通法管辖区侵权行为法中的注意义务，不是对特定人的特定义务。在《童工尽职调查法》中，它涉及履行人权尽责的一般义务，法律对此进行了详细阐述。该法涵盖以荷兰用户作为销售或提供商品及服务终端的公司，这意味着即使在其境外注册的公司也可能需要遵守该法的规定（第 4 条第 1 款）。[2] 为了进行尽职调查，公司必须确定是否有合理的理由怀疑产品或服务涉及童工。如果存在这种怀疑，它必须制定并实施一项行动计划（第 5 条第 1 款）。调查必须基于"合理知晓和可咨询"的来源。与其他人权尽责立法类似，该法要求公司出具声明，声明公司已进行尽职调查（第 4 条）。其独特之处在于首

---

〔1〕 Sebastian Rünz, Volker Herrmann, Overview of the German Supply Chain Due Diligence Act, https：//www. taylorwessing. com/en/insights-and-events/insights/2021/07/overview-of-the-german-supply-chain-due-diligence-act. last visited at October 15th, 2021.

〔2〕 Dutch Child Labour Due Diligence Act, https：//ohrh. law. ox. ac. uk/dutch-child-labour-due-diligence- law-a-step-towards-mandatory-human-rights-due-diligence/. last visited at July 3rd, 2021.

次对不履行人权尽责的人实行刑事制裁。如果一家公司未能提供声明、进行调查或制定行动计划，或者如果调查或行动计划不充分，监管机构可首先处以（主要是象征性的）罚款 4100 欧元。如果在 5 年内再次违反规定，就构成《经济犯罪法》规定的经济犯罪，公司可能面临刑事处罚，如最高 4 年监禁、社区服务或最高罚款 83 000 欧元。

英国在其 2015 年《现代奴隶制法案》第 54 条中规定了供应链的透明度问题，要求在该国开展业务且年营业额达 3600 万英镑或以上的工商企业，必须在每个财政年度提供一份为确保不发生奴役和人口贩运而采取的措施的人权报告。[1]

美国《1930 年关税法》第 307 节禁止对任何在外国通过强迫劳动，包括强迫童工，开采、生产或制造的商品全部或部分进口。此类商品将被排除或扣押，并可能会对进口商进行刑事调查。[2] 美国的《2010 年加州供应链透明度法案》于 2012 年 1 月 1 日生效，该法案适用于任何在加州出售产品的零售商，要求必须披露其供应链中的劳动力情况，并要求声明其和供应商都没有雇用奴隶或被贩卖人士。《多德-弗兰克法案》（the Dodd-Frank Act）第 1502 节要求披露其产品是否含有冲突矿产的尽职调查结果。

2018 年澳大利亚现代奴隶制法案（The Australian Modern Slavery Act）于 2019 年 1 月 1 日生效。该法案要求在澳大利亚市场上年综合收入至少为 1 亿澳元的大型企业和其他实体，必须报告在现代奴隶制问题上正在进行的尽职调查。[3] 报告要求支持澳大利亚企业界识别和解决现代奴役风险，并保持负责任和透明的供应链。根据该法第 19（2）条，澳大利亚政府会通过在线登记的网站发表这些声明，以最大限度地

---

〔1〕 Modern Slavery Act 2015, https：//www. legislation. gov. uk/ukpga/2015/30/section/54. last visited at May 3rd, 2021.

〔2〕 U. S. Custom and Border Protection, Forced Labor, https：//www. cbp. gov/trade/programs-administration/forced-labor, last visited at May 3rd, 2021.

〔3〕 Nolan, Justine and Frishling, Nana, Australia's Modern Slavery Act: Towards Meaningful Compliance（July 1, 2019）. Company and Securities Law Journal, 37（2）, 104（2019）, UNSW Law Research Paper No. 19-56.

提高透明度，并确保各实体对其处理现代奴役风险的行动公开负责。[1]

（四）相关判例法

英国法院也开始尝试通过将现行法律的适用范围扩大到域外案件来拓展补救办法。从这个意义上说，最近英国最高法院的韦丹塔案[2]开启了针对在英国注册的跨国公司的跨国案件中使用侵权法的大门。2019年4月10日，英国最高法院就赞比亚污染相关诉讼能否在英国法院审理的程序性争议作出判决。这一判决对在最不发达国家拥有运营公司的英国跨国母公司意义重大。韦丹塔是一家在英国注册成立的公司，也是在赞比亚经营并注册成立的被诉公司的母公司，由此产生管辖问题。最高法院认为，母公司对其子公司活动的赔偿责任本身并不是普通法上过失侵权的一个单独的赔偿责任类别。而即使法院断定外国司法管辖区是审理该案的适当地点，法院如信纳有确凿证据证明在该外国司法管辖区内无法获得实质性公正裁判，仍可准许（或拒绝撤销）向外国被告送达英国法律程序。[3] 因而，对于在最贫穷国家设有子公司的英国母公司，该判例警示这些母公司应当积极应对可能引起环境、健康与安全或人权索赔的业务，并明白此类索赔也可能在英国提起。

此外，英国最高法院这方面的第二个重大案件作出判决，即荷兰皇家壳牌公司案。[4] 该案件的主要法律争议是，跨国公司集团在英国注册的母公司是否以及在何种情况下可能对据称因其作为合资企业运营商的一家海外子公司的系统健康、安全和环境缺陷而遭受严重损害的个人负有普通法上的注意义务。而上诉人（约 42 500 人）是尼日利亚公民和据称受管道和相关基础设施漏油影响地区的居民。最终，英国最高法院在 2021 年 2 月 12 日作出判决，尼日利亚奥加莱地区和比勒地区的

---

〔1〕 The Australian Border Force, https：//modernslaveryregister. gov. au/statements/, last visited at May 3rd, 2021.

〔2〕 Vedanta Resources PLC and another（Appellants）v Lungowe and others（Respondents）[2019] UKSC 20, p. 80.

〔3〕 Vedanta Resources PLC and another（Appellants）v Lungowe and others（Respondents）[2019] UKSC 20, p. 88.

〔4〕 Okpabi & Ors v Royal Dutch Shell Plc & Anor（Rev 1）[2018] EWCA Civ 191 [EWCA（Civ）], pp. 12~15.

4.25 万农民和渔民有权起诉荷兰皇家壳牌公司，案件的具体审理交给了高等法院。

尽管这一司法趋势对受害者是积极的，但应强调的是，这些司法案件远未为受害者提供有效的补救。从这个意义上说，强制性的尽责义务法有助于国内法院将其侵权行为法适用于此类复杂的跨国案件。

第三节　自愿主义路径和规范主义路径的对比

联合国层面的工商业和人权标准迄今经历了 30 多年的发展历程，通过对于工商业与人权标准的历史梳理，发现其发展主要有以下三个特征：保障范围从劳工领域的人权拓展到其他领域，工商业与人权的核心概念逐步明确，工商业与人权标准框架的构建从自愿性的合作治理转向了强制性的法律规制。

一、保障范围从劳工领域拓展到其他领域的人权

早在 19 世纪人们开始探讨商业活动和人权之间的关系，尤其是对于劳动权利的保护和商业利益。首先涌现出的是劳工方面的人权标准和原则，然后出现那些促进负责任公司行为主要原则的契约，最后才是联合国颁布的《工商业和人权原则》。

在 19 世纪早期的资本积累过程中，工商企业追求的只是利益，遵循着见利忘义、唯利是图的经营策略。由于对经济利益不顾后果的追求，不仅践踏劳动者的基本权利，而且也引发了大自然和社会的报复。犯罪率激增、环境污染、失业率增加、腐败盛行等问题比比皆是，不利于社会稳定。[1] 根据马克思的异化劳动理论，在私有制条件下劳动性质发生了异化。这种异化使得劳动者同自己的劳动产品、劳动活动等相

---

〔1〕 李玉杰：《工商企业在商业活动中尊重和保护人权的责任》，载《天津商业大学学报》2015 年第 1 期。

异化，把人类生活变成维持人的肉体生活的手段。[1] 而工人们为争取自己的权益，通过建立工会组织与资本家进行集体谈判，举行声势浩大的罢工或示威游行，迫使资本家在工资、工作时间、劳动保护、工伤赔偿、福利待遇等方面做出让步，也迫使国家加强了劳工权益的立法和执法，联合国对此也作出了回应。

此外，联合国层面对于工商业与人权议题也逐渐拓展到环境。2009年4月22日，第63届人权理事会一致通过决议，决定将每年的4月22日定为"世界地球日"。这是因为伴随工业化进程的加速发展，对自然资源的超限掠夺和对自然生态环境的破坏也日趋严重，虽然在工业化的早期这一问题已引起一些有远见的科学家的关注，主张国家要重视对自然资源的保护。但进入20世纪，这一问题愈演愈烈，才引起发达国家政府的重视。而这种世界范围内的环保运动，不仅促使各国政府必须采取有效的保护环境措施，也给企业施以必要的压力，促使企业必须正视环境问题，承担起环保的社会责任[2]。而2011年人权理事会在第17/4号决议中一致通过《工商业与人权指导原则》。作为一份说明人权义务的文件，该指导原则为跨国公司在公民、政治、经济、社会和文化权利以及消费者保护和环境实践等领域都提供了人权规则和原则。

二、发展理念从非强制性的合作治理到法律规制

2011年的《工商业与人权指导原则》是第一个得到国际社会普遍认可的工商业与人权领域的标准性文件。[3] 其规定的"保护、尊重和补救"框架得到了发达国家、发展中国家以及有各类国家参与的经济、社会甚至体育类国际组织以及国际国内商协会的支持和采用。[4] 以工商业与人权国家行动计划为例，西方主要发达国家相继制定了工商业与

---

〔1〕〔德〕卡尔·马克思：《1844年经济学哲学手稿》，中共中央马克思恩格斯列宁斯大林著作编译局译，人民出版社2000年版，第25~30页。

〔2〕李玉杰：《工商企业在商业活动中尊重和保护人权的责任》，载《天津商业大学学报》2015年第1期。

〔3〕梁晓晖：《废墟上的空中花园蓝图：联合国工商业与人权条约"零草案"解析》，载《中国国际法刊（2018）》。

〔4〕S. Deva, Human Rights Violations by Multinational Corporations and International Law. Where from here?, *Connecticut Journal of International Law* 19, 2003, pp. 1-57.

人权行动计划。早在 2012 年，欧盟委员会就明确要求其所有成员国在2013 年底之前制定实施《工商业与人权指导原则》的国家行动计划。2013 年 9 月，英国成为世界上第一个发布工商业与人权国家行动计划的国家，随后，荷兰、西班牙、意大利、芬兰和丹麦等欧盟国家以及日本、印度、泰国等国都已经或者正在制定相关国家行动计划。美国国务院也于 2016 年 12 月发布了美国落实《工商业与人权指导原则》的国家行动方案。截至 2021 年 12 月，30 个国家已公布了落实《工商业与人权指导原则》的工商业和人权国家行动计划。[1] 此外，其他具有深远影响力的工商业与人权倡议和标准对于联合国的"保护、尊重和救济"框架也应当积极吸纳。例如 2011 年经济合作与发展组织修订的《经合组织跨国企业准则》是唯一经过多边商定，并且各国政府承诺推广的综合性负责任商业行为准则，其中便纳入了该框架。[2] 根据该准则的规定，各国应当指导公司进行治理改革，构建和完善符合准则规定的公司治理规范，对现有立法进行适当修订或者进行立法，创新监管举措。上述内容适用于经合组织成员国和非成员国。

但不可否认的是，由于《工商业与人权指导原则》并没有法律约束力，只是构建了一种合作治理的思路，是建立在共识之上的，这也意味着在让跨国公司为其侵犯人权行为负责框架中责任主体争议的妥协。这种共识的达成遗留下大量仍待解决的争议问题。例如，国家未能履行其保护人权免受在其领土内的私人企业侵犯的义务时，谁有权问责？此外，有学者质疑跨国公司的义务不应仅仅局限在尊重人权，指出特别代表建立的标准使得企业承担较少的人权责任。[3] 正是由于《工商业与人权指导原则》的推进程度和效果不尽如人意，厄瓜多尔等国家认为应当从非强制性的合作治理转为法律规制，制定针对跨国公司和其他工商业实体的人权影响的国际法律规范。所以，在 2014 年 6 月 26 日，人权

---

〔1〕 参见 The Danish Institute for Human Rights: National Action Plans On Business and Human Rights: https://globalnaps.org/, last visited at May 3rd, 2021.

〔2〕 OECD (2011), OECD Guidelines for Multinational Enterprises, OECD Publishing.

〔3〕 S. Deva, Human Rights Violations by Multinational Corporations and International Law. Where from here?, *Connecticut Journal of International Law* 19, 2003, pp. 5~7.

理事会通过第 26/9 号决议要求拟订一项具有法律约束力的国际文书。随后，该工作组陆续举办了五届会议，在第四届会议上发布了"在国际人权法上规制跨国公司和其他工商企业活动的具有法律拘束力的文件"的"零草案"[1] 及其任择议定书草案[2]，经过讨论进行了部分修订。但是在跨国公司与人权问题法律文书政府间工作组第五届会议上各国对修订后的零草案依旧争议较大。

由此可见，在联合国层面已经开始探索《工商业与人权指导原则》之外的规范主义的路径，最突出的表现是制定工商业与人权条约。目前各方对于如何共同创建具有包容性和建设性的条约机制仍有所争议。[3]工商业与人权条约的制定过程进展缓慢，但在未来出现具有广泛国际共识并有约束力的条约仍值得期待。

三、工商业与人权公约的争议

随着一系列广泛的人权可能在工商企业的活动当中受到影响，联合国越来越认识到缔结具有法律约束力的工商业与人权条约有着充足的理由，包括增加受害者获得补救的机会、填补国际法的空白、为工商企业创造公平的环境，以及提高工商企业活动的相关人权标准等。因此，自 2014 年以来，制定有约束力的国际条约的观点已经被人权理事会接受。而在 2018 年 7 月，以厄瓜多尔为首的国家公布了工作组起草的零草案及任择议定书草案。最新的谈判在 2021 年 10 月 25 日围绕"关于工商企业活动与人权问题的具有法律约束力的文书第三版修订草案"展开。而该草案将在政策制定、商业活动的权利保障、侵权后的责任承担以及

---

〔1〕 OEIGWG，"Legally Binding Instrument to Regulate, In International Human Rights Law, the Activities of Transnational Corporations and Other Business Enterprises"，https：// www. ohchr. org/Documents/HRBodies/ HRCouncil/WGTransCorp/Session3/DraftLBI. pdf, last visited at October 5th, 2021.

〔2〕 关于任择议定书草案，参看：OEIGWG，"Draft Optional Protocol to the Legally Binding Instrument to Regulate, in International Human Rights Law, the Activities of Transnational Corporations and Other Business Enterprises"，https：//www. ohchr. org/Documents/HRBodies/HRCouncil/ WGTransCorp/Session4/ZeroDraftO PLegally. PDF, last visited at October 5th, 2021.

〔3〕 梁晓晖、刘慈：《构建联合国工商业与人权条约的规范路径选择与实现悖论》，载《人权研究》2021 年第 3 期。

应对诉讼等方面影响企业的经营和管理。

在第六届会议上，各国对修订后零草案依旧争议较大。尤其是中国[1]和欧盟[2]就受害者的界定、域外管辖、国家保护人权的义务等发表了不同的意见。鉴于跨国公司与人权问题涉及广泛而重要的利益，条约的通过要充分考虑各国不同国情，尊重各国意见和关切，促使达成共识。这是为了平衡反映各方利益，也是条约未来获得广泛支持和普遍遵守的关键。但是如前所述，各国目前对条款内容的分歧比较明显，各国的诉求没有在条款中得到解决，因而工商业与人权条约还需要进一步的协商和讨论。[3]

根据各国对前面两版草案的评价和 2021 年第三版修订草案的文本，企业行为被纳入了工商业与人权条约规范之内。因此，工商业与人权条约最新草案谈判会对企业的商业行为造成重要影响。这可以总结为以下几点：

第一，工商业与人权条约草案（简称"条约草案"）中规定的受害者范围不断扩大，这会影响企业制定其风险管控和人权政策。因为企业需要在其风险管控政策中扩大其人权政策的保护对象范围，进而降低日后因违反公约规范而被起诉的可能性。工商业与人权条约第三版草案都是围绕"受害者"这个基本概念展开。第三版草案中延续了第二版草案的受害者范围，包括"直接被害人的直系亲属或受抚养人，以及在为协助遇险被害人或防止受害而进行干预时受到伤害的人"。而且没有从司法程序或者事实认定上对确定受害者身份提出要求，删掉了第二版草案的实质损害标准，例如"身体或精神伤害、情感痛苦或经济损失，或其人权受到重大损害"。这意味着受害者的认定标准得到降低，只需要受害者进行自我声明，而不论侵权人是否已被查明、逮捕、起诉或

---

〔1〕 See OHCHR, https：//www.ohchr.org/CH/HRBodies/HRC/WGTransCorp/Pages/IG-WGOnTNC. aspx, last visited at October 5th, 2021.

〔2〕 See OHCHR, https：//www.ohchr.org/CH/HRBodies/HRC/WGTransCorp/Pages/IG-WGOnTNC. aspx, last visited at October 5th, 2021.

〔3〕 梁晓晖、刘慈：《构建联合国工商业与人权条约的规范路径选择与实现悖论》，载《人权研究》2021 年第 3 期。

定罪。

第二，工商业与人权条约草案的谈判会促使企业在其商业活动中尊重和保障受害者权利。企业要意识到保护受害者权利的必要性，在商业活动时要遵守国际法、区域法或国内法的规定，避免侵犯这些权利。在第三版草案中区分了受害者权利和国家保护受害者的义务，并对具体权利内容进行规定，主要体现在第4条。首先，第4条第1款明确总体原则是商业活动中侵犯人权行为的受害者应享有所有国际公认的人权和基本自由。其次，在第4条第2款中列举了受害者应享有的具体权利，包括受到人道待遇、保障生命权、人格完整、见解和言论自由、和平集会和结社以及行动自由；保障公平、充分、有效、及时、非歧视、适当和对性别问题有敏感认识的诉诸司法、个人或集体赔偿的权利；获得有效补救权等权利。最后，第4条第3款声明本条款的规定不得减损国际法、区域法或国内法对受害者或其他个人人权的任何更高级别的承认和保护。由此可见，条约草案并没有为受害者设置新的权利，只是重申了现有国际法中规定的权利。因此，企业要在商业活动中尊重和保障国际法规定的受害者权利。

第三，工商业与人权条约草案的谈判明确企业在其商业活动中侵犯人权时应承担哪些法律责任。企业要注意到，如果其商业活动侵犯了人权，那么作为企业，它也要承担法律责任，包括刑事责任和民事责任。首先，条约草案第8条第5款要求企业建立相应的财务担保机制，以确保侵权时能够负担起对受害者的赔偿。其次，根据条约草案第8条第6款，如果企业未能防止与其有商业关系的另一法人或自然人造成或助长侵犯人权行为，仍然需要承担法律责任。最后，根据第8条第7款规定，即使企业尽到了人权尽责的义务，也不能免除其自身或者上下游企业承担侵权责任。这意味着人权尽责机制并不能起到预防和消除负面人权影响的作用。

第四，工商业与人权条约草案将会影响企业的应诉策略，需要拥有更加专业的国际法律团队。根据草案规定，企业的商业活动将受到东道国和母国的双重管辖。而且第三版草案中对管辖法院的范围在不断扩大，甚至包括了行为地或者被告住所地。这虽然降低了受害者无地可诉的可能性，但是企业在其商业活动范围之外的国家被起诉的可能性大大增加，法律诉讼的成本也在增加。因此，企业需要制定对应的诉讼策略，获得专业国际法律团队的帮助，以应对以后可能发生的域外诉讼。

值得注意的是，工商业与人权条约和《工商业与人权指导原则》的关系尚待解决。工商业与人权条约的出台是否意味着《工商业与人权指导原则》将退出历史舞台，这个问题并没有得到明确的回答。

但是不可否认，《工商业与人权指导原则》是第一个得到国际社会普遍认可的工商业与人权领域的标准性文件，其规定的"保护、尊重和补救"框架得到了发达国家、发展中国家以及有各类国家参与的经济、社会甚至体育类国际组织以及国际国内商协会的支持和采用。[1] 以《工商业与人权国家行动计划》为例，西方主要发达国家相继制定了有关工商业与人权行动计划。早在 2012 年，欧盟委员会就明确要求其所有成员国在 2013 年底之前制定实施《工商业与人权指导原则》的国家行动计划。此外，其他具有深远影响力的工商业与人权倡议和标准对于联合国的"保护、尊重和救济"框架也应当积极吸纳。例如 2011 年经济合作与发展组织修订的《经合组织跨国企业准则》是唯一经过多边商定，并且各国政府承诺推广的综合性负责任商业行为准则，其中便纳入了该框架。[2]

如果只是简单地将工商业与人权条约视为《工商业与人权指导原则》的替代品，完全摒弃指导原则的合作治理思路，是否会导致割裂现有的国际共识，引发更大的争议和矛盾？

综上所述，虽然在联合国层面已经开始探索制定工商业与人权条约，但目前各方对于如何共同创建具有包容性和建设性的条约机制仍有所争议，条约的制定不是一蹴而就的，其谈判和磋商进展缓慢，这也给各国和学者留下更多思考时间。

---

〔1〕 Surya Deva, Human Rights Violations by Multinational Corporations and International Law. Where from here？, Connecticut Journal of International Law 19, 2003, pp. 15-20.

〔2〕 OECD (2011), OECD Guidelines for Multinational Enterprises, OECD Publishing, p. 1.

第三章　企业人权尽责的核心要素

正如上文所述，企业人权尽责在国际社会已经得到普遍认同。目前国际社会已经开始讨论构建具有法律强制力的国际条约，促进企业履行其人权责任。企业人权尽责也是现行有效的《工商业与人权指导原则》的核心内容。因此，要研究企业人权尽责机制，首先要明确企业人权尽责的核心要素。本章分为四节。第一节介绍企业人权尽责的内涵，明确企业人权尽责的界定。随后第二节到第四节从"权利—义务"的角度，分别阐述了企业人权尽责的权利范围、国家责任和企业责任。

第一节　企业人权尽责的内涵

尽责[1]的概念起源于各国国内的民法。英美法系和大陆法系都承认国家应当承担侵权法上的注意义务。这些义务的法律前提是个人必须采取合理的谨慎措施，以确保其作为和不作为不会对他人造成可预见的伤害。在国内民法中，特别是在个人造成或维持潜在损害的情况下，可能产生注意义务。在这种情况下，由于该个人最能评估风险的严重性并控制其来源，因此需要更高水平的监管。虽然国家责任具有独特的性质，国内尽职调查义务的比例不能简单地转移到国际层面，但一些假设仍然对关于国家责任的辩论产生了重大影响。即使不能直接归因于私人

---

〔1〕　又被称为尽职调查，本文用"尽责"这一术语。

行为，国家仍然是最有能力控制源自其领土风险的主体。[1] 因此，尽责的概念被纳入国际层面对国家责任的讨论中。

根据 2012 年联合国《尊重人权的公司责任：解释性指南》的解释，尽责的定义是"在特定情况下，可以预期一个理性或审慎的人具有，并通常会表现出的某种程度的谨慎、能动或关切；没有任何绝对标准可加以衡量，但取决于具体情况中的有关事实"。[2] 而且在《工商业与人权指导原则》中，人权尽责的具体内容是因企业具体情况而各有不同，实施人权尽责的举措应当是灵活的。确定企业人权责任的内涵是理解和执行企业人权尽责的前提。企业的人权责任并不是单一的道德责任或者法律责任，它是根据人权的属性而言的。

一、企业人权尽责中人权责任属性

"企业尽责"本来是经济学上的概念，而在法律层面，对企业人权尽责的界定脱胎于经济学角度的企业尽责。[3] 首先，应当明确企业人权尽责中的责任是道德责任还是法律责任。现有的研究发现，对企业行为的规制有两个层次的约束机制。首先，道德机制的约束来自社会预期，它是非强制性的。其次，法律层面的约束来自国家强制力。这种约束包括法律条款规定其具体内容和责任范围，还包括不承担责任的负面评价和惩罚制度。但是在实践中，企业应当最优先承担的是法律责任，这是企业行为的最低标准；而人权责任兼具法律责任和道德责任的特征。因此，企业有义务去承担人权责任。

（一）道德责任

一些学者认为企业人权责任是一种道德维度上企业自愿承担的人权，人权本身就是道德权利。根据哲学家乔尔·费因伯格的人权分析观，人权是一种人人平等享有的、极为重要的基本道德权利，该权利具

----

〔1〕 Maria Monnheimer, *Due Diligence in International Human Rights Law*, Cambridge University, 2021, pp. 78~79.

〔2〕 联合国，《尊重人权的公司责任：解释性指南》，第 HR/PUB/12/02 号，2012 年，第 6 页。

〔3〕 冯留坡：《法学视角：企业社会责任的基本理论问题探析》，载《中外企业家》2014 年第 31 期。

有无条件性与不可改变性。《世界人权宣言》中提到的"自然权利"都可被称为人权，但并非所有人权都是自然权利。[1] 美国学者唐纳利在谈到人权的来源时认为，人权来源于人的道德性。人们对人权的追求是为了实现自身的尊严。在国际人权文件中"尊严"一词反复出现，其中《世界人权宣言》中出现过多达 5 次。可以说，对尊严的强调是二战后反思的结果，正是从法西斯主义践踏人的尊严的教训中，人们认识到人的尊严构成人权的基础。而为了保障人权，企业、国家和个人都应当承担相应的责任。而企业人权责任是实现其道德义务的重要组成。企业是由诸多自然人共同组建的经济共同体，承担相应道德责任是必要条件。[2] 而且在企业人权责任的诞生之初，人们就已经对企业有一种道德期待，认为企业也是公民。这种"企业公民"的理念强调企业和社会之间的一种非商业的利他关系，包括促进当地经济发展、保护环境等。[3] 这些道德期待也体现在企业人权责任之中。企业人权责任要求企业尊重人权，并采取措施保障具体人权，包括禁止使用童工、支持消除职业歧视、保护环境、反对任何形式的腐败等。

（二）法律责任

企业人权责任是否是法律责任？首先，我们要明白今天所理解的人权更多是从法学的角度探讨的。它是保障人权的行为准则，而不仅仅是一种道德上的权利。[4] 第一，对于企业本质是什么就有诸多争议。其中较为普遍接受的理论有三种：拟制论、否认论和实在论。拟制论的核心观点是法律赋予企业以人格和责任。否认说则认为企业是自然人的集

---

〔1〕 ［美］卡尔·威尔曼：《人权的道德维度》，肖君拥译，商务印书馆 2018 年版，第 6~7 页。

〔2〕 王泽应：《论企业道德责任的依据、表现与内化》，载《道德与文明》2005 年第 3 期。

〔3〕 郭锐：《道德、法律和公司——公司社会责任的成人礼》，中国法制出版社 2018 年版，第 19 页。

〔4〕 ［美］卡尔·威尔曼：《人权的道德维度》，肖君拥译，商务印书馆 2018 年版，第 8 页。

合。实在论坚持企业作为法人的人格是独立于其成员的。[1] 其中拟制论是传统法人理论的延续，其暗含企业是人们因社会契约而缔结起来的法人组织之意。企业的成立必须得到法律的确认。企业自身的章程就类似合同，企业依据法律的特许获得独立人格。这种拟制行为在实践中就转化为企业的登记行为。[2]

第二，企业的人权责任不仅仅限于因为道德期许而产生的责任，还包括企业在承担法律义务中所产生的责任。在法理学中，法律责任是一种特殊义务，由特定法律事实所引起，对损害给予补偿、强制履行或接受惩罚负有的责任。[3] 目前企业法律规则的变化核心争议在于：企业是股东的财产，还是独立的法律实体？在现有企业人权责任框架下，企业不再只是股东的财产，而是被看作独立的"市民"。企业是先于法律而存在的，对企业人权责任的判断要依据其实际运作情况，而不是根据其登记情况来判断企业的行为效力和责任界限。[4]

第三，企业人权责任明确了企业为尊重人权而承担的义务，其中就包括为受害者提供救济。根据《工商业与人权指导原则》的原则 11 和12，工商企业尊重人权包括识别、预防或者避免侵犯个人的人权，并应在出现企业卷入了供应链中的人权侵犯现象时，采取措施，消除负面人权影响。而司法救济是消除负面人权影响的有力方式。

此外，企业人权尽责法律规则的发展要求企业承担人权义务，不论是积极的还是消极的。首先，企业人权尽责立法意味着在国家不再是唯一责任承担者的情况下，即使是公司等非国家行为者也应承担积极的义务。其次，企业承担人权义务的范围应与权利可能受到侵犯的方式相一

〔1〕 郭锐：《道德、法律和公司——公司社会责任的成人礼》，中国法制出版社 2018 年版，第 171~172 页。
〔2〕 郭锐：《道德、法律和公司——公司社会责任的成人礼》，中国法制出版社 2018 年版，第 174 页。
〔3〕 张文显：《法理学》，高等教育出版社 2011 年版，第 95~124 页。
〔4〕 郭锐：《道德、法律和公司——公司社会责任的成人礼》，中国法制出版社 2018 年版，第 201~203 页。

致，即既有不同的作为，也有不作为。[1] 公司在各种情况下都可能侵犯人权，除非它们承担积极的义务，否则各种侵犯人权的行为都无法得到解决。最后，鉴于企业的业务全球化，如果人权义务的循环仅限于公司本身的行为是不够的。不应允许公司将侵犯人权的行为外包给他们的商业伙伴和供应链参与者，甚至对供应链中的子公司侵权追究母公司的责任，只要能够证明存在有效的控制。

二、企业人权尽责的界定

在实践中，根据国家的法律制度、企业的规模、活跃的市场、行业和许多其他因素，建议的人权尽责措施会有所不同。但是除了格鲁吉亚、立陶宛、韩国之外，其他现有的工商业与人权行动计划都对人权尽责进行了规定。不少国家都是在不同章节零散地提到人权尽责的定义。捷克共和国政府在行动计划中建议企业考虑引入内部尽职调查机制，以发现和消除人权风险，或将人权风险作为另一项评估标准纳入现有的尽职调查机制，并且建议企业提交自愿非财务报告。[2] 该报告应包含以下信息：企业是否作出了人权承诺，如何制定人权承诺，人权承诺影响到谁的权利，如何传达人权承诺，企业内部是否以及如何处理合规责任。并且说明公司认为具有运营风险和人权挑战的领域，如何应对这些风险以及采取了哪些措施等。芬兰也对尽责进行了阐述。芬兰认为尽责包括减轻不利影响以及就公司如何应对这些不利影响进行沟通。潜在影响通过预防或减轻来处理，而实际影响则通过补救来处理。[3] 德国不仅专章规定了尽责，并在整个国家行动计划中提及尽责，第三章的标题就是"联邦政府对尊重人权的企业尽责的期望"。这章主要是德国联邦政府希望所有企业以与其规模、经营部门以及在供应链和价值链中的地位相称的方式，采用下文所述的企业尽责程序。其内容包括：人权尽责的范围和实际结构、人权尽责的核心要素、政策声明、查明对人权的实

---

[1] Guidance on Responsible Business Conduct, 4 (1) Business and Human Rights Journal, 2019.

[2] Czech Republic, National Action Plan for Business and Human Rights 2017~2022, p. 5.

[3] Finland, National Action Plan for the Implementation of the UN Guiding Principles on Business and Human Rights, 2014.

际和潜在不利影响的程序、采取的措施和有效性跟踪、报告、申诉机制。[1] 尽责程序应当考虑到所有被国际承认的人权，优先考虑和解决那些对于工商企业来说最突出的人权问题。

在经济维度的企业尽责，通常也被称为尽职调查，企业调查其合作伙伴或者交易方，收集对交易或者合作而言的重要信息，在交易时能够知悉商业伙伴和交易对方的优势和弱点，确定交易的目的，获取能够左右交易的重要内容，从而为下一步合作或交易的决策提供依据。而人权维度下的企业人权尽责是指企业在其业务和产品，以及其供应商和业务合作伙伴网络中识别并处理其人权影响的过程。人权尽责应包括对内部程序和系统的评估，以及可能受其业务影响的外部群体的参与。[2]

本书所指的企业人权尽责机制应当是一个更加广泛的概念，其应当包括企业为了履行尊重的责任，必须具备必要的政策和适当的流程。《工商业与人权指导原则》确定了这项职责的三个组成部分。其一，公司必须制定政策承诺，以履行尊重人权的责任。其二，企业必须进行持续的人权尽责，以确定、预防、减轻和解释其对人权的影响。其三，企业必须建立适当的程序，以便能够补救其造成或助长的任何对人权不利的影响。此外，《工商业与人权指导原则》还规定，公司应将其人权尽责过程的调查结果纳入适当级别的政策和程序，并且相应地分配其资源和授权。公司应通过不断监测和评估其努力来确认这一目标的实现。企业应对于如何解决其人权影响做好沟通的准备，包括与极易受其影响的群体的沟通。

三、企业人权尽责的程序要求

联合国《工商业与人权指导原则》指导原则 17 指出："为了查明、预防、减轻和说明它们如何处理其对人权的不利影响，工商企业应进行人权方面的尽职调查。这一进程应包括评估实际和潜在的人权影响，综

---

[1] The Federal Government of Germany, National Action Plan Implementation of the UN Guiding Principles on Business and Human Rights 2016-2020, 2016.

[2] 《工商业与人权指导原则：实施联合国"保护、尊重和补救"框架》，第 A/ HRC/ 17/ 31 号，第 12 页。

合调查结果并根据调查结果采取行动，跟踪回应，以及交流如何处理影响"。[1] 该过程包括四个步骤：评估实际和潜在的人权影响（指导原则 18）、整合调查结果并根据调查结果采取行动（指导原则 19）、跟踪回应（指导原则 20）。这是在程序上对企业人权尽责的界定，因此，下文将对企业人权尽责的程序要求进行分析。

（一）保护、尊重和补救框架

为了履行尊重的责任，工商企业必须具备必要的政策和适当的流程。指导原则确定了这项职责的三个组成部分。其一，企业必须制定履行尊重人权责任的政策承诺。其二，企业必须进行持续的人权尽责，以确定、预防、减轻和解释其人权影响，并对此影响负责。其三，企业必须建立适当的程序，以便能够补救其造成或助长的任何负面人权影响。人权尽责是指工商企业在其业务、产品以及其供应商和商业伙伴网络中识别并处理其人权影响的过程。人权尽责应包括对内部程序和系统的评估，以及与可能受其业务影响的群体进行外部接触。

1. 企业制定履行尊重人权责任的政策承诺

第一，企业尊重人权的责任是指避免侵犯他人的权利，消除已经产生的负面人权影响。换言之，企业的经营活动不得干涉他人（不管是雇员、社区成员、消费者还是其他人）的人权或对他人人权造成负面影响。《工商业与人权指导原则》也释明了工商企业尊重人权的责任指的是国际公认的人权。在最低限度上，可理解为那些规定在《国际人权宪章》中的权利和关于国际劳工组织《工作中的基本原则和权利宣言》中所载明的各项基本权利的原则阐明的那些权利。[2]

第二，根据《工商业与人权指导原则》，制定企业人权政策是强制性的，并且适用于"所有工商企业，包括跨国企业和其他企业，无论其规模、所属部门、地点、所有权和结构"。这是该文件在一般原则部分

〔1〕《工商业与人权指导原则：实施联合国"保护、尊重和补救"框架》，第 A/ HRC/ 17/ 31 号，指导原则 17。
〔2〕 人权理事会：《工商企业与人权：实施联合国"保护、尊重和补救"框架指导原则》，第 A /HRC/17/31 号，2011 年，第 18~20 页。

对企业人权政策的规定。企业有责任积极起草和制定企业人权政策。这种责任将企业视为有责任感的责任承担者，有能力控制自己的人权印迹。换句话说，联合国《工商业与人权指导原则》承认，实际上也强调，企业有自我监管的能力。无所作为是不可接受的，因为这是重要的人权行为。对第 15 条原则的评注将企业人权政策作为企业传达他们"知道并表明尊重人权"的一种工具。从这个意义上讲，企业人权政策是预防性的。2011 年由人权高专办和联合国全球契约联合出版的《工商业指南：如何制定人权政策》填补了这个空白，这个空白是由于"没有确立一个全球性的、被广泛接受的程序，供企业证明其政策和程序是否确实符合联合国《工商业与人权指导原则》的要求，从而能够履行其尊重人权的责任"而留下的。

第三，许多学者似乎对企业人权政策的有效性持谨慎乐观的态度。联合国工商业与人权工作组成员玛格丽特·琼克也是这种观点。因为要求企业通过一项政策或成立一个承认人权的委员会已经不是新鲜事，但没有要求企业确保自己执行了这些政策，因而无法保证企业人权政策的实质和内容的实效性。[1] 马修·穆勒恩则认为企业不能主观地评价一份企业人权政策是否具有实质性，必须建立一个具有明确指标的机制。而基于人权的方法（HRBA）就是这样的机制。[2] 基于人权的方法机制为评估企业人权政策提供了适当和可使用的指标。根据这个机制来评估整个商业运作可能有些过分，但企业人权政策的作用是独特的。企业人权政策是一张企业人权计划的蓝图，也是一张供企业内部和外部权利人使用的示意图。

2. 企业必须进行持续的人权尽责，以确认、防止和减轻其人权影响，并对此影响负责

人权尽责的定义是："在特定情况下，一个合理、谨慎的人适当地

---

〔1〕 Juan José Álvarez Rubio, Katerina Yiannibas, *Human Rights in Business*：*Removal of Barriers to Access to Justice in the European Union*, London, Routledge, 2017, pp. 10~23.

〔2〕 Bard A. Andreassen, Vo Khanh Vinh（eds）, *Duties Across Borders*, *Advancing Human Rights In Transnational Business*, Intersentia, 2016, pp. 10~20.

期望并通常行使的审慎、活动或勤勉的措施；不是用绝对标准来衡量的，而是根据特殊情况的相关事实来衡量的"。在《工商业与人权指导原则》框架下，人权尽责包括一个持续的管理过程，即一个理性而谨慎的企业需要根据自身的情况在实践中进行人权尽责管理，以履行其尊重人权的责任。

第一，履行企业的尊重责任要求评估对人权的潜在或实际影响，并特别关注属于高危脆弱或边缘化群体或人口的个人受到的影响。更明确地讲，《工商业与人权指导原则》规定公司应当尊重可能需要特别关注的特殊群体或人口的权利。这就是说，公司可能需要考虑附加的人权标准和文书，包括联合国或者国际组织出台的标准或者文件。公司还应该考虑到男性和女性面临的风险或受到的影响可能不同。对此，不少学者认为人权尽责的核心就是识别人权风险。但是胡安·何塞·阿尔瓦雷斯·鲁比奥和卡特琳娜·伊安尼布在其 2017 年著作《商业中的人权：消除欧盟诉诸司法的障碍》中指出人权尽责机制有更广泛的关注点。它不仅旨在确定人权风险，而且旨在预防和减轻这些风险。这隐含着包括制止这种风险继续存在。[1] 因此，如果发生侵犯人权的行为，问题在于该企业是否能够而且应该避免、停止或限制侵犯人权行为。

第二，《工商业与人权指导原则》规定，公司应当将其人权尽责过程调查结果纳入适当层次的政策与程序中，相应地配给资源，赋予权威。目的是查明、预防和减轻公司造成的负面人权影响，公司应当追查其实现这一目标的实效。矿产领域人权尽责概念的发展意味着供应链管理在两个方面的重大转变。其一，矿产的全面可追溯性需要运用人权尽责，将生产商在整个供应链中的责任延伸到原材料开采阶段的上游供应链。其二，立法的发展，例如《多德-弗兰克法案》努力使得供应链中的尽责具有法律约束力，从而突破基于个人和/或集体行为准则的自愿供应链管理模式。这一范式转变推动了在冲突矿物供应链中进行追溯和人权尽责的各种倡议。

---

〔1〕 Juan José Álvarez Rubio, Katerina Yiannibas, *Human Rights in Business*: *Removal of Barriers to Access to Justice in the European Union*, London, Routledge, 2017, pp. 10~23.

第三，公司应当准备对外公布其承诺与行动，包括向可能受其业务影响的群体进行通报。由于业务、背景和影响都可能变化，所以公司应当定期评估对所有人权的潜在或实际影响，以此作为其尽责过程的一部分。不少企业已经制定了定期的企业人权报告制度，并且公之于众，例如苹果的《供应商责任进展报告》。此外，目前强制人权尽责在工商业与人权领域是一个新兴的概念，因为它为国际社会提供了一条前进的道路，能够在全球化经济中有效地将负责任的商业行为制度化并付诸实施。越来越多的国家将其视为一种工具，从而促进和确保企业对国内外商业活动和关系造成的人权损害承担更高程度的人权责任，并进行问责。这一趋势背后的推动力是各国对衡量投资项目可持续性的环境、社会和治理标准的兴趣激增，以及对域外管辖态度的转变。

3．建立补救机制

根据学者的研究和国际人权规范，建立补救机制最重要的是应妥善设计和管理以国家为基础的申诉机制和业务层面的申诉机制，以免歪曲对人权风险管理情况的评估。《工商业与人权指导原则》建议，有效的申诉机制应当具备以下特点：合法、便于获取、可以预测、公平、透明、与权利相容，并且促进不断学习和改进。

国家联络点系统及其同行审议程序来源于经合组织《跨国企业准则》，其处理的 50% 是与人权相关的申诉[1]。国家联系点致力于解决准则实施中的问题，通过收集各国经验信息以及讨论案例等方式让准则被充分知晓，并且注重与所有的利益相关方（包括商业代表、劳工组织代表和非政府组织）建立联系以达到实施准则的目的。一方面，在与商业有关的人权争议的个案中为各利益相关方提供了对话与调解的平台，从而促进了个案的解决；另一方面，也为国际社会解决工商业人权问题积累经验。[2]

---

〔1〕　人权理事会：《人权与跨国公司和其他工商企业问题工作组关于工商业与人权论坛第六次会议的报告》，第 A／HRC/38/49 号，2018 年，第 11 页

〔2〕　李苗苗：《探析国外商业与人权领域非司法申诉机制》，载《WTO 经济导刊》2015 年第 8 期。

（二）企业人权尽责管理模式

《经合组织负责任商业行为尽责管理指南》概述了企业尽责管理的环节，将负责任商业行为融入企业政策与管理体系。这包括制定、采纳和沟通有关负责任商业行为议题的各项政策，其中阐述企业对《经合组织跨国企业准则》中所含原则与标准的承诺，及其实施与自身运营、供应链和其他业务关系相关的尽责管理的计划，例如制定具体政策应对企业面临的最重要风险，以风险评估的结果为基础，从而为企业消除这些风险采取的特定方式提供指导。考虑将制定企业的尽责管理计划纳入这些政策。同时，寻求将企业关于负责任商业行为议题的政策嵌入企业监督机构。将企业关于负责任商业行为议题的政策融入管理体系，从而将这些政策作为正常业务过程的一部分加以实施，同时考虑国内法律法规中可预见的这些机构的潜在独立性、自治性和法律结构。[1] 并且明确通过以下方式开展尽责管理：①识别对负责任商业行为议题的实际或潜在不利影响。②终止、防范或减轻不利影响；③跟踪实施情况与结果；④沟通如何消除影响；⑤适时实现补救。[2]

国际粮农组织以负责任的农业供应链联结风险与发展，其耗时 3 年制定了《经合组织—粮农组织负责任农业供应链指南》，这是解决农业部门风险和发展问题的全球标准。该指南于 2016 年发布，由粮农组织与经济合作与发展组织在多利益相关方咨询小组的指导下联合制定。其规定了农业供应链风险尽职调查五步框架。第一步，为负责任的供应链建立强有力的企业管理系统。这部分要求企业应当实施负责任商业政策。该政策应包括根据国际标准和上述示范企业政策进行尽职调查的标准。它可以由一个单一的政策或几个独立的政策（如企业人权政策）组成，还可以包括遵守现有行业特定标准的承诺，如认证计划。第二步，识别、评估并优先考虑供应链中的风险。第三步，设计并实施应对

───────────────

〔1〕 经济合作与发展组织：《经合组织负责任商业行为尽责管理指南》，2018 年，第 23 页。

〔2〕 经济合作与发展组织：《经合组织负责任商业行为尽责管理指南》，2018 年，第 21 页。

已识别风险的策略。第四步，验证供应链尽职调查。第五步，供应链尽职调查报告。[1]

经合组织出台的《经济合作与发展组织受冲突影响和高风险区域矿石负责任的供应链尽职调查指南》，要求在实践中，企业开展尽职调查所应采取的步骤如下：分析冲突矿物相关活动的实际情况；依据各项供应链标准，识别和评估在这些活动中任何实际或潜在的风险；采用和实施风险管理计划防范或降低已识别的风险。对此，在降低风险的过程中，企业可以决定继续开展贸易、暂时中止贸易，或者终止贸易。[2]

尽责应当是一个持续的过程，企业认识到随着企业运营和运营环境的演变，人权风险可能会随着时间的推移而发生变化。当企业开展一个新的活动和/或建立一个新的商事关系的时候，应当尽早启动尽责程序；即使发生在缔约国对工商业活动或关系不愿意或不能够履行保障市民人权义务，也应当启动尽责程序。此外，即使工商企业从事了其他的支持人权的活动，例如慈善事业，也应当启动尽责程序。即工商企业不能够以通过参与促进人权的举措来抵消它应尊重人权的责任。[3]

第二节　企业人权尽责的权利范围

人权是指人们享有有尊严地被对待的权利。全人类生而有人权，不论他们的国籍、住所、性别、民族或族裔、种族、宗教、语言或其他任何身份。每一个个人都有权享有人权不受歧视。1948 年的《世界人权宣言》是许多国家的代表为了防止再次发生第二次世界大战的暴行而制定的，是现代人权法的基石。1993 年，在维也纳世界人权大会上，171

---

〔1〕 OECD, OECD-FAO Guidancefor Responsible AgriculturalSupply Chains, OECD Publishing, Paris, 2016, pp. 31-38.

〔2〕 经济合作与发展组织：《经济合作与发展组织受冲突影响和高风险区域矿石负责任的供应链尽职调查指南》，2016 年，第 13 页。

〔3〕 Monash university university Castan Center for Human Rights Law, Human Rights Translated 2. 0- A Business Reference Guide, 2016, p.34.

个与会国都重申了他们对《世界人权宣言》所表达的愿望的承诺。

企业人权尽责的研究首先应当从权利角度分析企业人权尽责涵盖的人权范围。企业行为会影响到所有人权，且侵害人权现象主要发生在治理不善的国家。鲁格教授通过案例分析发现对企业的投诉通常涉及多重要求。因而，他以《国际人权宪章》的普遍权利为基准，分别回答何种权利受到不良影响，触犯何人的权利，发生在何处以及企业如何被卷入这四个关键问题，从而得出结论企业行为会影响到所有人的人权。而在某些极端情况下，企业行为严重侵犯人权的国际标准，可能构成国际罪行。这种侵权行为可能发生在人权制度不能按预期运作的地区，例如在武装冲突地区。因为冲突地区会成为实质的无法律特区，而这些地区的指控通常涉及公司对有关各方所犯行为的干涉。在这些庭审中，原告需要求助于母国法院，因为当地法院可能无法或不愿采取行动。[1] 但是近代以来人权主体不断扩展，人权内容得到极大丰富，人权实践不断深化，而企业行为涉及所有人的权利。因此，本节将基于人权的类型理论，从公民权利和政治权利，经济、社会和文化权利，以及环境权来阐述不同类型人权下的人权尽责内容。

一、公民权利和政治权利

公民权利和政治权利强调保障个人的自由权，拒绝公权力的不合理干涉，集中体现在《公民权利和政治权利国际公约》的各项规定。公民和政治权利是指使人们可以享有身体和精神的自由，受到公正的对待和有效地参与到政治进程中的权利，包括生命权、不受虐待的自由、不受奴役的自由、隐私的权利、不受非法拘留的自由、得到公正审判的权利、宗教信仰的自由、表达和结社的自由以及少数者的权利和不受歧视的自由等。下面将以不受不人道或侮辱性的待遇的权利为例展开论述。

不受不人道或侮辱性的待遇的权利可能和工商企业相关，比如，公司员工受到严重性骚扰，抑或是因为危险或者不安全的工作条件而饱受精神或者身体痛苦。此外，制药公司和其他参与医药研究者如果未经个

---

〔1〕 ［美］约翰·鲁格：《正义商业——跨国企业的全球化经营与人权》，刘力纬、孙捷译，社会科学文献出版社 2015 年版，第 45~47 页。

人同意进行医药或科学试验，也可能侵犯这种权利。而工商企业因其医药产品被卷入其中，那么该企业可能也面临着被指控在第三方实施的违法行为中有共谋行为，从而受到处罚。[1] 与此同时，实践中，工商企业会因为与武装组织或者暴力机构之间存在业务往来关系，而被指控帮助实施了酷刑。

二、经济、社会和文化权利

经济、社会和文化权利主要的思想来源是 19 世纪兴起的社会主义思潮。它尤为社会主义者所重视，要求国家在尊重个人自由的基础上采取积极行动。随后，联合国通过《经济、社会、文化权利国际公约》对该类人权予以法律形式的确认。

第一，企业人权尽责中包括了对经济、社会和文化权利的保护。人们期待企业去尊重经济、社会和文化权利，但是这并不意味着期冀企业去解决那些根深蒂固的全球性问题，如贫穷问题。相反，企业被期望去确保没有干扰具体权利的享有，以及如果被发现已经干扰了，甚至侵犯这些权利，那么企业应当采取补救措施。此外，公共服务的私有化促进了企业承担经济、社会和文化权利方面的义务，但是公司未被要求或期许取代政府的责任来确保所有人权的实现。经济、社会和文化委员会在关于适足住房权的第 4 号一般性意见中指出，缔约国履行其义务所制定的措施会兼顾公共和私营部门的建议。在保障适足住房权问题上，单靠财政拨款建造新住房是无法满足现有住房的缺口。因此，经济、社会和文化委员会鼓励缔约国对私营部门进行授权，允许其参与房屋建造，同时尽其所能履行适足住房权相关义务。从总体上来说，这种混合公共和私营部门资源的措施能够在最短的时间内，以最大限度的资源保障适足住房权。[2] 因此，国家需要与企业进行合作，通过合法的私有化，促进经济发展和人权保障。但是，私有化对经济社会权利的潜在负面影响

---

〔1〕 Monash university university Castan Center for Human Rights Law, Human Rights Translated 2. 0- A Business Reference Guide, 2016, pp. 21~27.

〔2〕 经济、社会和文化委员会：《关于适足住房权的第 4 号一般性意见》，第 E/1992/23 号，第 14 页。

也不容忽视，不是所有的公共事项都可以进行私有化。例如，经济、社会和文化委员会强调国际援助不应"推动受援国采取私有化模式"。[1]在其他一般性意见中，经济、社会和文化委员会特别关注私有化对平等和不歧视享受经济社会权利方面的影响。例如，在关于残疾人权利的一般性意见中提到"在提供公共服务的安排日益私有化、更加依赖自由市场情况下，私营雇主、货物和服务的私人供应商必须保障平等和不歧视，其他非公共实体既受不歧视规范的约束，也受平等规范的约束"。[2]在男女平等享有权利方面，国家同样有义务监督和规范企业的行为，禁止工作场所对女性的职业歧视。[3]

第二，强迫劳动的现象存在于私营部门，企业可能被指控强迫劳动。欧洲人权法院将"强迫或强制劳动"定义为"任何人以违反某人意愿的任何处罚为由强迫其从事的工作或服务，而该人并未自愿提供这种工作或服务"。此外，强迫劳动不仅会造成不公平竞争，最终影响到道德底线，而且还代表着巨大的潜在声誉风险，尤其是当全球供应链达到前所未有的复杂程度时。目前，强迫劳动已经成为影响企业对外声誉的重要因素。20世纪90年代中期，耐克面临在亚洲各地工厂使用"血汗工厂劳工"生产产品的指控。在媒体的一片批评声中，耐克首先否认自己对工厂的工作条件负有任何责任，这些工作条件据称包括对工人的身体和言语虐待、危险的工作条件、过低的工资等。作为回应，耐克成立了一个部门，负责改善工厂条件。对耐克的持续批评导致了美国大学校园的抗议，同时大量美国消费者抵制购买耐克的产品。1998年，耐克时任首席执行官菲利普·奈特承认，耐克的产品已经成为奴隶工资、强迫加班和任意虐待的代名词。随后，耐克、迪士尼、盖普、锐步、李维斯等生产消费品的知名品牌开始制定企业社会责任报告和自我监管机

〔1〕 经济、社会和文化权利委员会：《关于性健康和生殖健康权的第22号一般性意见》，第E/C.12/GC/22号，2016年5月2日，第52页。

〔2〕 经济、社会和文化权利委员会：《第5号一般性意见：残疾人》，第E/1995/22号，1994年12月9日，第51页。

〔3〕 经济、社会和文化权利委员会：《第16号一般性意见：男女享有所有经济、社会和文化权利的平等权利》，第E/C.12/2005/4号，2005年8月11日，第20页。

制。但是这些自治模式很快就因缺乏稳健性、合法性和有效性而受到批评。[1] 这个案件中浮现出的几个问题，值得中国矿产企业在海外经营中高度重视。其一，要严格遵守东道国的法律法规，规范经营，企业应当本着平等互利的原则进行投资经营。其二，转变经营生产方式和管理模式，案件中企业的一系列错误行为，包括压低工人工资、安全防护缺失、不签劳动合同雇用临时工、行贿收买官员等激化了矛盾，最终导致惨案发生。其三，中国政府要加强监督和成立相关沟通机制，引导企业遵纪守法，提高自身法律意识，融入当地的法律和文化体系。

　　第三，提供公共服务的企业如果不遵守企业人权尽责的要求，也可能因经济、社会和文化权利未得到保障而被提起诉讼。2021 年 7 月 7日，法国最大的私人供水商苏伊士集团被国际人权联合会（FIDH）、法国人权联盟（LDH）等组织诉至巴黎法院。苏伊士集团的供水服务占智利供水市场 43%以上。但是 2019 年 7 月，智利奥索尔诺居民 10 天内没有获得供水。这次供水问题是因为在苏伊士集团控制的 ESSAL 公司发生的一起运营事故。2019 年 7 月 10 日，苏伊士子公司 ESSAL 在奥索尔诺市运营的饮用水厂泄漏了 2000 升石油。该工厂的集水水源被石油污染，导致整个饮用水网络受到污染，该网络为该市 49 000 户家庭（即140 500 名居民，占该市人口的 97.9%）供水。两条河流也受到影响：罗拉胡河和罗达马河。供水中断了 10 多天。奥索尔诺的居民以及提供基本服务的机构（医院、保健中心、透析中心、老年人长期护理设施等）无法获得饮用水，引发了严重的健康危机。在这场危机期间，由于ESSAL 公司本应立即建立的替代供水点安装较晚且不完整，以及供水不足且水质差，加剧了这次卫生紧急情况的严重性。这些严重违规行为是由于 ESSAL 公司缺乏预防和纠正措施所导致的，尽管智利卫生服务监督局早在 2018 年已经就环境中的许多异常情况发出了警告，并在过去

───────────────

〔1〕 Monash university university Castan Center for Human Rights Law, Human Rights Translated 2.0-A Business Reference Guide, 2016, pp. 13~16.

五年中对该公司处以 36 笔罚款。[1]

三、环境权

联合国人权事务高级专员曾经在会议开幕词中提到："气候变化是一个现实问题，影响到世界的每个地区。目前所预测的全球升温水平对人类的影响是灾难性的。……毫不夸张地说，我们正在毁灭我们的未来。"[2] 随着国际社会对于全球气候变化的重视，人们日益认识到企业在环境权保障领域的影响越来越大，由于企业不当经营活动造成环境损害的案件频出不穷。在目前的发展情况下，企业人权责任和绿色经济方面的争端成为国际关切的热点议题。有学者认为企业应当承担环境人权责任。企业环境责任强调的是企业实现其经济利益的同时，还应当承担相应的环境责任；而所谓的环境人权责任是从人权的角度去解读企业环境责任。它关注的是企业如何实现低碳生产经营，在获得最大经济利益之外，保护环境人权。[3] 对此，本部分将从人权的维度着重分析环境权领域的企业人权责任发展情况。

（一）环境权的缘起

环境权作为一种新兴的人权，在国际人权文件中得到了确认。安全、洁净、健康和可持续的环境是充分享有生命、健康、食物、水和卫生设施等广泛人权不可分割的组成部分。1972 年《斯德哥尔摩人类环境宣言》首次把环境和人权关系阐述清楚，并且提出了环境权。其中第 1 条原则规定："人类有权在一种能够过尊严和福利的生活环境中，享有自由、平等和充足的生活条件的基本权利，并且负有保护和改善这一代和将来的世世代代的环境的庄严责任。"但是，1992 年在《关于环境

---

〔1〕 FIDH, Chile: In wake of Osorno health crisis, water giant SUEZ is summoned on the basis of duty of vigilance law, June 2021, pp. 6~10.

〔2〕 联合国人权高专办网站：人权高专办与气候变化，网址：https://www.ohchr.org/CH/Issues/HRAndClimateChange/Pages/HRClimateChangeIndex.aspx，最后访问时间：2022 年 3 月 1 日。

〔3〕 张万洪、王晓彤：《工商业与人权视角下的企业环境责任——以碳中和、碳达峰为背景》，载《人权研究》2021 年第 3 期。

与发展的里约宣言》中将其关注点转向了可持续发展，而不是人权。[1]
环境权正在逐渐成为一项得到认可的人权。1998 年的《在环境问题上
获得信息公众参与决策和诉诸法律的公约》界定了程序性的环境权，包
括环境信息公开、环境公众参与、环境诉讼。其中不仅规定了环境信息
的范围、信息公开的程序、豁免事由、救济措施等内容，而且提出在环
境保护事项上重视公众的参与，保障公众的知情权利。2001 年，该公
约生效。公约中特别提到解决环境污染与破坏问题应当采取的有效举
措，包括保障民众对环保相关信息的知情权，构建公众参与环境保护问
题解决的长效机制。但是，公约规定的环境信息公开制度在实践中困难
重重。因此，国际社会对公约的原有规定进行了修改，通过了后《奥胡
斯公约》。[2] 1988 年《萨尔瓦多议定书》第 11 条宣布了人人有权在健
康的环境中生活，环境是全人类共同所有，这就决定了环境的公益性，
并发展出了判例法体系。

　　2012 年人权理事会通过题为《人权和环境》的第 A/HRC/RES/19/
10 号决议，并设立了特别报告员。在这份决议中，人权理事会特别提
到了《里约宣言》的各项原则以及《工商业与人权指导原则》。基于上
述文件，特别报告员应当进一步研究和说明与享有安全、洁净、健康和
可持续环境相关的人权义务。[3] 2018 年，特别报告员提出了有关环境
权的指导性报告——《人权与环境框架原则》。在文件中对环境权进行
了清楚且全面的界定，包括国家和企业的三套义务：程序性义务、实质
性义务，以及与弱势群体相关的义务。其中规定了 16 项与享有健康环
境人权相关的框架原则。[4] 这份文件得到了联合国人权理事会的认同，
也得到诸多学者的支持。而且专家逐渐产生共识：环境权会影响到工作

---

〔1〕 联合国人权理事会:《人权与环境》，第 A/HRC/RES/19/10 号，2012 年 4 月 19 日，
第 2~3 页。

〔2〕 李爱年、刘爱良:《后〈奥胡斯公约〉中环境信息公开制度及对我国的启示》，载
《湖南师范大学社会科学学报》2010 年第 2 期。

〔3〕 联合国人权理事会:《人权与环境》，第 A/HRC/RES/19/10 号，2012 年 4 月 19 日，
第 3 页。

〔4〕 联合国人权理事会:《与享有安全、清洁、健康和可持续环境有关的人权义务问题
特别报告员的报告》，第 A/HRC/37/59 号，2018 年 1 月 24 日，第 3~4 页。

权、适当生活水准权，而且对老年人、特殊社会群体等产生重要影响。这份文件也让人们普遍认为，人权规范适用于环境问题，包括享有安全、清洁、健康和可持续环境的权利。超过100个国家在其宪法中承认了环境权是一项权利。有些国家还已在其宪法中纳入了程序性环境权利，包括获取相关环境污染信息、参与环境政策的决策、通过司法获得补救的权利。在区域层面的人权协定中也规定了有关健康权的内容，并且有的协定会把享有健康环境的权利作为适当生活水准权的一部分加以保障。[1] 在司法中，环境权也得到各区域法院的认可。欧洲人权法院形成了判例法；美洲法院在2018年的咨询意见中明确承认环境权是一项人权。目前全球有1600多例有关气候变化诉讼案例。

目前，国际文件中环境权也被称为"享有健康环境的权利"。特别报告员约翰·H.诺克斯对其界定是"所有依赖于安全、清洁、健康和可持续环境的人权的环境方面"。[2] 该权利基于人与自然和谐共处的理念，不同于传统的人权理念，是一种新的人权理念和主张。随着气候变化、人类活动带来的环境问题日益严重，环境权作为一项独立人权的理念逐步获得学界的认可。环境权的基准是保障环境不受损害。它是由多种子权利集成的权利束，包括了环境信息知情权、环境参与权和受到环境侵害时诉诸司法的权利。[3] 环境权是集体人权，因为环境是一个普遍问题，而且人权和环境保护息息相关。为了充分享有各项具体人权，确保健康的环境权利是前提。[4]

（二）环境权领域企业人权责任的发展

如今，人们已经认识到全球气候变化是全人类正面临的环境危机，尤其是气候变暖问题。全球气候变暖将造成农业减产、海平面上升、极

---

〔1〕 联合国大会：《与享有安全、清洁、健康和可持续环境有关的人权义务》，第A/73/188号，2018年7月19日，第10页。

〔2〕 联合国人权理事会：《与享有安全、清洁、健康和可持续环境有关的人权义务问题特别报告员的报告》，第A/HRC/37/59号，2018年1月24日，第5页。

〔3〕 李红勃：《环境权的兴起及其对传统人权观念的挑战》，载《人权研究》2020年第1期。

〔4〕 联合国人权理事会：《与享有安全、清洁、健康和可持续环境有关的人权义务问题特别报告员的报告》，第A/HRC/37/59号，2018年1月24日，第6页。

端天气等诸多问题，威胁着人类生存所需的粮食资源、水资源、生态环境等基本要素。因此，对环境权的保障已经迫在眉睫。具体而言，国际社会主要是从程序性环境权进行保障，因为实体权利离不开程序性权利的保障。国际文件中对于环境权领域的企业人权责任也有所规范。《人权与环境框架原则》规定国家应当提供保护，防止工商企业造成环境损害从而侵犯人权。[1] 在环境权领域，工商企业尊重人权的责任包括以下内容：其一，企业应遵守东道国和母国的环境法律法规，在其人权政策或者声明中明确履行尊重人权责任，为此开展环境保护，实施人权影响评估，以确定、防止和缓解负面环境人权影响。其二，企业应当注意避免因其合作伙伴、供应商的行为被动卷入环境损害的事件中，进而导致负面人权影响。企业还应当尽可能避免与业务、产品或服务直接相关的负面人权影响。其三，企业还应允许对其所造成或加剧的任何不利环境人权影响进行补救。[2]

国际社会越来越意识到工商企业活动对环境的影响，主要包括两方面的内容。一方面，工商企业的疏忽会造成严重环境污染事故，进而损害个人的健康权等人权。1984 年的印度博帕尔灾难是历史上最严重的工业化学事故，引发人们对商业活动的环境损害问题的思考。但是在这次灾难性事故发生后，环境损害案件仍屡见不鲜。因此，企业经营造成的环境污染，包括排放废水、噪声污染以及固体废物、有毒有害物质处置不善等，会损害以下权利：获得清洁和健康的环境、健康权、清洁和安全的水。另一方面，在气候变化上，由于商业目的破坏和侵犯自然环境而丧失生物多样性，这对当代和后代的生计、健康和获得清洁和安全的水都会产生不利影响。同时，这种气候变化也会危害到当地居民的水权、健康权、适当生活水准等权利。[3] 因此，工商企业应按照《工商

---

〔1〕 联合国人权理事会：《与享有安全、清洁、健康和可持续环境有关的人权义务问题特别报告员的报告》，第 A/HRC/37/59 号，2018 年 1 月 24 日，第 6~9 页。

〔2〕 联合国人权理事会：《与享有安全、清洁、健康和可持续环境有关的人权义务问题特别报告员的报告》，第 A/HRC/37/59 号，2018 年 1 月 24 日，第 14 页。

〔3〕 韩立新、逯达：《实现碳达峰、碳中和多维法治研究》，载《广西社会科学》2021 年第 9 期。

业与人权指导原则》进行人权影响评估，包括企业活动造成的任何实际或潜在的负面的人权影响。随后，与可能受影响的群体和其他相关利益攸关方进行切实协商，并且对影响评估的结果进行分析，采取适当补救措施。[1]

近年来世界各国纷纷开始制定越来越高的环境标准，规定了工商企业的投资活动要保护环境，破坏环境则要承担相应的法律责任。美国拜登政府已将清洁能源和可持续性作为其议程和雄心勃勃的基础设施计划的核心。与此同时，欧盟绿色协议也成为欧洲经济复苏的核心议题，而欧洲也在监管 ESG 投资方面处于领先地位。欧盟于 2021 年 3 月启动了可持续财务披露条例的第一阶段，要求资产经理和财务顾问披露 ESG 信息，以鼓励更多私人资金投入绿色投资。在亚洲，日本和韩国已经跟随美国和欧盟宣布 2050 实现碳中和的计划，中国打算在 2060 年前达到同样的目标。与广泛领域的技术发展一样，可再生能源、清洁能源和碳捕获等领域的初步进展在很大程度上是由政府主导的举措推动的。这无疑帮助企业家和投资者看到了这些技术的可行性以及相关行业的潜力。可持续发展公司正在引领牛市，推动市场达到新的高峰。NADSAQ 的清洁能源指数在 2020 年 3 月至 2021 年 3 月期间增长了两倍多。可再生能源等行业的公司经历了向可持续发展的结构性转变的长期浪潮，并通过创新在市场竞争中脱颖而出，实现可持续发展。[2] 据联合国政府间气候变化专门委员会（UN Intergovernmental Panel on Climate Change）估计，直到 2035 年，仅能源系统一项，将全球变暖限制在前工业化水平之上 1.5 摄氏度需要每年约 2.4 万亿美元的投资。这相当于全球 GDP 的 2.5%左右，并且没有考虑到包括建筑、制造、采矿、航空旅行和农业在内的众多其他部门的必要行动。[3]

---

〔1〕 联合国人权理事会：《与享有安全、清洁、健康和可持续环境有关的人权义务问题特别报告员的报告》，第 A/HRC/37/59 号，2018 年 1 月 24 日，第 11 页。

〔2〕 NOAURA, ESG: fad or Future? , see: https://www.nomuraconnects.com/focused - thinking-posts/esg-fad-or-future/, last visited at December 13rd, 2021.

〔3〕 NOAURA, ESG: fad or Future? , see: https://www.nomuraconnects.com/focused - thinking-posts/esg-fad-or-future/, last visited at December 13rd, 2021.

　　大多数国家都对环境和气候变化较为重视，并在行动计划中着重规定。下面将举例进行说明。法国在其工商业与人权行动计划中规定了大量关于环境和气候变化的内容。其中包括：首先，在国家的保护义务中，法国承诺会致力于在国家、欧洲和国际各级加强人权、社会和环境标准，提供宪法、法律的监管保护。并且列举了一系列和环境保护相关的国际、欧洲和国内层面的法律法规，进而阐述了在采掘、农业和食品以及金融行业的具体举措。其次，在企业尊重人权方面也提到环境保护的责任，指出 2012 年 4 月 24 日关于企业社会和环境透明度义务的第 2012-557 号法令将人权置于与其他问题同等的地位。最后，在补救措施方面也提到对破坏环境的企业行为的规制。[1]

　　爱尔兰特别介绍了其在环境领域保护人权的相关规定。爱尔兰政府优先考虑公民享有安全环境的权利和企业遵守环境保护立法的责任。爱尔兰遵守欧盟的主要指令，如欧盟第 2004/35/EC 号指令，该指令涉及预防和补救环境损害方面的环境责任。根据政府确保包容性和公开参与决策的优先事项，爱尔兰还批准了《奥胡斯公约》，该公约旨在促进公民参与环境事务并改进环境法的执行。[2] 意大利也十分重视对环境的保护。在其明确的工商业和人权领域的六个优先事项中就包括"促进环境保护和可持续发展"。意大利认为在环境保护领域，企业在国家和欧盟立法之外促进建设更高环境标准，是对尊重、促进和实现人权的重要贡献。[3] 并且特别介绍了政府与相关利益相关方（如国家研究中心、大学、国家和国际一级的工商企业和环境协会）以及在应对气候变化领域采取的国际行动。英国虽然在其 2013 年行动计划没有明确提及环境和气候变化。但是 2016 年最新的行动计划中提及了英国国家联络点接到有关环境变化的案例，即世界野生动物基金会（WWF）和索科（SO-CO）国际公司案。这个案件有关石油勘探活动可能对当地社区、环境

---

〔1〕　French, National Action Plan for the implementation of the United Nations Guiding Principle on Business and Human Rights, pp. 3~5.

〔2〕　Ireland, National Action Plan on Business and Human Rights 2017-2020, pp. 4~5.

〔3〕　Italy, Italian National Action Plan on Business and Human Rights 2016-2021, 2016, p. 5.

和野生动物造成的不利影响。2014 年 6 月，英国国家联络点对该案给出了最终意见。[1]

第三节　企业人权尽责下的国家责任

根据国际人权法理论，国家对基本权利的保障不再局限在二分的积极义务和消极义务，而是体现在尊重、保护、确保和促进四个层面的义务。其中保护义务就是强调国家防止他人侵犯个人权利。[2] 在基本权利受到第三人侵害的时候，国家有作为的义务。而国家在履行人权保护义务的时候，应当落实到具体的国家机关。而基本权利第三人效力理论要求民法法官在处理民事法律适用问题的时候，要考察这些民事规范是否受到宪法基本权利条款影响。如果违反了基本权利的标准，那么裁判可能违反宪法，引起违宪审查。[3]

现有理论正是出于对贸易自由化和经济全球化的消极作用的警惕，联合国人权委员会和经社文权利委员会反复强调，即使是在贸易、金融和服务领域。人权和基本自由也是各国首要的基本的责任和目标。[4] 然而在实际操作中在经济领域的人权保障往往偏离了措施初衷，从而引发新的贸易战争，例如过高的劳工标准、绿色壁垒等。[5] 同时，侵犯人权最多的东道国也是最需要外国直接投资和商业发展的国家。

目前工商企业可能卷入的人权风险包括童工、强迫劳动、工作场所和社区中对妇女、少数民族、移民和其他人的歧视等。这些风险涉及系统性问题，在多数情况下与根本原因或基本发展问题相关，如贫穷、腐

〔1〕　The Secretary of State for Foreign and Commonwealth Affairs, Good Business Implementing the UN Guiding Principles on Business and Human Rights, May 2016, pp. 6~8.

〔2〕　夏正林:《从基本权利到宪法权利》，法律出版社 2018 年版，第 185 页。

〔3〕　陈戈等:《德国联邦宪法法院典型判例研究：基本权利篇》，法律出版社 2015 年版，第 162~165 页。

〔4〕　赵维田:《世贸组织（WTO）的法律制度》，吉林人民出版社 2000 版，第 34 页。

〔5〕　林燕平:《论 WTO 体制下发展中国家的竞争政策和竞争立法》，载《法学》2005 年第 11 期。

败和法治薄弱。[1] 这些是工商企业无法独立解决的全球性挑战，其核心解决措施是提高跨国企业经营地国家治理水平和治理能力，需要由政府领导、帮助和监督企业履行其人权责任。[2] 例如，政府可以通过要求公司提交可持续性报告，报告其遵守人权和社会标准的情况。这尤其适用于公共或国有企业。工作组还强调，被寄予期望发挥榜样作用的国有企业，在采用人权尽职方法方面普遍落后。[3] 对各国而言，重点是在国际人权制度下承担的保护个人免受来自第三方（包括企业）侵犯人权行为的法律义务，以及符合和支持履行这些义务的政策依据。而国家最迫切需要关注的是以下几个领域的政策：国际投资协议、公司法和证券规定，受冲突影响地区的企业运营以及国家加入多边机构时国内政策的碎片化。[4]

大多数企业负面人权事件的主要后果是企业的声誉受到影响，其产品或服务遭到消费者的抵制。这些企业会成为媒体关注对象，引发消费者运动，甚至因与人权问题有关而引起的偶发诉讼。经济、社会及文化理事会认为《经济、社会及文化权利国际公约》缔约国有义务预防并应对工商活动对人权的负面影响。[5] 根据国际法，缔约国在下列情况下可能对工商实体的作为或不作为承担直接责任：①相关实体在实施特定行为时事实上是根据缔约国的指示行事或由缔约国控制或指导，[6] 在签订公共合同时也是如此。如果国家未能将劳工条款列入公共合同，

---

〔1〕 联合国大会：《人权与跨国公司和其他工商企业问题工作组的报告》，第 A／73/163 号，2018 年，第 9 页。

〔2〕 Caroline Rees, The way businesses social performance gets measured isn't working, *Shift*, February 2018.

〔3〕 See the Working Group report A/HRC/32/45, see https：//www.ohchr.org/EN/HRBodies/HRC/RegularSessions/Session32/Documents/ExSummary-WGBHR-SOE_report-HRC32.pdf. last visited at December 17th, 2021.

〔4〕 ［美］约翰·鲁格：《正义商业——跨国企业的全球化经营与人权》，刘力纬、孙捷译，社会科学文献出版社 2015 年版，第 126~128 页。

〔5〕 经济、社会及文化理事会：《关于国家在工商活动中履行〈经济、社会及文化权利国际公约〉规定的义务的第 24 号一般性意见》，E/C.12/GC/24，2017 年，第 1 段。

〔6〕 国际法委员会：《国家对国际不法行为的责任条款及其评注》，第 A/56/10 号，第 8 条。

确保签订这种合同的私人承包商雇用的工人得到适当保护，则国家可能对此承担责任。在这方面，劳工组织 1949 年《（公共合同）劳动条款公约》（第 94 号）和劳工组织 1949 年《（公共合同）劳动条款建议书》（第 84 号）中都有规定。②工商实体由缔约国立法授权行使政府某些权力，[1] 或因特定情形在没有或缺少官方当局时而需要行使政府职能；③缔约国认可工商实体的行为并将其采纳为自己的行为，此时需视缔约国在何种程度上这样去做。

一、母国责任

"母国"一词始终与公司的国籍有关。有学者认为，跨国公司的国籍应该是无关紧要的，因为国籍无法反映跨国公司的跨境复杂结构。但是在国际法上国籍具有重要意义。知道某一实体属于哪个国家是战时有权享有国家责任、外交保护和司法程序、管辖权和敌国地位的条件。在确定要适用的法律、对跨国公司的限制以及对海外公司的管辖权时，国籍也很重要。与拥有一致标准的个人国籍不同，确定公司国籍要复杂得多。三个基本因素通常用于确定国家和企业之间的联系：注册地、管理地和控制地/股东所在地。[2]

第一，企业注册地是指企业作为法律实体成立的地方。法律地位的授予离不开国籍。由于住所是企业开展各种业务的中心场所。各国和地区公司法均明确规定，公司注册地址为企业设立的条件，是企业章程的绝对必要记载事项。而且现代各国均建立了企业登记制度，各国和地区公司法对此都选择了企业注册地址。而且，这使得该企业成为一个"法律实体"或"公民"，能够承担国内法的权利和义务。因此，它为国家行政人员和受监管公司在选择法律事项时提供了法律确定性和可预测性的衡量标准。但是，由于现代企业形态多样，企业注册地不一定反映企业的日常动态。许多企业在特定的注册地成立之后并不活动，这实际上

---

〔1〕 国际法委员会：《国家对国际不法行为的责任条款及其评注》，第 A/56/10 号，第 5 条。

〔2〕 Wallace, Cynthia Day, *The Multinational Enterprise and Legal Control: Host State Sovereignty in an Era of Economic Globalization*, The Hague, Martinus Nijhoff Publisher, 2002, p. 134.

使其成为空壳。因此，将企业注册地作为其国籍的唯一决定因素是不够的。[1]

第二，企业管理地作为确定企业国籍的决定性因素，该思想是应以企业与索赔国之间建立有效联系的地点为基础。也就是说，企业管理层的位置还是真正的企业所在地。但是这里还存在不少困惑，例如这种管理地是指企业总部，还是指董事和/或股东会议的召开地点。在这方面，国际社会并没有达成一致意见。[2]

股东或者控制权概念作为确定企业国籍的标准，是公司面纱原则的一个例外，该原则将企业与其成员分开，并赋予企业自身的权利和义务。这种主张认为，只能依据设立人来决定法人的国籍。其含义是法人的国籍取决法人的资本控制者位于哪个国家。[3] 而在这种标准下，母公司是对子公司具有实际控制权的公司，具有独立的法律资格。子公司则是被母公司实际控制的公司，但是子公司也具有法人资格，可以独立承担民事责任。[4] 在审视尽职调查义务时，会出现截然不同的情况，不能仅根据客观标准来评估勤勉行为的职责。主观因素如对风险的了解或对此类风险的计算和评估发挥着最重要的作用。根据这一背景，人们常常认为，至少在尽职调查义务的情况下，国家责任确实包含代表国家官员的消极行为形式的主观因素。

（一）母国应当承担责任的原因

第一，由于跨国公司业务的跨境性，使得监管跨国公司的行为不可避免会遇到域外管辖问题，需要采取综合监管办法，因此将监管负担完全放在东道国是相当困难和低效的。许多案例表明，在出现问题后，子公司可能很容易关闭其业务并迁往其他国家，母公司却一直存续，其经

---

〔1〕 Patricia Rinwigati Waagstein, Justifying Extraterritorial Regulations of Home Country on Business and Human Rights, *Indonesian Journal of International Law* 16, 2019, p. 365.

〔2〕 Wallace, Cynthia Day, *The Multinational Enterprise and Legal Control: Host State Sovereignty in an Era of Economic Globalization*, The Hague, Martinus Nijhoff Publisher, 2002, p. 134.

〔3〕 Patricia Rinwigati Waagstein, Justifying Extraterritorial Regulations of Home Country on Business and Human Rights, *Indonesian Journal of International Law* 16, 2019, p. 366.

〔4〕 张庆元、孙志煜：《法人国籍变动视角：我国外国法人国籍的确定标准》，载《武汉大学学报：哲学社会科学版》2007 年第 1 期。

营没有受到影响。在这种情况下，受子公司侵犯人权行为影响的受害者，他们诉诸司法的机会可能受到限制。[1]

第二，发展中国家作为东道国，经常面临经济权利和人权之间的利益冲突、有限的自然资源，阻碍了人权在东道国的适用和保护。母国监管可以为这种监管真空造成的漏洞提供部分解决方案。而且英美国家对于跨国企业在国内诉讼已经有例可循。以印度博帕尔案为例，1984年美国联合碳化公司的印度子公司在印度博帕尔的化学泄漏事件，造成数千人死亡。印度受害人和印度政府对美国联合碳化公司的第一次诉讼被驳回。然后，印度政府又一次代表受害者在印度法院提起诉讼。3年后，美国联合碳化公司和印度政府达成了一项赔偿协议。[2] 通过对印度博帕尔案事件的分析，我们应当对以下问题进行反思：母国如何加强对跨国公司的域外行为的规制？如果东道国难以提供有效救济，那么受害者如何通过母国司法机制获得有效补救，弥补其损失？

第三，从受害者的角度来看，在母国对母公司作出判决的可能性为寻求在自己国家可能无法获得的正义提供了新的途径。2009年，壳牌石油公司同意支付1550万美元，作为因抗议其尼日利亚经营活动而死亡人士的赔偿金，尽管没有明确承认有罪或承担责任，这笔款项被认为是近年来侵犯人权公司支付的最大款项之一。[3] 由于这笔款项是在英国和美国针对壳牌石油公司提起诉讼的结果，这在一定程度上证明了诉讼程序的有益价值。因此，将监管扩大到母国加强了这些受害者的法律地位。

（二）母国域外人权义务

第一，美国最高法院审理的柯欧贝诉荷兰皇家石油公司案，在判决中否定了受害者直接向跨国公司母国法院提起控告，以追究其在海外经

---

〔1〕 Patricia Rinwigati Waagstein, Justifying Extraterritorial Regulations of Home Country on Business and Human Rights, *Indonesian Journal of International Law* 16, 2019, p. 363.

〔2〕 Bard A. Andreassen and Vo Khanh Vinh（eds）, *Duties Across Borders*, *Advancing Human Rights In Transnational Business*, Intersentia, 2016, p. 132.

〔3〕 E. Piknigton, Shell pays out ＄15. 5m over Sato-Wiwa Killing, *The Guardian*, 9 June 2009.

营过程中侵犯人权的责任。最高法院发现高等法院在处理因公司卷入或参与严重侵犯人权行为而导致的治外法权和国际法适用存在严重分歧且犹豫不决。这个案件是根据美国《外国人侵权法》提起诉讼的，该法规定："地区法院对外国人违反国内法或美国签署的条约的侵权行为提起的任何民事诉讼都拥有初审管辖权"。自20世纪80年代以来，这一法规一直被当作一种司法手段，全世界侵犯人权行为的受害者都试图通过它，来针对在国外遭受的损害获得赔偿，不论索赔的事实与有管辖权的美国联邦法院之间是否存在直接联系。本案中涉及的是分别位于荷兰和尼日利亚的三家企业。这些企业在奥格尼地区进行了油气开采。在生产过程中，由其操作不当导致当地的环境受到严重破坏，当地居民对此进行了强烈抗议。而民众的抗议却被尼日利亚政府进行镇压，在政府的暴力行为下，许多参与抗议的人士受到虐待，甚至被剥夺生命。案件的原告在美国联邦地区法院起诉，诉称被告涉案公司以帮助和教唆的方式鼓动政府进行不合理的镇压，这种行为不仅违反了国际法的有关规定，而且侵害了当地居民包括生命权在内的人权。2002年，原告依据外国人侵权法向美国联邦地区法院提起诉讼。最终案件的判决表明美国法律只能适用于和管理美国国内事务，而不是全球事务。在适用《外国人侵权法》时，美国不会运用其法律监管在外国主权的领土内发生的行为。[1]

第二，法国法院已经根据《人权警戒义务法》对跨国公司在海外侵犯人权的行为进行审理。[2] 2019年7月18日，互联企信公司（Teleperformance），呼叫中心的全球领导者和法国最大的雇主之一，根据法国《人权警惕义务法》收到了法院的正式通知。作为客户关系外包专家，这家法国公司在其全球呼叫中心雇用了30多万名员工。他们的工作是响应来自数字和远程销售市场巨头（苹果、亚马逊、优步等公司）客户的请求。他们还处理法国在埃及、加蓬和乌兹别克斯坦等国的

---

〔1〕 US Supreme Court, Esther Kiobel et al. v. Royal Dutch Petroleum et al. , No. 10-1491, O-pinion, April 172013.

〔2〕 CCFD, Duty of vigilance radar, Follow Up on Current Cases, July 2021, P. 7.

签证申请。然而，该公司在哥伦比亚、墨西哥和菲律宾的子公司被认为具有严重侵犯工人权利的风险，但并未纳入其人权警戒计划。这是首个法院以这些理由发出正式通知，以捍卫法国跨国公司海外员工权利的案件。2019 年 4 月，有机构发布了一份报告，其中描述了对哥伦比亚子公司员工基本权利的威胁，包括可能侵犯结社自由和对女性工人进行强制性怀孕测试。尽管有非政府组织多次发出警告，该公司未能在其2018 年年度报告中发布警戒计划，仅在 2019 年发布了一份长达两页的计划，甚至没有涉及工会。同时，该公司没有做出任何努力来确定和防止其外国子公司中工人权利受到侵犯的风险。因此，非政府组织夏尔巴组织和国际工会联合会全球联盟向法院提起了诉讼。这些非政府组织认为《人权警戒义务法》不仅仅要求企业发布计划，实际上它还要求企业采取适当步骤，识别和防止严重违规的人权风险。这项法律不仅涉及消费者熟知的法国跨国公司，还涉及一些不太显眼的公司，如上文所涉及的通信公司，它们也在相关国家开展业务。在这个案件中，企业必须尽其所能防止员工权利被侵犯，否则将被法庭追究责任。[1]

目前国际社会已经普遍认识到母国有义务监管跨国公司在国外的经营。《关于国家在经济、社会和文化权利领域的域外义务的马斯特里赫特原则》为域外法规的范围提供了指导。该原则是由马斯特里赫特大学和国际法学家委员会在会议上通过的。与会者均为国际法和人权法学者。该原则分析了引起国家域外义务的三种情形，并且在经济、社会和文化权利的保障方面，明确规制和防止跨国公司侵犯他国人民权利的母国义务。[2]

二、东道国责任

在解决治理差距方面缺乏政府领导仍然是最大的挑战。根本问题在于东道国政府没有履行保护人权的义务，如未能通过符合国际人权和劳

---

〔1〕 Sherpa, Teleperformance: Issues, context and due diligence plan for 2019, Syndex, April 2019, p. 2.

〔2〕 于亮：《〈经济、社会和文化权利国际公约〉中母国规制跨国公司的义务——兼评经济、社会和文化权利委员会的最新实践》，载《环球法律评论》2014 年第 6 期。

动标准的法律、通过的法律不一致，或者未能强制执行保护工人和受影响社区的法律。[1] 因此，下文将从对跨国公司进行监管和确保国内政策的一致性两方面进行阐述。

（一）对跨国公司进行监管

由于缺乏执法机构，在竞争性国际环境中运营的企业没有任何道德义务为国际共同利益做出贡献，例如避免温室气体或避免全球核战争。公共利益容易受到搭便车问题的影响。东道国政府的一项职能应该是通过迫使其管辖范围内的所有公司为维护公共利益做出贡献来解决这一问题。跨国公司参与到不同方面的经济活动中，包括采矿、石油勘探、制造业和建筑以及建设活动，从而提高东道国的收入和公民的整体生活水平。虽然跨国公司为东道国的年收入贡献颇多，但是有时他们会直接或间接参与到东道国领域内的人权侵犯行为中。这些侵犯行为包括参与东道国警察和军队的犯罪、使用强迫劳动和童工、压制结社和言论自由、侵犯文化权利、侵犯财产权（包括知识产权）以及严重破坏环境。[2]

联合国经济社会和文化理事会明确在工商业领域，国家履行尊重人权义务有两方面内容。一方面，缔约国如果在没有充分理由的情况下将工商实体的利益置于公约规定的权利之上，或推行不利于这些权利的政策，便违反了尊重经济、社会及文化权利的义务。另一方面，缔约国应根据条约拘束力原则，[3] 确定其公约义务与贸易或投资条约义务之间可能存在的冲突。[4] 因此，在缔结这些条约之前，应进行人权影响评估，评估时应考虑到贸易和投资条约对人权的积极影响和消极影响，包括这些条约对落实发展权的贡献。应定期评估实施协定对人权的这种影响，以便采取所需纠正措施。在解释现行贸易和投资条约时应考虑到国家的人权义务，须符合《联合国宪章》第 103 条的规定以及人权义务的

---

〔1〕 联合国大会：《人权与跨国公司和其他工商企业问题工作组根据人权理事会第 17/4 号和第 35/7 号决议提交的报告》，第 A/73/163 号，2018 年，第 9 页。

〔2〕 D. Kinley and S. Joseph, Multinational Corporations and Human Rights: Questions about their Relationship, 27 *Alternative Law Journal*, 2002, pp. 7~11.

〔3〕 见《维也纳条约法公约》第 24 条和第 30 条第 4 款（b）项。

〔4〕 见欧洲委员会部长委员会 CM/Rec（2016）3 号建议附件第 23 段。

特定性质。缔约国在其缔结的贸易和投资条约中不得克减公约规定的义务。缔约国应在今后条约中列入明示提及其人权义务的条款，确保投资人与国家间争议解决机制在解释投资条约或贸易协定投资条款时考虑到人权问题。[1]

（二）确保国内政策的一致性

东道国应当采取措施确保跨国公司对其侵犯人权的行为负直接责任。从20世纪70年代开始，国际社会为此采取了主动行动。其中包括1970年的沙利文原则，1977年的联合国跨国公司法草案，1976年经合组织的《跨国企业准则》以及1977年国际劳工组织的《关于多国企业和社会政策的三方原则宣言》。[2] 其中，《跨国企业准则》规定跨国公司有义务"尊重和保护受其活动影响的人的人权，这符合东道国政府的国际义务和承诺"。[3] 东道国都有义务根据国际法和国内法尊重和保护人权。这意味着它们必须确保其管辖范围内的所有实体遵守人权标准。

有研究发现迄今为止，在司法判决中引用联合国《工商业与人权指导原则》标准的比较少，而且在其调查的所有司法管辖区中，审判时直接引用《工商业与人权指导原则》的也很少。大多数是向司法机构提出与国内法有关的问题，并根据国内法裁定索赔。虽然该指导原则是国际普遍认同的，但很少有国家采取国内立法的形式将其法定化。即使在相关国内法以《工商业与人权指导原则》为基础或受其影响的情况下，判决有关工商业与人权问题的法院在初审时也只会直接参考相关的国内立法。[4]

东道国确保国内立法和《工商业与人权指导原则》等国际标准的

〔1〕 经济、社会及文化理事会：《关于国家在工商活动中履行〈经济、社会及文化权利国际公约〉规定的义务的第24号一般性意见》，第E/C.12/GC/24号，2017年。

〔2〕 S. Katuoka and M. Dailidaitè, Responsibility of Transnational Corporations for Human Rights Violations: Deficiencies if International Legal Background and solutions offered by National and Regional Legal Tools (2012) 19 *Jurisprudence* . pp. 1301~1316.

〔3〕 OECD, OECD Guidelines for Multinational Enterprises, chapter on 'General Policies', para 2.

〔4〕 Debevoise & Plimpton, UN Guiding Principles on Business and Human Rights at 10, The Impact of the UNGPs on Courts and Judicial, pp. 13~14.

一致性已经成为一种趋势。首先，已经有一些国家或者地区在立法中明确提到《工商业与人权指导原则》。例如，2021年3月生效的欧盟的分类规则规定，符合分类标准的投资必须遵守最低限度的保障措施，以确保与《经济合作与发展组织准则》和《工商业与人权指导原则》的一致性。[1] 由此可见，各国明确将"非约束性"的《工商业与人权指导原则》标准纳入具有约束力的立法。随着国内立法和条例中对该指导原则的明确提及不断增加，它们也将不可避免地、更频繁地出现在司法和准司法机构的裁决中。其次，一些国家已经出台和即将出台的国内法明确将《工商业与人权指导原则》作为其通过理由的一部分，其中包括法国《人权警戒义务法》以及澳大利亚和英国的现代奴隶制法案。此外，国际法院和法庭利用《工商业与人权指导原则》评估国家对第三方不利人权影响的责任。这可能会开始告知各国及其司法或准司法机构的做法，并将《工商业与人权指导原则》适用于在其管辖范围内经营的企业。最后，联合国鼓励各国采取进一步措施，增加与商业有关的侵犯人权行为受害者获得补救的机会。例如，联合国人权事务高级专员办事处2016年的一份报告包含关于各国如何在企业尊重人权和《工商业与人权指导原则》有关的一系列法律制度之间协调的建议。[2] 非洲区域机构也明确规定了各国确保企业尊重人权的义务，包括非洲人权和人民权利委员会（简称非洲委员会）。例如，2018年，非洲委员会通过了《关于采掘业、人权和环境的非洲宪章》第21条和第24条的国家报告准则和原则（"ACHPR报告准则"），其中提到了联合国《工商业与人权指导原则》。[3]

综上所述，虽然已经有某些东道国政府已出台尽职调查或披露相关

---

〔1〕 Regulation（EU）2020/852 of the European Parliament and of the Council of 18 June 2020 on the establishment of a framework to facilitate sustainable investment and amending Regulation（EU）2019/2088, Article 18（1）.

〔2〕 UN Human Rights Council, Improving accountability and access to remedy for victims of business-related human rights abuse: Report of the United Nations High Commissioner for Human Rights, A/HRC/32/19, 10 May 2016.

〔3〕 IACtHR, Advisory Opinion OC-23/17, Judgment of November 15, 2017, p.155.

的法律，但此种努力和《工商业与人权指导原则》的要求没有完全协调一致。由于政府做法缺乏政策一致性，并且各国政府作为经济行为体并没有以身作则。这限制了政府推动工商企业将人权尽责机制付诸实践的能力。

第四节　企业人权尽责下企业履行责任的具体要求

2011 年特别代表约翰·鲁格提出了《工商业与人权指导原则》，并在人权理事会得到一致通过，该原则的最大贡献之一就是在提出国家保护人权义务同时，促使企业履行尊重人权责任。而且这项《工商业与人权指导原则》是特别报告员通过六年广泛磋商的产物，其间举行了 47次国际磋商，涉及政府、国家人权机构、公民社会、工会、学者、法律专家以及商业组织等，研究结果得到了广泛认可和积极应用，可以说是目前在公司人权责任问题上达成的主要国际共识。有关企业责任的核心问题之一涉及政府出于某种原因未能履行保护人权的义务的情况。该框架的第二个支柱——公司尊重人权的责任——清楚地表明，企业尊重人权的责任"是所有企业在任何地方经营的预期行为的全球标准。它的存在独立于各国履行其人权义务的能力和/或意愿，而且不会削弱这些义务"。[1] 有两个关键信息：其一，企业尊重的责任与政府保护的义务不同；其二，这种责任独立于国家义务。而企业尊重人权责任主要包括两个方面：一方面，尊重的责任，这意味着企业应避免侵犯他人的人权；另一方面，企业应该解决他们所带来的负面人权影响。在某些行政管辖区，个人可直接就工商实体侵犯经济、社会及文化权利的行为诉诸法院，要求私营实体履行不从事某些行为的责任，或要求私营实体采取某些措施为落实这些权利作出贡献。许多国家的国内法保护特定经济、社会及文化权利，在不歧视、医疗卫生服务、教育、环境、就业关系、消

---

〔1〕 联合国人权事务高级专员办事处：《工商业和人权：实施联合国"保护、尊重和补救"框架指导原则》，第 HR/PUB/11/4 号，2011 年，第 4 页。

费者安全等领域，直接适用于工商实体。

一、企业面临的人权尽责挑战

企业，特别是全球运营的跨国企业，在其日常商业活动中面临着人权问题。例如，在制造业，企业几十年来一直在努力确保在其全球供应链中遵守劳工权利。

在信息和通信技术领域运营的公司面临的挑战是，如果该公司从事的业务符合法律规定，但是会与国际公认的人权相冲突应该怎么办？因为不遵守当地法律可能意味着其在当地的员工可能受到罚款或监禁。与之相关的问题包括：公司是否应该根据政府限制的言论类型来划定其做生意的界限？公司如何设计产品来平衡合法的政府权利和数据访问要求与对用户隐私的充分保护？对此，部分学者认为公司应当积极制定相关的人权业务标准，履行公司对人权的尊重需要公司积极主动去落实这些标准，而不是简单地做出政策承诺。

以矿业企业为例，其实施人权尽责的问题包括：其一，严重的供应链责任追踪问题。实现矿产的可追溯性至关重要，但也非常困难，因为矿产供应链"可能跨越全球数千英里，涉及众多供应商、零售商和消费者，并由跨国运输和电信网络支撑"。[1] 刚果民主共和国东部的上游矿产供应链由于其复杂的网络，包括手工采矿和非正式经济活动，对建立可追踪性和实施尽责程序构成了特别的挑战。其二，相关的供应链人权尽责标准没有约束力。2010年7月，美国颁布了《多德-弗兰克法案》，其中包含第1502节中的冲突矿物条款，因此，开展人权尽责成为一项要求，而非一项建议。但由于其规则在要求范围和审计标准方面极其复杂和模糊，受到了批评，美国证券交易委员会（SEC）直到2012年8月才确定了这项规定。尽管美国证券交易委员会的规定并未禁止企业采购冲突矿物。此外，美国商会（US chamber of commerce）和美国国家制造商协会（national Association of manufacturers）等一些美国商业团体

---

〔1〕　A. Nagurney, *Supply Chain Network Economics: Dynamics of Prices, Flows and Profits*, Chrltenham: Edward Elgar, 2006, p. 3.

强烈抵制继续制定具有法律约束力的立法。[1] 其三，东道国可能存在严重的治理和安全问题。在刚果民主共和国开采高价值矿物的一个重要特征是，它是由手工采矿者进行的，这些采矿者大多数是非法和非正式的。地方利益相关者也从一些实际问题出发，强烈质疑可追溯机制的可行性，例如基层利益相关者缺乏敏感度、组织和能力，缺乏对手工采矿者和矿区周围居民的支持。同时，他们也担忧政府机构是否有能力保障不腐败地执行可追溯机制。[2]

二、不得实行共谋行为

联合国《工商业与人权指导原则》在人权理事会得到了一致通过，该原则的最大贡献之一就是在提出国家保护人权义务同时，促使企业履行尊重人权责任。[3] 企业尊重人权责任要求跨国公司或其他工商企业不得实行"共谋"行为。如果一家公司授权、容忍或故意忽略与其相关的实体实施的侵犯人权行为，或如果该公司故意提供对侵犯人权行为有实质影响的实际援助或鼓励，则该公司被认为是参与侵犯人权行为的同谋。[4] 共谋是指牵涉到另一家公司、政府、个人或其他团体正在造成的侵犯人权行为。在治理薄弱和/或侵犯人权现象普遍的地区，共谋侵犯人权的风险的可能性很高。然而，每个部门和每个国家都存在共谋的风险。根据《全球契约》原则1和联合国《工商业与人权指导原则》，尊重人权的要求包括避免共谋，这是企业在其直接商业活动之外，有可能干扰人权的另一种方式。如果公司有系统的人权管理方法，包括涵盖实体业务关系的尽职调查流程，则指控共谋的风险会降低。此类流程应识别并防止或减轻公司通过其产品、运营或服务的链接可能涉及的人权风险。共谋通常由两个要素构成：公司或代表公司的个人以某种方

---

〔1〕 Ingrid Landau, Human Rights Due Diligence and the Risk of Cosmetic Compliance, *Melbourne Journal of International Law*, 20（1）, 2019, pp. 222~223.

〔2〕 Ingrid Landau, Human Rights Due Diligence and the Risk of Cosmetic Compliance, *Melbourne Journal of International Law*, 20（1）, 2019, pp. 246~347.

〔3〕 梁晓晖：《工商业与人权：中国政策理念的转变与业界实践的互动研究》，载《国际法研究》2018 年第 6 期。

〔4〕 United Nations Global Compact, Office of the High Commissioner of Human Rights: Embedding Human Rights into Business Practice, 2004, p. 20.

式"帮助"（便利、合法化、协助、鼓励等）另一方实施侵犯人权行为的作为或不作为。公司知道其作为或不作为可以提供此类帮助。

联合国《工商业与人权指导原则》第 17 条的评注指出，大多数国家司法管辖区禁止同谋犯罪，一些司法管辖区允许企业承担刑事责任，并允许基于公司对损害的贡献提起民事诉讼。在国际范围内，同一评注指出，"国际刑法判例的份量表明，协助和教唆的相关标准是故意提供对犯罪有重大影响的实际协助或鼓励"。[1] 然而，共谋指控并不局限于一家公司可能因参与另一家公司侵犯人权行为而承担法律责任的情况。媒体、民间社会组织、工会和其他人可能会在更广泛的情况下指控共谋，例如一家企业可能从另一个行为者侵犯人权的行为中获益，并可能游说该公司发挥宣传作用。普遍的观点是，如果一家公司出现在一个发生了令人发指的和系统的侵犯人权行为的地区并缴纳税款，而没有其他因素影响，则不足以使该组织成为这些侵权行为的共谋。然而，一些社会活动人士不赞同这一观点，认为在这种情况下，企业对侵犯人权行为起到鼓励的作用。共谋指控可在多种情况下出现：首先，直接共谋是公司提供其知道将用于实施滥用的商品或服务；其次，有益共谋是公司从侵犯人权行为中获益，即使它没有积极协助或导致侵犯人权行为。最后，沉默共谋是公司面对系统性或持续性的侵犯人权行为保持沉默或不作为。沉默共谋是最具争议的共谋类型，这种情况下是最不可能导致法律责任产生的。[2] 有学者认为跨国公司或其他工商企业不得实行共谋行为，这是跨国公司承担域外人权义务的前提。如果一家公司授权、容忍或故意忽略与其相关的实体实施的侵犯人权行为，或如果该公司故意提供对侵犯人权行为有实质影响的实际援助或鼓励，则该公司被认为是参与侵犯人权行为的共谋。共谋分为以下四种不同的情形，包括：①公司直接或间接积极协助他人侵犯人权。在这种情况下，公司的协助与侵

---

〔1〕 联合国，《尊重人权的公司责任：解释性指南》，第 HR/PUB/12/02 号，2012 年，第 6 页。

〔2〕 联合国：《尊重人权的公司责任：解释性指南》，第 HR/PUB/12/02 号，2012 年，第 12 页。

犯人权结果之间存在因果关系，因此，推定公司在协助之前知道或应该知道行为的后果；②如果是合资企业，公司与合同伙伴有共同的设计或目的来完成合资企业，它知道或应该知道合伙人的侵犯人权行为；③公司从侵犯人权所创造的机会或环境中获益，即使公司没有积极协助或导致犯罪者实施侵犯；④公司在侵犯人权的事实上是沉默的或不活跃的。公司知道正在发生侵犯人权的行为，但不干预当局试图阻止或停止侵犯人权的行为。[1]

共谋同时具有法律和非法律上的意义。从法律意义上来说，大多数国家的立法禁止共谋犯罪，在这种情况下，有的国家还要求企业承担刑事责任。国际刑事司法判例的重点表明，帮助和教唆的相关标准在于"有意提供切实援助或鼓励，对犯罪有着实质性影响"。非法律意义上的"共谋"，可能会出现在这种情形中：一个企业从第三方的侵权行为中获利，比如说当它在供应链或在面对与自身运营、产品或服务相关的侵权行为时发现了奴隶性质的行为，却没有公之于众。即使法院在此类侵权行为中没有认定该企业有共谋，公众舆论却降低了这一标准，并可能给该企业造成巨大的损失。[2] 人权尽责程序应当揭露非法律意义的（或被认为的）共谋以及法律上的共谋风险，并做出适当的回应。

三、履行注意义务

此外，公司尊重人权的责任还要求建立一个持续的人权尽责调查过程，使公司意识到、预防和减轻不利的人权影响。其核心要素是制定人权政策，评估公司活动对人权的影响，将这些价值观和调查结果纳入企业文化和管理体系，并跟踪和报告业绩。[3] 而在实践中其逐渐发展为注意义务。联合国《工商业与人权指导原则》的制定者承认了这些困难——至少是含蓄地承认了这些困难，他们颁布了一项称为"注意义

---

〔1〕 梁晓晖：《工商业与人权：从法律规制到合作治理》，北京大学出版社 2019 年 10 月版，第 65~70 页。

〔2〕 Monash university university Castan Center for Human Rights Law, *Human Rights Translated 2. 0- A Business Reference Guide*, 2016, ix.

〔3〕 联合国人权事务高级专员办事处：《尊重人权的企业责任解释性指南》，第 HR/PUB/12/02 号，2012 年，第 5 页。

务"（duty of care）的规定，即作为供应链领导者的公司对供应链中每个环节的行为进行的人权尽责。这一职责不仅限于母公司和子公司之间的关系，还包括独立的辅助人员。尽管注意义务的实施分别给母公司或连锁企业领导者带来了严重的责任风险，但它并未将子公司的作为和不作为归咎于母公司。法国采用了《联合国指导原则》的方法，将注意防止侵犯人权的义务转化为对大型商业公司的一种彻底的放松警惕，前提是它们的所在地为法国。[1] 过失责任要求违反注意义务。因此，关键问题在于母公司是否有义务防止其子公司的疏忽行为。一般注意义务旨在有效安全措施的帮助下，在可行的范围内保护他人免受伤害，其灵活性足以肯定地回答这一问题。英国最高法院甚至拒绝承认跨越公司边界延伸注意义务的重要性。在法官们看来，过失侵权的范围很广，足以发展一个新的领域，即母公司对其子公司的有害行为负有责任，前提是母公司违反了自己应有的人权尽责义务。在此过程中，法院将母公司对子公司的责任与公共当局对法律代理人行为的责任放在同一层面上，正如英国最高法院在多塞特游艇案[2]中所述。

因此，英国最高法院淡化了企业集团母公司控制其子公司行为的基于侵权行为的责任的创新。虽然注意义务的概念是广泛和灵活的，足以适应这样的延伸，但否认这一举措的规范重要性是没有意义的。跨越公司边界并延伸到作为独立法人实体成立的企业的注意义务的实施，侵蚀了实体原则。而实体原则（the entity principle）不仅是公司法的基础，也是侵权法的基础。虽然企业集团范围内的注意义务仍然尊重公司实体的独立性，但它会造成一个公司实体对另一个公司实体的作为和不作为承担潜在责任。这一创新不应被低估。如果注意义务是由母公司或其代理人的活动触发并附属于母公司或其代理人的活动，则与公司法实体原则以及侵权法相背离，这尤其引人注目。值得注意的是，英国最高法院

---

〔1〕 Miriam Saage-Maaß, Peer Zumbansen, Michael Bader, Palvasha Shahab, *Transnational Legal Activism in Global Value Chains*, The Ali Enterprises Factory Fire and the Struggle for Justice, Springer, 2021, pp. 225~226.

〔2〕 Dorset Yacht Co Ltd v. Home Office, 1970 AC 1004；2Vedanta Resources PLC v. Lungowe, 2019 UKSC 20, p. 44.

在韦丹塔（Vedanta）案[1]裁决中走上了这条道路，并将注意义务建立在母公司对子公司行为作出足够程度的干预以及母公司公开材料的基础上，母公司对其干预子公司的行为承担责任。

这种对人权尽责的解释并没有得到人们的认同。如果母公司对子公司造成的损害的责任取决于母公司发布勤勉行为准则并采取措施确保子公司遵守，则母公司为确保集团范围内的人权保护政策所做的努力将受到制裁，而不是奖励。因为在尊重人权方面，对其子公司的行为表现出漠不关心的母公司比表现出足够程度的干预的母公司是更为疏忽的。然而，如果认真研读韦丹塔案的判决可以发现，英国最高法院将责任归于母公司的干预，即便不干预显然会更糟。在涉及全球供应链的情况下，将责任归于干预而非被动的不干预的反常效果将更加明显，这意味着违法实体不是链条中的子公司，而是独立供应商。但处于供应链顶端的公司对大多数生产国普遍存在的人权保护标准低下的消极态度正是问题所在，因此上述判决不是解决办法。侵权行为法的注意义务应该旨在阻止这种消极行为。然而，如果注意义务和潜在责任取决于供应链领导者采取积极措施控制风险，那么侵权法就产生了明确的动机不去做这些事情，即不参与供应链上的风险管理。

上述分析的结果是，人权尽责无法通过制裁等积极措施来控制风险。它还必须规定在整个集团范围内和整个供应链范围内保护人权的肯定义务。如果这一点被接受，那么与实体限制相关的问题就必须以最尖锐的形式面对。很难想象，身处全球供应链顶端的企业如何能对其位于遥远司法管辖区的供应商的行为进行微观管理，却没有责任监督和控制其国内供应商的行为。可见侵权法不够灵活，无法提供细致入微的解决方案。[2]

---

〔1〕 Vedanta Resources PLC v. Lungowe, 2019 UKSC 20, p. 61.

〔2〕 Miriam Saage-Maaß, Peer Zumbansen, Michael Bader, Palvasha Shahab, Transnational Legal Activismin Global Value Chains, The Ali Enterprises Factory Fire and the Struggle for Justice, *Springer*, 2021, pp. 226~227.

第四章　企业人权尽责中人权政策承诺分析

工商企业已经成为全球经济的重要参与者和贡献者。促进工商企业履行人权责任，实施人权尽责有助于促进全球人权保障水平的提高。如今，越来越多的企业在其官网上公布了人权声明或者人权承诺，承认企业应当承担人权责任，做到人权尽责。不少企业的人权声明中强调了遵守国际人权条约规定，将国际人权标准纳入其企业管理和商业实践中，促进了人权保障水平的提高。国际社会也期待企业在人权保障领域做出更多的积极贡献。

人权政策可以有多种形式，没有统一的定义。一般认为，企业人权政策是最高管理层通过公开声明，承诺企业遵守国际人权标准，并通过制定政策和流程来识别、预防或减轻人权风险，并补救其造成或促成的任何不利影响。它应该明确使用"人权"一词。许多人权政策还详细阐述了公司支持人权的具体承诺。制定并发布人权政策是企业履行尊重人权责任的人权尽责的前提。它向内部和外部利益相关者发出了一个明确的信号，即企业正在努力将人权纳入其运营政策和程序，并了解业务对人权的影响，包括正面和负面影响。它还表明企业承诺充分重视对人权的尊重，将管理时间和资源分配给制定和执行相关人权政策。[1]

本章会选用来自世界 500 强企业的事例来论述企业应当如何制定人权政策承诺，包括企业人权政策承诺的制定原则、针对对象、适用范围

---

〔1〕　The global compact, A Guide for Business How to Develop a Human Rights Policy, 2011, p. 7.

以及评估机制。

第一节 企业人权政策承诺的制定原则

《工商业与人权指导原则》建议政府制定适当政策并要求工商企业作出尊重人权的承诺，努力将人权尽职纳入各级和各个职能。[1] 企业的人权政策承诺应当从工商企业的顶层嵌入，应得到董事会或同等级机构的批准。它可以是一个独立的声明，也可以整合到更广泛的公司政策或行为准则中。该政策应当给予那些在企业内的和企业相关的所有人以有意义的指南。而且通过制定人权政策，企业可以开始更好地识别风险和机遇，开始建设内部管理能力，并向利益相关者展示尊重和支持人权的真诚承诺。[2] 所以，一份有效的实质企业人权政策在制定时应遵循下列原则。

一、承诺企业遵守国际人权标准

联合国《工商业与人权指导原则》释明了工商企业尊重人权的责任指的是国际公认的人权，即"在最低限度上，可理解为那些规定在《国际人权宪章》中的权利和关于国际劳工组织《工作中的基本原则和权利宣言》中所载明的各项基本权利的原则阐明的那些权利"。[3] 同时也强调了企业根据情况可能需要考虑附加的标准。这一责任意味着企业必须知道他们负面的人权影响，避免侵犯他人的人权和解决他们造成或促成的任何潜在或实质的负面人权影响。

在实践中，如果企业在其报告或者声明中没有明确相关的人权政策和流程的具体内容，那企业承担人权责任的效果可能大打折扣。首先，

---

〔1〕 联合国大会：《人权与跨国公司和其他工商企业问题工作组根据人权理事会第17/4号和第35/7号决议提交的报告》，第 A/73/163 号，2018 年，第 4 页。

〔2〕 The global compact, A Guide for Business How to Develop a Human Rights Policy, 2011, p. 9.

〔3〕 联合国人权事务高级专员办事处：《尊重人权的企业责任解释性指南》，第 HR/PUB/12/02 号，2012 年，第 12 条原则。

企业必须依据其做出的政策承诺，在经营和管理中履行尊重人权的责任。其次，企业必须进行人权尽责，以查明、预防、减轻和解释他们对人权的影响。最后，企业必须有适当的流程能够对他们造成或促成的任何负面的人权影响进行补救。[1] 而企业的社会责任通常被理解为企业对社区发展、慈善以及其他的社会方面的和环境方面的努力的自愿贡献。遵守联合国的这份指导原则是对所有企业的全球性期望，这取决于企业的其他目标和优先事项和/或作为其社会的一部分，或者在特定情况下帮助企业获得经营的合法许可。[2] 联合国《工商业与人权指导原则》明确承认工商企业可能通过其他承诺或活动，支持和增进人权，为享有人权做出贡献。不过这并不能抵消其在各项业务中尊重人权方面的责任。

对此，下面对选取的部分 500 强企业人权政策进行研究。研究发现不少 500 强企业已经发布企业人权政策声明或者类似承诺，而且它们一般在文件中明确其行为会遵循一系列的国际规则。以苹果公司为例，其位居世界 500 强企业第二位，在最新的人权政策承诺声明——《我们对人权的承诺》（our commitment to human rights）中专条规定了对国际人权标准的承诺，即 "正如联合国国际人权宪章和国际劳工组织《工作中的基本原则和权利宣言》所规定的那样，我们坚定地致力于在我们的企业经营中尊重国际公认的人权。我们的做法基于联合国《工商业与人权指导原则》。我们开展人权尽责，以识别风险并努力缓解风险。我们寻求补救不利影响，跟踪和衡量我们的进展，并报告我们的发现。我们认为，对话和参与是建设一个更美好世界的最佳途径。根据联合国指导原则，在国内法和国际人权标准不同的情况下，我们遵循更高的标准。当它们发生冲突时，我们尊重国内法，同时寻求尊重国际公认的人权原则"。[3] 联合利华在其《人权政策声明》中承诺联合利华将对人权政

---

〔1〕 人权高专办：《关于工商业与人权指导原则的常见问题（2014）》，第5页。
〔2〕 人权高专办：《关于工商业与人权指导原则的常见问题（2014）》，第6~7页。
〔3〕 Apple, Our Commitment to Human Rights, updated at Feb 2021, p. 3.

策的承诺建立在《国际人权公约》[1] 以及《国际劳工组织工作中的基本原则和权利宣言》中阐明的基本权利相关原则的基础之上。并且它还承诺遵守《经合组织跨国企业准则》，以及尊重所有与其业务相关的国际公认人权。其遵循的原则是，当本国法和国际人权标准不一致时，联合利华会遵守其中较高的标准；当两者发生冲突时，联合利华会在遵守本国法的同时，想方设法最大程度地尊重国际人权条约的规定。[2]

此外，在世界500强企业中部分企业会在专门的人权政策文件之外，发布与奴隶制和人口贩卖相关的文件。埃尼集团（Eni）是世界排名第113位的企业，它是一家全球性能源公司，其产业贯穿整个价值链：从石油和天然气的勘探、开发和开采，到热电联产和可再生能源、传统和生物精炼以及化学品的发电，以及循环经济过程的发展。2018年12月，董事会批准了埃尼集团关于尊重人权的声明，该声明反映了联合国全球行动计划中规定的要求，从明确承诺实施人权尽责和提供补救措施开始。该声明载有关于商业关系和在供应链中尊重人权的详细章节，就如何评估供应链中侵犯人权的风险提供了指导。[3] 而在2020年，该企业还发布了《奴隶制和人口贩卖声明》。作为对供应商进行社会和环境可持续性问题持续评估（2020年评估了5655家供应商）的一部分，埃尼集团在资格认证过程中通过专门的问卷调查，达到了对3403家供应商进行人权评估的目标。在合同执行阶段，评估了近2190份反馈问卷，并确定了97个案例进行深入分析。深入分析显示，这些

---

〔1〕 由《世界人权宣言》《公民权利和政治权利国际公约》和《经济、社会和文化权利国际公约》组成。

〔2〕 联合利华：《联合利华人权政策声明》，见 www.unilever.com/news/press-releases/2021/unilever-commits-to-help-build-a-more-inclusive-soc iety.html。最后访问：2021年12月3日。

〔3〕 Eni, Eni's respect for human rights, https：//www.eni.com/en_CH/attachments/pdf/Enis-Statement-on-respect-for-Human-Rights. pdf#:~:text=ENI% E2%80%99S%20STATEMENT%20ON%20RESPECT%20FOR%20HUMAN%20RIGHTS%201.，to%20the%20well-being%20of%20local%20individuals%20and%20commu-nities. last visited at October 18th, 2021.

问题都与现代奴隶制问题无关。[1]

二、明确使用"人权"

联合国《工商业与人权指导原则》的原则 16 连同附带的指导工具概述了企业人权政策的必要要素。在原则 15 第 1 款中明确制定企业人权政策是强制性的，并且适用于"所有工商企业，包括跨国企业和其他企业，无论其规模、所属部门、地点、所有权和结构"，这是联合国《工商业与人权指导原则》的一般原则部分所规定的。企业有责任积极起草和制定企业人权政策。对原则 15 的评注将企业人权政策作为企业传达他们"知道并表明尊重人权"的一种工具。[2] 这种知晓和展示表明了对规则或预期的理解。如果企业误解了预期，企业人权政策就可能使公司在损害发生之前纠正错误。从这个意义上讲，企业人权政策是预防性的。此外，联合国全球契约的《确立人权政策指南》指出：人权政策能够采取不同的形式，且没有统一的定义。但至少，这是企业最高管理层通过的一项公开声明，承诺企业遵守国际人权标准，并通过制定政策和程序来识别、预防或减轻人权风险，并补救由此造成或促成的任何不利影响。该声明中应当明确使用"人权"一词。[3]

以普利司通公司为例，该公司是继续将其 2018 年推出的全球人权政策融入整体公司经营中。该政策规定了普利司通集团全球所有员工都可以而且应该期望集团、其经理和同事遵守的标准和行为。它概述了对多样性和包容性的尊重，禁止歧视和骚扰，关注工作场所安全和健康，加强对负责任的劳动实践的承诺，并支持保护言论和结社自由。联合利华也在其官网上公布了题为《联合利华人权政策声明》的人权承诺。

三、公开和透明

《经合组织负责任商业行为尽责管理指南》要求公开发布企业关于

---

〔1〕　Eni, slavery-and-human-trafficking-statement-2020, pp. 5-7. https：//www. eni. com/assets/documents/slavery-and-human-trafficking-statement-2020. pdf. Lat visited at October 18th, 2021.

〔2〕　Office of the High Commissioner for Human Rights（OHCHR），'Guiding Principles on Business and Human Rights：Implementing the United Nations "Project, Respect and Remedy" Framework'（New York and Geneva：United Nations, 2011），p. 16.

〔3〕　UN Global Compact, *Guide on How to Develop a Human Rights Policy*, 2011, p. 4.

负责任商业行为议题的政策，如在企业的网站、企业的经营场所中，以及适时用本地语言发布政策。并将政策沟通给企业自身的相关员工和其他工人，如在员工入职或培训期间，以及根据需要定期进行沟通，以便让员工了解政策。[1] 同时建议企业公开报告尽责管理过程的相关信息，并适当考虑商业秘密与其他竞争或安全内容，如通过企业的年报、可持续发展报告、企业责任报告或其他合适的信息披露形式。报告内容应涵盖：负责任商业行为政策、为了将负责任商业行为融入政策与管理体系而采取的措施、企业已识别的重大风险领域，已识别、优先关注与评估的重大不利影响或风险，优先级排序的标准，为防范或减轻风险而采取的行动，以及可能的情况下包含实现改进并取得成果预估时间表与基准、跟踪实施与结果的措施，以及企业提供条件或合作开展补救等信息。[2]

《工商业与人权指导原则》原则 16 规定企业人权政策应当予以公布并传达给内部和外部所有个人、商业伙伴和其他有关方。而且在其评论中指出，该政策应该"主动传达给予企业保持合同关系的实体；与其业务直接相关的其他方，可能包括国家安全部队和投资者；同时，在有巨大人权风险的业务中，应传达给可能受影响的利益攸关者"。[3] 企业可以自己决定谁是需要传达的利益攸关者。大多数企业发布的人权政策可在公司商业原则声明、行为准则或其他价值观相关文献中找到，或在公司网站或其他公共公司责任文件中以独立声明的形式找到。

此外，人权政策承诺的公开也是企业信息披露的重要组成部分。以中国为例，国务院国资委于 2011 年在中央企业社会责任工作会议上提出，各中央企业要大力加强与利益相关方的沟通交流，加强运营透明

---

〔1〕 经济合作与发展组织：《经合组织负责任商业行为尽责管理指南》，2018 年，第 22 页。

〔2〕 经济合作与发展组织：《经合组织负责任商业行为尽责管理指南》，2018 年，第 33 页。

〔3〕 Office of the High Commissioner for Human Rights（OHCHR），"Guiding Principles on Business and Human Rights：Implementing the United Nations'Project，Respect and Remedy' Framework"（New York and Geneva：United Nations，2011），p. 17.

度，及时披露企业重要信息、回应公众关切。2015 年 6 月，《社会责任指南》（GB/T 36000-2015）、《社会责任报告编写指南》（GB/T 36001-2015）和《社会责任绩效分类指引》（GB/T 36002-2015）三项国家标准正式发布，并于 2016 年 1 月 1 日起实施。这对中国企业在社会责任信息披露方面提出了更为明确的要求。从 2001 年到 2016 年，中国发布的社会责任报告数量逐年增长。中国企业社会责任信息披露报告书是企业为全面反映管理自身运营对利益相关方和自然环境的影响所进行的系统性信息披露，是对企业履行社会责任的理念、行动、绩效和计划的综合反映。报告书目前主要以企业社会责任报告、可持续发展报告、企业公民报告、实践报告、专题报告、白皮书、简讯等形式呈现。[1]

第二节　企业人权政策承诺针对的对象

企业人权政策承诺所面向的不仅仅是股东，它也是企业对投资者、员工和其他利益相关者的人权承诺。企业在制定相关人权政策时，应当考虑到这些群体的不同需求，并根据自身的规模、资源等决定其人权政策中所针对的对象。

一、投资者

近年来，投资者越来越重视企业的人权政策承诺，并将其作为投资的考量因素。这反过来促使企业依据《工商业与人权指导原则》制定自身的人权政策承诺。2018 年成立的投资者人权联盟的目标是为投资界提供专长和机会，将投资者尊重人权的责任付诸实践。[2]《负责任投资原则》确认了这一趋势，这是规模最大的负责任投资者倡议，签署机构达 3 000 家，资金管理规模超过 103 万亿美元，2020 年该倡议根据

---

〔1〕　国家电网公司：《社会责任信息披露报告书编制手册》，中国电力出版社 2017 年版，前言。

〔2〕　投资者人权联盟网站，参见 https：//investorsforhumanrights.org，最后访问日期：2021 年 12 月 20 日。

《工商业与人权指导原则》向其成员发布了关于将人权纳入其投资做法的建议和期望。[1] 联合国绿色金融《负责任银行原则》由联合国环境规划署金融倡议组织制定，于 2019 年在联合国年度大会上正式发布，是全球银行业落实联合国可持续发展目标和《巴黎气候协定》的重要标杆。当前，全球已有 240 余家银行签署。从具体要求来看，《负责任银行原则》不仅包括应对气候变化、碳减排等气候目标，还包括生态环境目标，以及致力于实现消除贫困、改善工作环境等社会目标，这与环境、社会和治理有很大程度的重叠。

二、员工

企业人权政策承诺直接影响员工的权利。其应当规定尊重员工的人权内容，包括不歧视、禁止童工和强迫劳动、结社自由和参与集体谈判的权利。首先，强迫劳动仍然是困扰国际社会和工商企业的难题，有的工商企业直接存在强迫劳动的情形。《强迫劳动公约》将强迫劳动定义为"以惩罚相威胁，强使任何人从事其本人不曾表示自愿从事的所有工作和劳务"。《强迫劳动公约》《废止强迫劳动公约》《公民权利和政治权利国际公约》以及区域人权公约都禁止了从事强迫劳动。强迫劳动不仅会造成不公平竞争，最终影响到道德底线，而且还代表着巨大的潜在声誉风险，尤其是当全球供应链达到前所未有的复杂程度时。目前，强迫劳动已经成为影响企业对外声誉的重要因素。例如富士康曾经被爆出超时加班，过多地使用临时工和恶劣的工作环境等问题。其次，强迫劳动是国际人权规范强烈禁止的，因此，即使是供应链中的企业，如果采购强迫劳动的产品或者服务，也会遭到国际社会的抵制。

亚马逊在其《亚马逊全球人权原则》中承诺"我们致力于确保支持我们整个价值链的人民、工人和社区得到基本的尊严和尊重。我们努力确保我们提供的产品和服务以尊重人权的方式生产……"[2] 其中尤

---

〔1〕《负责任投资原则》，参见 www. unpri. org/sustainability - issues/environmental - so-cial-and-governance-issues/social-issues/hu man-rights-and-labour-standards，最后访问日期：2021 年 12 月 20 日。

〔2〕 Amazon, Amazon Global Human Rights Principles, https：//sustainability. aboutamazon. com/people/human-rights/principles. last visited at November 12, 2021.

其重视对工作场所员工权利的保护，包括：①提供清洁、安全、健康的工作环境。②致力于在整个业务中实现多样性和包容性，寻求各种背景的个人加入亚马逊公司团队。③确保所有工人都受到平等对待，不容忍基于种族、肤色、民族血统、性别、性别认同、性取向、宗教、信仰、身体、感官或精神残疾、年龄、政治意识形态、怀孕、公民身份的歧视，移民身份、退伍军人身份、种族、血统、种姓、婚姻或家庭状况，或雇佣和工作实践中的其他受法律保护的身份，不会影响工作申请、晋升、工作分配、培训、工资、福利和终止。确保雇佣决策和行动仅基于与业务相关的考虑，仅关注个人执行工作的能力，而非个人特征。正如亚马逊公司商业行为和道德准则所述，不容忍歧视、暴力和威胁行为或骚扰。④不允许在运营或价值链中使用童工、强迫劳动或任何形式的人口贩运，包括奴隶劳动、监狱劳动、契约劳役或抵押劳动。⑤重视员工反馈。直接沟通符合员工和公司的最大利益，尊重结社自由和员工加入、组建或不加入工会或其自己选择的其他合法组织的权利，无需担心报复、恐吓或骚扰。[1]

三、供应商及其他利益相关者

在考虑企业人权和社会政策的情况下，评估和选择主要供应商和承包商，并在适当情况下监测其绩效。通过必要的参与和合作，推动《劳工组织工作中基本原则和权利宣言》的实施，尽可能确保价值链中没有童工、强迫劳工、被贩卖劳工或奴隶劳工。以苹果公司为例，其作为一家全球性的技术公司，承诺要为人们制造尊重人权的技术，为人们提供有用的工具和信息，并提高整体生活质量。苹果公司在《环境进展报告》中指出，其也为在 2030 年实现碳中和承担责任，并以此指引商业活动。综合碳足迹反映出苹果公司为应对气候影响所做的工作，包括碳中和规划蓝图。资源领域内，有关对环境、社会和供应影响的数据帮助其确定哪些材料需要优先转用回收或可再生来源。而详尽的数据收集和化学品评估流程，则推动苹果公司在更高明的化学工艺领域不断创新。

---

〔1〕 Amazon, Amazon Global Human Rights Principles, https：//sustainability. aboutama-zon. com/people/human-rights/principles. lasted visited at December 14, 2021.

"我们的一切工作，目标都是改善环境健康，这不仅是为了我们的用户、供应商和员工，更是为了广泛的国际社会。"[1] "对环境有益的做法，对业务也有利。我们已经以身作则，证明达成环境目标未必要以牺牲公司收益为代价。我们对低碳铝金属的利用，既减少了我们的环境足迹，又维持了我们的设计标准。我们还为基于清洁能源和自然的解决方案设立了投资基金，旨在创造环境效益，并产生经济收益。"[2]

在采购实践方面也有企业采取了具体的举措，如联合利华承诺到2030年确保直接为公司提供商品和服务的每个人至少能挣到可供生活的工资或收入。联合利华认识到其有着庞大而多样化的延伸供应链，在以负责任和可持续的方式进行采购的过程中，供应商发挥着至关重要的支持作用。联合利华尊重其延伸供应链中工人的人权（包括劳动权利），其《负责任采购政策》明确阐述了其在这方面的期望。并且在人权政策声明中明确了联合利华只与执行其《负责任采购政策》的供应商合作。供应商必须同意确保透明开放，弥补任何不足之处，并持续推动改进。[3] 为了创造正确的激励机制，消除支付生活工资的障碍，供应商及其采购公司必须履行这一承诺。因此，实现该人权承诺将提供有意义的经验，有助于识别促进或阻碍企业及其合作伙伴尊重人权的商业模式类型。

第三节　实质企业人权政策的评估标准——基于人权的指标

所有企业都有责任尊重人权。企业应当认识到这不仅是道德上的事情，也是为企业继续经营的必要条件。尊重人权政策的第一步就是制定人权政策，这是企业承诺遵守国际公认人权标准的公开表达。不同的公

---

〔1〕《环境进展报告》，苹果公司2021年，第2页。

〔2〕《环境进展报告》，苹果公司2021年，第10页。

〔3〕 联合利华：《联合利华人权政策声明》，见 www. unilever. com/news/press - releases/2021/unilever-commits-to-help-build-a-more-inclusive-soc iety. html，最后访问：2021年12月3日。

司可能有不同类型的人权政策。然而，联合国《工商业与人权指导原则》提供了一些基本要素作为参考。下文将从基于人权指标的方法去论述实质有效企业人权政策的评估标准。

一、人权指标构建的方法论

有助于确定用于人权评估的指标的概念框架必须以有效的方法论方法为后盾，以便用所需数据填充这些指标。对此，人权事务高级专员办公室出版了《人权指标：测定和实施指南》。该指南旨在协助制定定性和定量的指标来测定国际人权准则和原则的执行过程。其中指出应当从以下三个方面来考虑人权指标的构建。[1] 首先，选择指标时有哪些道德、统计和人权方面的考虑？其次，人权指标的主要数据生成机制和来源是什么？最后，将指标分类用于人权评估的可行性如何？

第一，在选择指标时不仅要考虑人权因素，还要考虑搜集数据所涉及的道德和统计因素。例如《残疾人权利公约》第 31 条明确规定，缔约国有义务收集信息，包括统计和研究数据，以便制定和实施政策，落实该公约。此条还规定缔约国有义务确保收集和维持这些信息的工作符合法定保障措施、人权标准和道德原则。任何统计信息的收集、处理和传播都会对信息权、隐私权、数据保护和保密产生影响，并要求遵守与道德、统计和人权有关的法律和体制标准。与数据收集过程有关的三项主要人权原则是自我识别、参与和数据保护（隐私权）。此外，在指标的选择标准中还包括以下要素：语言简洁明了；方法透明、采集数据及时；以人权标准为中心、以权利的规范框架为基础；不歧视；数据相关且可靠等。[2] 比如，指标必须简单（易于理解和应用），并且易于及时获得，才能成为进行人权分析和评估的有意义的工具。否则，收集和汇编指标相关信息的成本可能成为一种负担。指标的可靠性是指标值的一致性（如果用于设计指标的数据生成机制重复）。例如，

---

〔1〕 The Office of the United Nation Human Rights High Commissioner, Human Rights Indicators, A Guide to Measurement, New York and Geneva, 2012, HR/PUB/12/5, p. 45.

〔2〕 The Office of the United Nation Human Rights High Commissioner, Human Rights Indicators, A Guide to Measurement, New York and Geneva, 2012, HR/PUB/12/5, p. 50.

如果一个问题第二次被问到同一个人，并且得到了相同的回答，在其他条件相同的情况下，那么这个问题/回答可以被视为一个可靠的指标。通常，如果问题的表述方式模棱两可，那么就可能得到截然相反的回答。

第二，人权指标的主要生成机制主要有四大类别，包括侵犯人权事件产生的数据、政治经济和政府管理的数据、民意调查的数据、专家意见。其中，人权高专强调要注意以下两点：其一，来源和确定的数据生成机制应适合于评估缔约国遵守国际人权条约的情况。因此，重点应放在以事实为基础或使用客观的数据收集和列报方法的指标上。例如，从基于事件的数据中得出的定量指标通常以受害者人数表示有记录的侵犯人权行为的发生率。其二，需要将不同的来源和数据生成机制结合起来，以鼓励对任何人权状况进行更全面和可信的评估。[1]

第三，国际社会在经济领域已经构建起统一的可持续发展指标，具有一定借鉴意义。例如，在2020年"达沃斯"峰会上，世界经济论坛公布了为期6个月的咨询结果，探讨如何定义可持续价值创造的通用指标。由此产生的一套"利益相关者资本主义指标"（Stakeholder Capitalism Metrics）和披露可用于使公司的主流绩效报告与ESG指标保持一致，并在一致的基础上跟踪其对联合国可持续发展目标的贡献。据世界经济论坛称，这些指标有意以现有标准为基础，近期目标是加速领先的私人标准制定者之间的趋同，并提高ESG披露报告的可比性和一致性。[2]

二、结果导向型

企业人权政策应当以结果为导向。它关注的是产出或结果，特别是人权的实际改善情况。基于人权方法就是在寻求强有力的和令人信服结果的证据。虽然人权的发展是一个过程，但其导致的结果是在实践中衡

---

〔1〕 The Office of the United Nation Human Rights High Commissioner, Human Rights Indicators, A Guide to Measurement, New York and Geneva, 2012, HR/PUB/12/5, pp. 51~52.

〔2〕 https://www.nomuraconnects.com/focused-thinking-posts/how-can-companies-visualize-invisible-value/

量该过程是否有效的唯一方法。企业人权政策的结果导向不应该只在从不合规转向合规的过程中发挥作用，也不应该只在人权政策失败被揭露之后才生效。即使一家企业已经有良好的人权记录，它们的企业人权政策也能够及时告知利益相关者它们做了哪些工作，下一步希望完成的是什么，以及他们是否在按照计划实现这些结果。

　　例如，英国石油企业在墨西哥湾的深水地平线事故导致 11 名工人死亡，因而被批评对工人的安全不够重视。[1] 这起漏油事件可能导致近 50 亿桶石油泄漏。英国石油企业的重大过失将导致高达 200 亿美元的罚款。同时，英国石油企业已经花费大约 420 亿美元来解决一系列的民事和刑事索赔。在这起事故发生四年后（即 2010 年），该企业的股价仍比漏油前下跌了 30%。[2] 而该公司最新的人权政策承诺中指出："我们每时每刻都在做出会影响人们的选择：在何处开展业务、所做之事以及行事方式。我们为自己制定了严格的标准，因为我们知道自己会犯错误，但我们的人权政策和行为准则要求我们严于律己。我们希望通过透明展示我们对员工的期望和要求，赢得社会的信任。"并且承诺所有作业场地都必须进行安全风险评估，以此考量与安全有关的人权风险；也必须根据《自愿原则》制定行动计划，从而解决发现的所有问题。[3] 英国石油企业的人权和社会绩效经理、人权专家尼利·萨法维（Nili Safavi）指出，在全球大流行的背景下，此次新人权政策承诺的发布更具有针对性，"最近的全球事件放大了这一政策的必要性。我们看到，如果社会上最弱势群体没有社会保护、体面的工资和医疗保健，这将影响我们所有人"。[4] 2020 年的这份企业人权政策承诺明确表示，它如

〔1〕 Deep Water: The Gulf Oil Disaster and the Future of Offshore Drilling, Report to the President, National Commission on the BP Deepwater Horizon Oil Spill and Offshore Drilling, January 2011.

〔2〕 Deep Water: The Gulf Oil Disaster and the Future of Offshore Drilling, Report to the President, National Commission on the BP Deepwater Horizon Oil Spill and Offshore Drilling, January 2011.

〔3〕 英国石油公司：《企业与人权政策》，2020 年 5 月。

〔4〕 Wbcsd, bp launches updated Human Rights Policy, https://www.wbcsd.org/Overview/News-Insights/Member-spotlight/bp-launches-updated-Human-Rights-Policy#:~:text=bp%20has%20launched%20an%20updated%20Business%20and%20Human, detail%20around%20how%20it%20will%20deliver%20on%20commitments. last visited at November 18th, 2021.

何尊重对其工作至关重要的人权的关键方面，例如水和卫生、土地、土著人民和人权捍卫者。但是对于像英国石油企业这样的全球性组织来说存在着诸多挑战。政策的成功实施取决于东道国的情况。"尽管有良好的意愿，但糟糕的人权状况可能会发生。如果一个国家没有办法支持这些意愿，例如获得清洁水、教育等，或者如果东道国政府不按照国际规范和公约促进和保护工人权利或土地权利，我们就很难把事情做好"。[1]

三、有明确的权利人和义务人

企业人权政策要求明确承认权利人和义务人的存在。作为义务人，企业有责任承认自己是义务人。企业必须明确其义务，承认存在权利人以及他们享有的权利。但这不是直截了当的，因为工商企业有责任尊重每一个人的人权，不论在何地。但是，企业人权政策要求关注最相关的权利人及其权利。具体而言，企业人权政策促进优先考虑那些可能因商业活动而受到最严重影响或被边缘化的个人和社区的权利。这些被边缘化的权利人以及他们的权利会受到最多关注。

企业人权政策要求企业不仅要作出人权承诺，还要承担起义务人的责任。比如微软公司在其人权政策中明确对缓解气候变化的责任。其认为气候变化对充分享有广泛的人权构成了挑战，加剧了现有的贫困和不平等。如果气候变化影响严重，微软公司将不能履行人权责任。我们对缓解气候变化的承诺重点在于碳、生态系统、水和废弃物，并贯彻我们的整个运营和供应链。微软公司尊重土地使用权、自然资源使用权和水资源使用权。微软公司认识到，"我们有责任管理办事处、供应商和原材料生产者的环境和经济状况，这些都可能对个人和家庭的健康和财务状况产生积极和消极的影响。并且计划在年度环境可持续发展报告中跟

---

〔1〕 EVP Strategy and Sustainability op - ed: https://www. linkedin. com/pulse/people - our-updated - human - rights - policy - giulia - chierchia/? trackingId = uzI57EAP1grzM3X31678Ag% 3D%3D. last visited at November 18th, 2021.

踪并报告我们在实现 2030 年环境可持续发展目标方面取得的进展"。[1]此外，微软公司还每年制定人权报告，以监督人权政策的实施情况。和许多公司一样，微软公司要求员工在家工作。这意味着微软公司减少了对小时工服务的需求，包括为供应商工作、为咖啡馆工作以及支持现场技术和视听需求的人。然而，认识到失去工作可能对小时工造成的困难，微软承诺在服务需求减少期间，继续向所有小时工服务提供商支付其正常工资，无论是否需要他们的全面服务。[2]

四、具有包容性

基于人权的方法呼吁在起草和执行政策时确保利益相关者的参与和包容性。在不同的语境下，其含义可能不太一致。这可能涉及工人或工人代表的参与，包括不同部门经理、受影响社区、消费者，甚至民间社会的参与。参与的水平和类型取决于工商企业的性质。在这方面，基于人权方法提供了一个"根据企业的规模和地理位置，为企业提供了一种按比例调整的方法"。[3] 这使得参与成为企业人权政策最难定义的指标。这一指标之重要在于它"反映了权利受到侵犯者和有义务采取行动者之间的共识"。人权尽责程序要求企业真诚地与受影响的利益相关方直接接触。出于安全考虑和实际障碍，有时可能无法与实地的利益相关方进行接触，在此种情况下，可靠的非政府组织可充当代理人提供帮助。不过，直接询问受影响的工人和社区是确定问题和提出适当行动的最佳方式，有助于加强预防、缓解和补救工作。一个关键方面是需要考虑对不同群体造成影响的具体风险，包括纳入对性别问题有敏感认识的方法。符合《工商业与人权指导原则》有效性标准的业务层面申诉机制是与受影响的个人直接接触和增强预防的

---

〔1〕　Microsoft, Microsoft Global Human Rights Statement, https：//www. microsoft. com/en-us/corporate-responsibility/human-rights-statement? activetab＝pivot_ 1%3aprimaryr5. last visited at November 18th, 2021.

〔2〕　Microsoft, Human Rights Annual Report Fiscal Year 2020, p. 17.

〔3〕　R. Blitt, 'Beyond Ruggie's Guiding Principles on Business and Human Rights：Charting an Emberacive Approach to Corporate Human Rights Compliance' (2012) 48 (33) *Texas International Law Journal* 33-62, 43.

一项关键措施。而且支持基于社区的人权影响评估能增强参与并建立信任。[1]

　　大多数 500 强企业人权政策都规定了对利益相关者参与或者加入程序的承诺，尤其是依据基于人权方法制定的政策会更加详细。以必和必拓公司为例，其人权政策声明规定了对人民、商业伙伴和其他相关方尊重人权的期望。该政策声明是根据《工商业与人权指导原则》的原则 16 制定的，包括与内部和外部利益相关者的协商，并得到必和必拓公司执行领导团队的认可。该公司认识到，通过运营资产、价值链活动以及与业务合作伙伴的关系，有可能直接影响、促成人权的实现或影响人们的人权。这些权利包括与工作场所健康和安全相关的权利、劳动权利、安保人员的活动、土地、水和卫生、土著人民的文化、身份、传统和习俗等，因此在进行人权尽责程序时鼓励利益相关方的参与。该公司承认有意义的利益相关者参与对其发展至关重要，将努力履行尊重人权的责任，并且就与其业务相关的问题与民间社会、社区和投资者接触并作出回应，并努力在互动中实现透明度。必和必拓公司会定期与利益相关者接触，倾听、理解、预防和减轻其商业活动对人权的不利影响。[2]

　　五、透明度

　　根据 ISO 26000《社会责任指南（2010）》的定义，透明度是指："企业影响社会、经济和环境的决策和活动的公开性，以及以清晰、准确、及时、诚实和完整的方式进行沟通的意愿"。要确保企业人权政策承诺的透明度，需要满足五个要求。其一，企业披露的人权政策应做到清楚明白，用合适的信息披露方式和表达体例让利益相关方更容易接收。其二，企业在选择恰当时机披露其决策和活动已知或可能存在的负面人权影响时，应尽可能提高时效性。其三，企业应准确地披露人权政

---

〔1〕　联合国大会：《人权与跨国公司和其他工商企业问题工作组根据人权理事会第 17/4 号和第 35/7 号决议提交的报告》，第 A/73/163 号，2018 年，第 11 页。

〔2〕　BHP, Human Rights Policy Statement, 2019, p. 2. https：//www.bhp.com/-/media/documents/ourapproach/operatingwithintegrity/taxandtransparency/191202 _ human - rights - policy - statement_2019. pdf? la＝en. last visited at November 18, 2021.

策，并保证透明信息的正确性，以避免差错。其四，企业应如实表述其人权政策的执行情况以及产生的影响，以赢得利益相关方信任。其五，企业披露的人权政策承诺应尽可能完整、全面。[1]

透明度包含了三个要素，分别是知情权、参与权和监督权。第一最重要的是保障知情权，也就是信息的可获取性。可获取性对于最受影响权利人是十分重要的，如果一项企业人权政策只有英文版本，或者只能在网上获取，那么最相关的利益相关者可能被拒之门外。因此，政策和相关信息的提供和分发是至关重要的。第二，参与权和监督权实现需要清晰易懂的信息，过于复杂的企业人权政策是很难满足透明度要求，所以不能有过多的专业法律或商业术语。衡量透明度的标准并不复杂。必要的信息是否可以找到，可获取以及可执行，即权利人是否能够使用？如果政策使得权利人满怀困惑，而且无处寻求帮助，那么这个政策就缺乏透明度。许多500强企业采取措施使其企业人权政策更便于用户使用，例如在企业网站上可以随时查询，或者设置人权专题。而且在语言方面，不少企业提供多种语言版本的人权政策承诺，例如亚马逊。[2]

六、较为广泛的问责

问责制能够保证政策的执行，它要求企业采取积极和被动的措施，这些措施都应当规定在企业人权政策中。工商企业有义务建立一个尽责和救济的程序和机制。诸多500强企业都在其人权政策中提及了企业内部的申诉机制。

以诺基亚为例，其在企业内部设立了申诉专员，让员工能够向申诉专员提出和讨论问题和疑虑。该专员不仅负责处理该投诉事项，而且由当地监察员对其工作提供指导。并且诺基亚不允许对投诉的员工进行任何形式的报复，要求专员认真对待所有关于任何形式报复的指控，并彻底调查此类问题。同时，诺基亚在人权政策承诺中公开了诺基亚商业道

---

〔1〕　国家电网有限公司编：《透明度管理手册》，中国电力出版社 2020 年版，第 5~6 页。

〔2〕　Amazon, Amazon Global Human Rights Principles, https：//sustainability. aboutamazon. com/people/human-rights/principles. last visited at November 18th, 2021.

德热线。该热线由独立供应商管理，每天 24 小时可用，内容完全保密。此外，员工还可以随时向经理、人力资源人员以及法律与合规部成员提出申诉。[1]

---

〔1〕 Nokia, Nokia People & Planet 2020, see, https：//www. nokia. com/sites/default/files/2021-04/Nokia_People_and_Planet_Report_2020. pdf, last visited at November 18th, 2021.

第五章　企业人权尽责中负面人权影响分析

人们已经认识到商事活动可能对享有人权带来风险。[1] 越来越多的证据证明工商业会因尊重人权获利，包括避免被诉的风险，还包括减少公众游行和批评、声誉损害的可能性。另一个好处是，制定企业人权政策能够促进工人、团体和其他社会利益相关者对企业的经营活动进行监督。如果企业在实践中履行了尊重人权的义务，那么这些利益相关者的权利保障水平会提高。如果企业通过提供更好的公众理解来避免此类侵犯人权事件，确实能够避免产生负面影响。[2] 随着越来越多的证券交易所以及公共和私人金融机构审查公司的非财务业绩，包括人权方面的业绩，公司保障人权也可能成为一个相当大的优势。此外，研究表明千禧一代越来越希望为符合道德规范并致力于原则性业务的组织工作。比如，那些在人权和劳工方面遵循国际标准的公司，在吸引年轻人才方面具有优势。

虽然工商企业有尊重受到国际公认的所有人权的责任，但在实践中，某些权利在特定行业和环境中比其他权利更具相关性或显著性，因而工商企业将需要更加关注它们。例如，对于服装行业的企业而言最为突出的人权风险是——产品由几个国家的工厂工人生产，这与那些进行采掘业的公司必须重新安置一个土著族群所面临的人权风险是不一样

---

〔1〕 联合国人权事务高级专员办事处:《尊重人权的企业责任解释性指南》，第 HR/PUB/12/02 号，2012 年，第 8 页。

〔2〕 联合国人权事务高级专员办事处:《尊重人权的企业责任解释性指南》，第 HR/PUB/12/02 号，2012 年，第 8~9 页。

的。但原则上没有任何事情可以阻止任何公司对国际公认的人权造成或导致负面的影响。因此，不可能将尊重人权责任的适用限制于某一特定的权利子集或特定的部门领域。[1] 联合国《工商业与人权指导原则》明确指出，工商企业不应只关注最突出的人权问题，而忽视可能出现的其他潜在或实际人权问题。

因此，下文从负面人权影响的角度分析企业人权尽责中如何避免和人权有关的风险，包括明确企业负面人权影响的含义和类型，讨论妇女、儿童、土著人、移民等易受不利影响群体的权利保障。最后，对企业人权影响评估程序进行阐述，介绍企业如何评估人权影响。

第一节　负面人权影响的概念及理论厘清

识别和评估人权影响是企业人权尽责程序的启动步骤。这要求工商企业应当积极主动地调查他们通过自己的活动，或可能通过他们的业务关系直接与他们的运营、产品或服务相关的，可能对人们造成或促成的影响。[2]

人权尽责为工商企业在开展日常活动的过程中将其尊重人权的责任付诸实践提供了支撑。这是企业积极管理对人权和尊严造成负面影响的潜在和实际风险的一种方式。虽然通常被称为人权尽责程序，但实际上它包含和人权影响密切相关的程序，具体如下：①查明和评估工商企业可能通过其自身活动造成或加剧或者因其商业关系而与其业务、产品或服务直接关联的实际或潜在的负面人权影响；②结合针对相关职能和公司程序开展的各项影响评估的结果，根据公司卷入影响的程度采取适当行动。具体而言，如果企业造成影响，则应采取步骤停止或防止影响；

---

〔1〕　联合国人权事务高级专员办事处：《尊重人权的企业责任解释性指南》，第 HR/PUB/12/02 号，2012 年，第 13 页。

〔2〕　Monash university university Castan Center for Human Rights Law，Human Rights Translated 2. 0- A Business Reference Guide，2016，p. 25.

如果企业加剧影响，则应采取步骤停止或防止影响加剧，并利用影响力缓解剩余影响；如果企业没有直接造成负面影响，但已经发生负面影响和其业务相关联，则应采取步骤获取和利用影响力，以尽可能防止和减轻影响；③追踪用于处理负面人权影响的措施和程序的有效性，以了解其是否可行；④就如何处理影响进行交流，并向利益相关方，特别是受影响的利益相关方，展示已经制定适当政策和程序来落实在实践中对人权的尊重。[1]

一、负面人权影响的意蕴

第一，要界定负面人权影响首先明确什么是企业的影响范围。在全球契约和联合国高专办共同出版的《将人权纳入商务实践（一）》中对跨国公司影响范围的定义倾向于将跨国公司视为具有某种政治、经济或地理上的相似性的个人。每个公司，无论大小，都有一个影响范围。正如各种学术研究所观察到的，当前商业全球化趋势的标志是核心公司在大型商业关系网络的中心出现。核心公司在其全球价值链中起着关键的推动作用。它不仅对自己的员工有重大影响，而且对上游供应商和下游客户也有重大影响。"影响范围"的概念包括这种关系组合，以及核心公司作为全球价值链领导者的核心地位。[2] 随后该机构在2007年出版的《将人权纳入商务实践（二）》中进一步提出跨国公司致力于尊重和支持人权，避免在侵犯人权方面串通一气，延伸到所有在其影响范围内的人；但公司与员工的关系处于其影响范围的中心。除了员工之外，跨国公司还与更广泛的行动者建立了关系，在这些行动者中，跨国公司可能有能力在人权方面施加不同程度的影响。例如，居住在其运营附近或以其他方式依赖于跨国公司的社区以及其供应商、承包商和合资伙伴等商业伙伴。跨国公司也可能与公司的东道国或本国政府，或与控制其经营区域的武装集团有直接和密切的联系。作为各种商会组织成

---

〔1〕 联合国大会：《人权与跨国公司和其他工商企业问题工作组根据人权理事会第17/4号和第35/7号决议提交的报告》，第A/73/163号，2018年，第4页。

〔2〕 United Nations Global Compact, Office of the High Commissioner of Human Rights: Embedding Human Rights into Business Practice, 2004, p. 36.

员，跨国公司的影响范围可能进一步扩大到政府和政府间决策机构。[1]

第二，企业的负面人权影响分为两类，分别是潜在的人权影响和实际的人权影响。"实际的人权影响"指的是一个负面的影响已经发生或者正在发生。潜在的人权影响是指一种可能发生但还没有被识别的负面影响。《工商业与人权指导原则》中的一个基本概念是"对人权的负面影响"。企业的责任在于如何避免产生这种负面影响，或者在无法避免的情况下必须采取什么措施。这与公司的"可持续性"发展无关。相反，它关系到权利持有人的权利是否得到保障。[2]《工商业与人权指导原则》指出，企业对其通过自身活动造成或促成的负面人权影响负有责任，但也应对"因其业务关系而直接与其经营、产品或服务有关的"负面人权影响负责，即使它们没有造成这些影响。原则 11 通过企业与负面人权影响的关系确定了企业的责任。经济合作与发展组织认为腐败在许多方面对企业和市场产生负面影响。[3]

第三，影响力是指能施加影响的有利因素。在指导原则中，它指的是工商企业在发现另一方的错误行为造成或加剧负面人权影响的情况下促成其改变的能力。负面人权影响是针对侵权行为的受害者而言的。根据工商业与人权条约草案的条款规定，"受害者"系指因商业活动中的作为或不作为而单独或集体遭受构成侵犯人权的伤害的任何个人或群体，不论其国籍或居住地。此外，该词还可包括直接受害者的直系亲属或家属，无论侵犯人权行为人是否已被查明、逮捕、起诉或定罪。

二、预防和管控负面人权影响的必要性

第一，一个工商企业的人权风险是任何企业运营可能导致的一个或多个负面人权影响。因此人权风险和与潜在的人权影响相关。在传统的

---

[1] United Nations Global Compact, Office of the High Commissioner of Human Rights: Embedding Human Rights into Business Practice II, 2007, pp. 37~38.

[2] International Trade Union Confederation, The United Nations "Protect, Respect, Remedy" Framework for Business and Human Rights and the United Nations Guiding Principles for Business and Human Rights - A Guide for Trade Unionists, 2012.

[3] World Bank Institute, "Fighting Corruption through Collective Action: A Guide for Business" (2008) online: World Bank: http://info. worldbank. org/etools/docs/antic/Wholeguide-eOct. pdf, last visited at October 15, 2021.

风险评估中，风险因素包括事件后果（严重程度）和发生概率。在人权风险的领域中，严重程度是关键因素。在某些情况下，概率可能与帮助优先处理潜在影响的顺序有关。重要的是，企业的人权风险是企业经营活动给他人享有人权带来的风险。这与人权影响可能对企业造成的风险是不同的，尽管这两者之间的关系日益密切。[1]

第二，如联合国《工商业与人权指导原则》的原则 19 所述，工商企业如何行事还取决于企业与人权影响的关系。那就是说，工商企业可能造成、促成或者通过他们的经营业务关系卷入负面影响。对于已经造成了或者可能造成负面的人权影响，它应当停止侵害，对影响进行补救或者阻止影响的发生。如果工商企业已经促成或可能促成负面人权影响的发生，则它应当停止侵害，对影响进行补救或者阻止影响的发生。它还应利用影响力调节促成因素，来尽可能地缓解影响。

第三，负面人权影响和人权风险息息相关，是企业管理中不可或缺内容。对于许多企业而言，"风险"一词主要是指企业面临的风险，如财务风险、市场风险、运营风险、声誉风险等。在现代社会，人权是保护或治理社会中重大社会风险的社会机制。舒亨利将人权风险称为危害人类基本利益、体面生活和正常社会生活的"标准风险"。[2] 但是随着全球化的发展，市场代理人，特别是强大的跨国公司，在不断制造这些人权风险。因此，有必要扩大社会和法律保障领域，保护人们免受工商业行为所带来的社会和人身伤害。工商业和人权领域是一个新的监管领域，它为风险管理提供了正当性、合法性和基于人权的机制。学者认为通过制定可信的人权尽责机制，企业将更有能力管理这些声誉、运营和法律风险。在民意调查显示公众对企业的信任出现巨大波动之际，以可信的方式解决人权问题的必要性是影响企业维护和恢复公众信任越来

---

〔1〕 联合国人权事务高级专员办事处：《尊重人权的企业责任解释性指南》，第 HR/PUB/12/02 号，2012 年，第 3 页。

〔2〕 Henry Shue, *Basic Rights. Substance, Affluence, and US Foreign Policy*, Princeton：University Press，1980，p. 17.

越重要的因素。[1] 企业关心相对于竞争对手的自身市场地位，还要面对自身形象和长期生存的问题。因此，企业关注风险时，通常关注的是自身面临的风险。但是，《经合组织跨国企业准则》中的风险是指企业造成、助长或与企业直接相关的对人、环境与社会产生不利影响的可能性。换言之，这是一种面向外部的风险管理方式。[2]

因此，开展企业人权尽责管理的目标就是预防和应对人权不利影响。有些企业的运营、产品或服务本身具有人权风险，可能对负责任商业行为议题造成、助长不利影响或与之直接相关。在其他情况下，即使企业本身运营活动并不存在这种直接的人权风险，也有可能间接导致造成不利影响的风险，例如人权政策承诺不完善，上下游企业侵犯人权等。尽责管理应帮助企业预测并防范或减轻这些影响。在少数情况下，尽责管理可帮助企业决定是否继续运营，或维持和供应商的业务关系，或者作为最后手段，由于不利影响的风险过高或者未能成功地减轻风险而终止运营或业务关系。有效防范与减轻不利影响还可能反过来帮助企业最大限度地为社会做出积极贡献、改善利益相关方关系并保护其声誉。尽责管理能够帮助企业创造更多价值，包括通过以下方式：识别降低成本的机会、更好地理解市场以及供给的关键来源、加强公司特定商业与运营风险的管理、降低《经合组织跨国企业准则》涵盖事务相关意外发生的可能性，以及更少面临系统性风险。企业还可以开展尽责管理，以帮助自身符合具体负责任商业行为议题相关的法律要求，如当地的劳工、环境、公司治理、刑事或反贿赂相关法律。[3]

《2020 年公司人权基准》评估了五个部门 230 家全球公司的人权披露情况，这些部门被确定为存在负面人权影响的高风险。这些部门包括

〔1〕 Liesbeth Enneking, Ivo Giesen, Anne-Jetske Schaap, Cedric Ryngaert, François Kristen, Lucas Roorda, *Accountability*, *International Business Operations*, *and the Law*, London, Routledge, 2019, pp. 20~25.

〔2〕 经济合作与发展组织:《经合组织负责任商业行为尽责管理指南》, 2018 年, 第 15 页。

〔3〕 经济合作与发展组织:《经合组织负责任商业行为尽责管理指南》, 2018 年, 第 16 页

农产品业、服装业、采掘业、ICT 制造业，以及首次出现的汽车制造业。结果表明，与前几年相比企业人权表现提高。一些公司正在履行《工商业与人权指导原则》的基本期望，并做出了强有力的承诺、制定了严格的程序。但是还存在两个主要问题：第一个问题是只有少数公司表现出认真对待人权的意愿和承诺。第二个问题可能更为有害，涉及承诺和流程与实际绩效和结果之间的脱节。如果我们要在 2030 年前实现可持续发展目标，我们需要确保强有力的承诺和管理体系实现预期效果。汽车制造业是有史以来表现最差的行业。汽车公司的平均得分为12%，是该基准行业有史以来的最低得分。2/3 汽车公司在所有人权尽责指标中得分为 0。这些糟糕的结果表明，联合国全球行动计划在整个汽车制造业的执行力度很弱。太多的公司未能满足投资者对人权尽责的期望。2020 年 3 月，176 家国际投资者致函 95 家在人权尽责指标上未得分的公司，呼吁其立即改进。在这 95 家公司中，79 家在人权尽责方面继续得分为 0。[1]

第二节　企业人权尽责中易受负面人权影响的权利主体

人权尽责程序应当与负面影响的严重性和可能性相称。这意味着负面影响的可能性和严重程度越高，尽职调查的范围应越广泛。人权尽责程序还需要针对特定风险及其对不同群体的影响，相应地调整行动；人权尽责程序应当从经历负面影响的个人或群体的角度评估和优先考虑风险，比如权利享有者。[2] 而经常受工商活动不利影响特别严重的群体有：妇女、儿童、土著人民、移民等，这些群体的主要特征是在社会上处于弱势地位，其权利保障需要得到特别关注。下面将主要从妇女、儿

---

〔1〕 World Benchmarking Alliance, Corporate Human Rights Bechmark, Measuring 230 global companies on their human rights performance, https：//www. worldbenchmarkingalliance. org/publication/chrb/.

〔2〕 联合国大会：《人权与跨国公司和其他工商企业问题工作组根据人权理事会第 17/4 号和第 35/7 号决议提交的报告》，第 A/73/163 号，2018 年，第 5 页。

童、土著人民、移民这四类权利主体展开论述。

一、妇女

企业应采取措施，查明、预防、减轻和补救企业通过其活动造成或促成或直接相关的侵犯妇女和女童人权的行为。这直接源于《经合组织跨国企业准则》和联合国《工商业与人权指导原则》，其中确定企业有责任来防止或减轻其不当行为造成的负面人权影响。这种消除负面人权影响的责任可能会追溯到其供应商。经济、社会和文化委员会建议缔约国处理工商活动对妇女和女童的特定影响问题，包括对土著妇女和女童的影响，并通过各种途径，包括参考工商业与人权问题国家行动计划指南，将性别视角纳入监管可能对经济、社会及文化权利造成不良影响的工商活动的一切措施。缔约国应采取适当步骤，包括通过临时特别措施，让妇女更多参与劳工市场，更多担任公司高管职位。虽然这些决定确实是商业性的，但国家在努力实现两性平等的进程中发挥着重要作用。人们的共识是，性别混合董事会在全球范围内不断增加，但这一进程缓慢。有证据表明，当有男女混合的董事会时，公司的财务表现会更好，因此这是一个值得探讨的问题。在多大比例男女混合下董事会的表现最好？目前实践中有一系列性别目标比率，从 20% 到 33% 到 50% 不等。[1] 联合国开发计划署在这一问题上的立场是，各国应鼓励企业任命一定比例的妇女担任董事会成员，并在其整个经营过程中报告男女薪酬差距。

在妇女权利保障方面最突出的风险是工商企业未能及时预防和解决工作场所中的性别暴力。首先，性别暴力是对妇女基本人权最明显的侵犯。工商企业在投资活动中有可能忽视性别平等，对性骚扰等性别暴力行为视而不见，进而侵犯了妇女人权。尤其是在一些国家，存在一种沉默文化，即使企业制定了预防性的防止性骚扰政策和报告机制，但是受害者往往不会报告。同时，企业的管理层还普遍没有认识到工作场所性骚扰的严重危害，缺乏一定的教育和培训。但是目前中国企业，尤其是

---

〔1〕 UNDP, *Reporting Business And Human Rights*, p. 39.

劳动力集中型的服装企业"走出去"的步伐正在加快，不少企业将其海外制造基地扩展到东南亚、非洲及其他地区。而这些地区对于性骚扰的重视程度与中国不同，如果不妥善解决，那么不仅会削弱工人的留用率，降低企业的利润，还会对中国企业名誉和买家的声望产生负面影响。[1] 在实践中，妇女和女童往往承受着不成比例的社会、经济和环境负面影响的负担，而获得私营部门发展可能产生的就业机会、供应合同或补偿等福利的机会却较少。因此，性别平等对于在工商业领域保障女性权利至关重要。

美国国务院发布了一套关于在解决供应链风险的同时尊重妇女权利的建议。该建议书要求关注和尊重女工的权利，包括促进涉及职业安全和健康的权利，防止就业歧视，解决职场中基于性别的暴力和骚扰，包括性骚扰，认识到基于性别的暴力和骚扰对妇女和女童的影响不成比例，并可能在全球供应链中发生。这还包括确定妇女在获得体面工作条件方面面临的障碍，包括安全的工作场所、同工同酬、儿童保育等。对此，企业应当制定促进性别平等的战略，以识别、评估、报告、处理和监测整个供应链中与性别有关的侵犯人权行为，并确保每个项目在设计和监测时都从性别角度出发。[2]

2019 年 6 月，国际劳工组织在日内瓦举行了第 108 届会议，并通过《关于消除劳动世界中的暴力和骚扰的公约》（第 190 号公约）和《关于消除劳动世界中的暴力和骚扰的建议书》（第 206 号建议书）。第 190 号公约已于 2021 年 6 月 25 日正式生效。第 190 号公约是关于劳动世界中的暴力与骚扰问题的第一个国际公约，它与第 206 号建议书一起，共同构成了应对劳动世界中的暴力与骚扰的国际行动框架。第 190 号公约将劳动世界中的"暴力和骚扰"界定为可能会造成或带来生理、心理、性伤害或经济伤害的不可接受的行为和做法，以及这些行为和做法会让

---

〔1〕 李英桃、魏赛伟：《应对劳动世界中暴力与骚扰的国际行动框架》，载《中国妇女报》2021 年 8 月 31 日。

〔2〕 Bureau of Economic and Business Affairs, Managing Risks to Women in Supply Chains, 8 August 2019, see https://www.state.gov/managing-risks-to-women-in-supply-chains/.

人们感到威胁。而"基于社会性别的暴力和骚扰"则是指基于生理性别或社会性别，而对某些群体的暴力和骚扰，或针对某一特定生理性别或社会性别的人们的暴力和骚扰，且包括性骚扰。

企业还应当采取一系列措施来保障妇女权利。例如，公司可以要求上游供应商进行性别影响评估，以确保所有项目尽量减少伤害，并在解决两性平等问题上发挥积极作用。公司的尽职调查流程应确定公司可能对女工、求职者和公司供应链中的其他人员造成、促成或关联的所有类型的与性别相关的不利影响。预防战略应包括对男子进行基于性别的暴力和骚扰方面的培训，并使他们了解许多妇女面临的障碍。同样，公司人权尽责的方法应识别此类不利影响。在可能的情况下，建立跨企业的激励机制，以促进两性平等，并将对性别问题有敏感认识的尽职调查纳入企业供应链。[1]

二、儿童

禁止最恶劣形式的童工是在普遍批准劳工组织相关标准的基础上确立的，最为完善的国际人权准则之一。国际劳工组织标准禁止 15 岁以下儿童工作。[2] 然而，若经济和管理设施未发展成熟，发展中国家可能将下限年龄规定为 14 岁，甚至可能在最初就限制国际劳工组织标准的适用范围。童工问题的消除被广泛承认是一个难题，尤其某些家庭依赖童工的收入以维持其日常食物与生活必需品的需要。国际劳工组织禁止所有未满 18 岁的人从事危险的工作，并且规定了最恶劣形式的"童工劳动"的含义，包括所有形式的奴隶制或类似奴隶制的作法，如出售和贩卖儿童、债务劳役和奴役，以及强迫或强制劳动，包括强迫或强制招募儿童用于武装冲突；在可能对儿童健康、安全或道德有伤害性的环境中工作等。[3] 实践中存在某些较好理解的儿童可以工作的例子，例如儿童在收获季节短期地协助其家庭，或者超过 15 岁的儿童可以在安

---

〔1〕 Bureau of Economic and Business Affairs, Managing Risks to Women in Supply Chains, 8 August 2019, see https：//www. state. gov/managing-risks-to-women-in-supply-chains/.

〔2〕 国际劳工组织：《最低年龄公约》（第 138 号公约），1973 年，第 2（3）条。

〔3〕 国际劳工组织：《禁止和立即行动消除最恶劣形式的童工劳动公约》（第 182 号公约），1999 年，第 2 条。

全的工作环境下工作。当公司遵守最低年龄的雇佣规定时，就是在尊重权利。然而，对儿童的全面解雇可能导致问题，因为他们可能去从事危险的职业，例如卖淫、毒品运输。因此，公司应以除了将童工排除在利益链条之外的各种方式来提升儿童权利的保护，包括帮助童工创造受教育机会，参与一系列公益行动以应对童工问题。

儿童的权利易受企业行为影响主要表现在童工问题。儿童因其未成年地位被国际公约视作需要特殊保护的群体。[1] 保护儿童的责任由其家庭、社会和国家承担。儿童有权在出生后立即得到登记和姓名，有权取得国籍。儿童成为大多数群体并不再需要第24条所规定的特殊保护的年龄由政府根据相关的社会和文化环境决定，只要该年龄不会不合理地过高或过低。对儿童的保护包括：不受性剥削、不受经济剥削。一个公司（例如一家旅馆）若对附近儿童的性剥削视而不见，将被视为同谋。[2] 不仅如此，数字媒体业应保证他们未共谋侵犯儿童权利，例如：传播或推广网络霸凌、儿童色情旅游、儿童色情材料、非法交易、恋童癖的网络钓鱼。儿童性别形象的图片不应被使用在大众市场中。儿童尤其易受广告与市场宣传的影响，因此，公司应避免向儿童推广不适宜或有害的产品，例如酒精、香烟。儿童不应从事过于危险、艰苦或过少薪水的工作，或与成人工作相同的时间。童工常因工作而失去受到教育的机会，因工作环境的艰苦、长时间的工作以及雇主的残酷对待，他们的身体与心理都会遭受痛苦。采矿业中的童工在很大程度上是由贫困造成的。童工背后的经济驱动因素是复杂的，可能包括为补充家庭收入不足而工作的儿童，手工和小规模采矿为有限/低技能工作提供快速现金回报。教育质量差、距离学校很远以及必须支付学费等障碍也导致童工率上升。最恶劣形式童工的长期解决办法在于持续的经济增长，从而促进

---

[1]　儿童权利问题是一项具体公约的主题，即《联合国儿童权利公约》（1989年）。儿童权利委员会就商业部门对儿童权利的影响发表了一般性评论。

[2]　《儿童权利公约关于出售儿童、儿童卖淫和儿童色情制品的任择议定书》（2000年）更详细地论述了保护儿童免遭性剥削的问题。

社会进步，特别是减轻贫困和普及教育。[1]

此外，工商企业被卷入使用童工的全球供应链可能性不低。首先，童工现象屡见不鲜，尤其是在巧克力企业的供应链中，使用童工情况更是普遍。例如好时公司在 2015 年到 2018 年间曾经两度被美国消费者发起集体诉讼，指控其没有披露在科特迪瓦的可可豆供应商使用童工，因而违反了消费者保护法。由此可见，虽然国际社会严厉禁止使用童工，但是全球供应链中使用童工现象仍然存在。此外，根据国际劳工组织 2017 年报告显示，全球仍有近 1.52 亿儿童（5~17 岁）处于童工状态，几乎占全世界儿童总数的 1/10。[2] 此外，2020 年美国最高法院审理了一件涉及童工问题的案件。这个案件也是发生在可可豆生产领域，这些公司试图购买最便宜的可可豆，即使这意味着延续建立在儿童奴役基础上的劳动。[3] 其次，部分国家法律明确规定了企业要防范使用童工的供应链风险，如果违反可能面临法律诉讼。例如在荷兰，2019 年 5 月 14 日通过的《童工尽职调查法》要求向荷兰最终用户提供商品和服务的公司采取积极措施，以识别和应对其供应链中的童工风险；该法特别要求各公司调查是否有合理理由怀疑它们提供的货物或服务是使用童工生产的。有的国家在工商业与人权国家行动计划中也规定了对儿童权利的保障。以意大利为例，在其行动计划中提出了执行儿童基金会商业实验室项目。该项目能够帮助公司识别风险，并将儿童权利纳入自己的尽职调查和管理实践中，从而制止企业的一切暴力侵害儿童行为。最后，对于中国企业而言，要吸取以往的教训，遵守包括《责任钴业倡议》在内的行业规范和法律。总而言之，如果工商企业被卷入供应链中使用童工的指控，会受到严厉的国际批评，并且在一些国家将面临诉讼。

三、土著人民

对土著人民而言，和企业行为最相关的问题在土地和自然资源开发

---

〔1〕 OECD, Practical actions for companies to identify and address the worst forms of child labour in mineral supply chains, 2017, p. 11.

〔2〕 International Labour Organisation: Global estimates of child labour: Results and trends 2012~2016.

〔3〕 US Supreme Court, Nestle USA, inc. v. Doe et al., No 19~416, June 17, 2021.

利用方面。[1] 联合国人权理事会注意到有些企业为投资项目的需要强行驱逐居民。土著人民与祖先土地有关的文化价值和权利特别面临风险。缔约国和工商企业在可能影响土著人民权利的一切事项中应遵守事先征得土著人民自由知情同意的原则。这包括涉及土著人民传统上拥有、占有或以其他方式使用或获取的土地、领土和资源的一切事项。[2]

在 1997 年，消除种族歧视委员会通过了第 23 号一般性意见。在这份一般性意见中明确了土著人民的权利。消除种族歧视委员会呼吁人们关注土著人民权利的保障。在当今社会，土著人民一直并且仍然受到歧视，他们的人权和基本自由受到侵犯。在实践中，土著人民的土地和资源往往会受到商业公司或者国有企业的非法占用和使用，甚至有的企业强迫他们迁离自己的土地。这些做法使得土著人民维持其文化和生活方式变得日益困难。对此，消除种族歧视委员会建议缔约国承认并尊重土著人民独特的文化、历史、语言和生活方式，并加以保护。[3] 同时，缔约国应当保障土著人民平等地参与公共生活，保护土著人民的语言以及文化。而且，依据 2007 年通过的《联合国土著人民权利宣言》，土著人民有权充分和有效地参与和其有关的所有事务，有权保持独特性并在经济、社会和文化发展中寻求自身的优先事项。同时，在"如果未事先获得有关土著人民的自由同意知情和商定公正和公平的赔偿，并在可能的时候提供返回的选择"，[4] 不得强迫其迁离。

在土著人民土地上进行的大规模基础设施项目必须尊重人权，特别是保障土著人的环境权、事先和知情同意权。土著社区往往受到歧视并被剥夺这些权利。根据国际法，土著人有权在其土地上规划项目时得到咨询。因此，项目负责人必须确保咨询过程公平，让土著人不受压迫或

---

〔1〕　联合国人权理事会：《联合国土著人民权利宣言》，第 A/RES/61/295 号，第 32 条第 2 款。

〔2〕　联合国人权理事会：《联合国土著人民权利宣言》，第 A/RES/61/295 号，第 19、28、29 和 32 条。

〔3〕　消除种族歧视委员会：《第二十三号一般性建议：土著人民的权利》，第 A/52/18 号，第 4 条。

〔4〕　联合国人权理事会：《联合国土著人民权利宣言》，第 A/RES/61/295 号，第 10 条。

操纵。这还意味着确保参与这些协商的人，特别是权利捍卫者受到保护，免遭恐吓、骚扰或暴力。在享有健康的环境权利方面，特别报告员认为国家在批准可能影响到土著人所在地区的环境、矿产资源和水资源的项目时，应当确保听取了土著人民的意见，对其进行告知，确保其参与到项目的决策中。根据《人权与环境框架原则》的框架原则 9，土著人民的参与应当在决策的早期阶段才能确保其有效。而对于有重大环境影响的项目，国家要提前进行评估，并将评估结果以便捷有效的方式进行公开。这样做能够保障土著人民的知情权。[1] 而且在和土著人民进行协商的过程中，国家应确定受影响的土著人能够从该项目中获得的利益以及得益方式。各国必须规定有效公正的补救方法，保障土著人民的土地和自然资源。如果企业未提前获得土著人民的知情同意，就非法占用或者损害了土著人民的土地或者资源，那么受到影响的土著人民及其社区有权要求恢复原状或者得到合理的补偿。[2]

土著人民有权自由谋求他们的经济、社会和文化的发展，处置天然财富和资源，确保自己的生存手段不受剥夺。土著人民的权利和工商业的关系突出体现在，企业谋求经济、社会和文化发展和土著人民处置天然财富和资源的权利所产生的冲突。这种情况通常发生在采矿行业。[3]例如 INMET 公司的巴拿马铜业项目是开采世界上最大尚未开发的铜矿之一，该铜矿位于巴拿马城西部的 120 公里处，原住民居住在采矿权特许区域内。在该项目的开发早期，项目公司为了能够使矿山进行生产运作，就要求将当地居民重新安置到附近区域。而对于这一点，社区居民早就担心重新安置可能会扰乱他们的生活方式；还有一些原住民特别担心受到公司的暴力性强迫驱逐。由于该地区居民超过 2/3 是原住民，此时保障其事先知情和同意的权利，以及免受强迫驱逐的权利就显得尤其

---

〔1〕 联合国人权理事会：《与享有安全、清洁、健康和可持续环境有关的人权义务问题特别报告员的报告》，第 A/HRC/37/59 号，2018 年 1 月 24 日，第 11 页。

〔2〕 联合国人权理事会：《与享有安全、清洁、健康和可持续环境有关的人权义务问题特别报告员的报告》，第 A/HRC/37/59 号，2018 年 1 月 24 日，第 18 页。

〔3〕 Monash university university Castan Center for Human Rights Law, Human Rights Translated 2. 0- A Business Reference Guide, 2016, p. 21.

重要。因此，在接管该项目后，项目公司与重要的利益相关者进行磋商，重新制定了安置计划。公司保证重新安置的工程将会按照国际相关标准，透明公开地进行，同时还会尊重原住民文化和社区需求。[1]

实践中，土著人的权利在企业投资和建设项目中通常难以得到保障。2019 年，能源巨头法国电力公司（EDF）计划在瓦哈卡州墨西哥土著社区伊达尔戈大学（Unión Hidalgo）的土地上建设一座风电场。土著人社区的知情和同意权利在项目执行期间未得到尊重，导致了严重的两极分化和针对人权捍卫者的暴力升级。2020 年 10 月 13 日，该电力公司被传唤到巴黎民事法院出庭。法国电力公司被要求尊重伊达尔戈大学社区的权利，并暂停风电场项目，直到其遵守 2017 年通过的《人权警戒义务法》规定的警惕义务为止。[2]

四、移民

"移民"包括移徙工人、难民、寻求庇护者、永久移民和其他人在内，全球共有 1.75 亿多人口在出生地或国籍所在地以外的国家生活和工作，他们之中大多为移徙工人。对"移徙工人"一词，《保护所有移徙工人及其家庭成员权利国际公约》第 2 条第 1 款有如下定义："并非该国国民、却将要或已经在该国从事有报酬的活动的人员"。就适用于某些类别的移徙工人及其家庭成员的权利的界定，上述公约已取得新进展，这些人员包括："边境劳动者、季节性劳动者、船员、岸外装置上工作的劳工、流动工人、特定项目雇佣移民以及自谋职业工人"。[3] 由此可见，"移民"被用作一个中性术语，用来描述一组人，他们共同缺乏对所在国的公民归属感。它不妨碍国际法为难民、无国籍人、被贩运者和移徙工人等特定法律类别的人所规定的保护制度。

难民的定义因时间和地点不同而有所不同，但国际社会对难民困境

---

〔1〕 Monash university university Castan Center for Human Rights Law, Human Rights Translated 2. 0- A Business Reference Guide, 2016, p. 17.

〔2〕 ECCHR, Civil society space in renewable energy projects: A case study of the Unión Hidalgo community in Mexico, Policy paper, 2019, p. 9.

〔3〕 移徙工人委员会：移民常见问题，https：//www. un. org/zh/aboutun/structure/ohchr/cmw/faq. shtml，最后访问时间：2021 年 12 月 20 日。

的日益关注已导致普遍共识。根据 1951 年联合国《关于难民地位的公约》的定义，难民是由于有充分理由担心因种族、宗教、国籍、特定社会团体成员身份或政治见解而遭受迫害，不在其国籍国境内，并且无法或由于这种担心，不愿意利用那个国家的保护或返回那个国家，因为害怕受到迫害。[1] 虽然该难民公约中的定义已被联合国等国际组织使用，但该术语持续被误解，并且在日常语言中经常使用不一致。例如，媒体报道常常把难民与出于经济原因而移民的人混淆起来。如上所述，对移民没有如此精确和普遍的定义。必须强调，难民有权得到难民法的充分保护，包括免受驱逐或返回其生命和自由受到威胁地区的迫害。[2]

　　所有人不受歧视地拥有权利和基本自由，国家负有尊重、保护和实现这些权利和自由的首要责任和义务，这是国际法公认的原则。然而，在移民政策领域受到较少关注的一个问题是东道国社会对移民和难民权利应当承担的保障义务。经济、社会及文化权利委员会以前曾指出，寻求庇护者和无证移民由于其不稳定的状况，在享有《经济、社会和文化权利国际公约》权利方面特别容易受歧视，就该公约第 7 条规定的权利而言，移徙工人特别容易受剥削、被迫长时间工作、薪金不公平、工作环境危险且不利健康。[3] 人们普遍认为，所有个人，无论是国民还是非国民，都必须尊重所在国的法律和条例。移民也不例外。长期以来移徙工人被排除在涉及工作条件的法规保护范围之外，而且被剥夺了参加工会活动的权利。

　　因此，《保护所有移徙工人及其家庭成员权利国际公约》第 25 条规定，在工作权的享有方面，移徙工人享有的工作和就业条件应当不低于就业国国民。该公约中许多具体条款还保障合法移民享有结社权以及自由行动的权利。《保护所有移徙工人及其家庭成员权利国际公约》第

---

〔1〕《关于难民地位的公约》，A/CONF. 2/108/Rev. 1，1951 年 7 月 28 日。

〔2〕 United Nations High Commissioner for Human Rights, Differentiation between migrants and refugees, https：//www. ohchr. org/Documents/Issues/Migration/GlobalCompactMigration/Migrants-AndRefugees. pdf, April, 4, 2021.

〔3〕 经济、社会及文化权利委员会关于《经济、社会及文化权利国际公约》规定的国家对难民和移民的义务的声明，第 E/C. 12/2017/1 号，第 1 页。

31 条规定要求缔约国尊重移徙工人及其家庭成员的文化特性，并且不能阻止他们与原籍国保持文化联系。此外，《公民及政治权利国际公约》《经济、社会及文化权利国际公约》《消除一切形式种族歧视国际公约》《消除对妇女一切形式歧视公约》以及《儿童权利公约》等都要求在承担公约义务时无差别地对待移民。正如移民人权问题特别报告员在其 2014 年访问卡塔尔的报告中指出的那样，联合国《工商业与人权指导原则》要求企业避免和减轻与其业务相关的造成人权影响的活动，私营部门可以在结束对移民的虐待和剥削方面发挥重要作用。[1]

第三节　企业人权尽责中负面人权影响的评估机制

企业应当开展全面的范围界定，以识别贯穿各类运营与关系的所有业务领域，包括在供应链中的业务领域，因为负责任商业行为的风险在供应链中最可能存在且最为显著。相关要素包括有关行业、地理、产品和企业风险因素的信息等，包括企业已经面临或可能面临的已知风险。范围界定应让企业能够对最重要的风险领域开展初步的优先级排序，以备进一步评估。对于运营不太多元化的企业，尤其是小企业，可能无需界定范围，便可直接进入识别具体影响并对其进行优先级排序的阶段。[2]

一、评估负面人权影响的挑战

正如联合国《工商业与人权指导原则》所指出的，工商企业尊重人权的责任是指国际公认的人权，在最低限度上，可理解为下述内容：《世界人权宣言》《公民权利和政治权利国际公约》《经济、社会及文化权利国际公约》《国际劳工组织关于工作中基本原则和权利宣言》以及国际劳工组织的一系列基本公约。根据情况，工商企业可能需要考虑更

---

〔1〕　UN General Assembly, Report of the Special Rapporteur on the human rights of migrants, Human Rights Council, 23 April 2014, p. 2.

〔2〕　经合组织：《经合组织负责任商业行为尽责管理指南》，2018 年，第 26 页。

多标准，例如国际人道主义法、核心国际人权条约和其他普遍人权文书。

第一，企业在进行企业人权尽责评估时应考虑如何平衡权利之间的冲突，以及成本和利益。保护人们免受对其隐私、家庭、住宅或通信的任意、不合理或非法干涉，以及对其荣誉和声誉的非法攻击。即使根据国家的国内法授权，也禁止任意限制隐私。政府有责任防止国家代理人或雇主和媒体等私人机构对隐私的任意干涉。隐私权并非绝对。例如，政府可以通过保护合法公共利益所必需的措施来授权对隐私进行限制，包括公共秩序（如设置搜查令以便于侦查犯罪和逮捕犯罪嫌疑人）或国家安全（如合法地监视恐怖主义嫌犯）。在这个大量数据被存储、并且获取数据日趋复杂的情况下，公司的行为也可能侵犯隐私。在电子时代，隐私已成为一个特别重要的问题。公司经常参与大规模地收集客户、员工和其他利益相关者的个人数据，因此需要确保此类信息的机密性。否则，公司可能会侵犯隐私权或冒着参与其他侵犯人权行为的风险，例如，IT 或电信公司未经同意非法或任意将敏感客户数据移交给政府。

第二，注意到对企业人权尽责的评估和理解不当会导致：①对风险的曲解，即公司运营的思维模式是关注对企业的风险，而并非对工人、社区和消费者等权利持有人的风险。这会导致对完善人权尽责将如何改善整体风险管理方法的理解不足。内部和外部的传统型法律顾问因害怕信息披露而表现出不愿甚至拒绝执行是公司接受人权尽责的主要障碍；②未能首先解决最大的人权风险，并将重点放在可能相对容易处理的风险或在特定背景下受到关注的风险，如现代奴隶制或多样性，而不是对受企业活动和商业关系影响的人们可能面临的最重大风险进行客观评估；③太多的人权影响评估是以勾选练习的形式进行，没有与利益相关方进行有意义的接触，包括与弱势群体或遭遇风险群体接触以及听取人权维护者等群体的批评意见；大多数工商企业仍主要处于被动状态，而不是积极主动地尝试在潜在的人权影响出现之前予以查明，包括在早期阶段与可能受影响的利益相关方进行有意义的接触。[1]

第三，企业负面人权影响的评估面临控制和透明度的挑战。为了充分识别和评估其矿产供应链中的风险，经合组织尽职调查指南建议所有公司（上游和下游）对其矿产供应链建立控制和透明度系统。控制和透明度系统可以是监管系统或可追溯性方案，也可以是供应链中上游参与者的标识。控制和透明度系统的实施可能由公司驱动，或通过符合经合组织尽职调查指南的行业计划进行。[2] 如果公司决定通过行业计划或其他形式的合作建立控制系统，则尽职调查的个人责任仍由公司承担。对于上游公司，该系统可以是监管链系统或可追溯性系统。在以非正规手工和小规模采矿为主的地区运营的上游公司，建议最初的重点是建立具有适当文件和报告的基本监管链系统，而不是详细的可追溯性系统（如认证/装袋和标签或其他）。建议收集的文件包括有关原产地、原产地证书、开采矿产数量、税收收据（费用、支付的特许权使用费）和所有权等信息。[3] 但是在实践中，企业在采购时并没有全面搜集这些信息，并且及时进行公布。

二、企业人权影响评估程序要求

第一，咨询权利受影响人的意见。对于人权影响，征询受影响和潜在受影响的权利人的意见，并与之开展合作，权利人包括工人、工人代表与工会，以收集有关不利影响与风险的信息，同时考虑有效开展利益相关方参与潜在的障碍。如果不可能直接征询权利人的意见，考虑合理的替代方案，如征询可信、独立专家的意见，包括人权维护者、工会与民间社会团体。在实施可能影响权利人的项目或活动之前和期间，征询潜在受影响权利人的意见。[4]

---

〔1〕 联合国大会：《人权与跨国公司和其他工商企业问题工作组根据人权理事会第 17/4 号和第 35/7 号决议提交的报告》，第 A/73/163 号，2018 年，第 8 页。

〔2〕 OECD, Practical actions for companies to identify and address the worst forms of child labour in mineral supply chains, 2017, pp. 17~18.

〔3〕 OECD, Practical actions for companies to identify and address the worst forms of child labour in mineral supply chains, 2017, p. 18.

〔4〕 经济合作与发展组织：《经合组织负责任商业行为尽责管理指南》，2018 年，第 26 页。

第二，利益相关方参与评估。企业在进行企业人权影响评估时可以参考已获取的有关实际和潜在不利影响的信息，必要时，根据严重性与可能性，对最重要的负责任商业行为风险与影响优先采取行动。在不可能立刻消除所有潜在与实际不利影响的情况下，需要进行优先级排序。最重要的影响一旦得到识别与处理，企业应继续解决相对次要的影响。利益相关方参与涉及与有关利益相关方合作的互动过程。利益相关方参与可通过如会议、听证会或意见征询会等方式进行。有意义的利益相关方参与的特征是双向沟通，取决于双方的诚意。利益相关方参与还具有响应性，需要持续开展，包括在很多情况下与有关利益相关方进行合作再做出决定。这涉及及时提供潜在受影响的利益相关方与权利人所需的所有信息，使其能就企业决策将如何影响其利益做出知情决定。这也意味着，企业对于履行商定的承诺需要进行后续跟踪，确保消除对实际和潜在受影响利益相关方与权利人的影响，包括企业造成或助长影响时。[1]

为了评估私人投资的影响，前加拿大人权与民主组织（Rights & Democracy）设计了一套循序渐进的方法来指导社区和非政府组织。基于社区的人权投资评估采用自下而上的方法，这有助于增强受影响社区的权利主张和确保问责制。此类评估有助于表达受影响个人和当地社区的关切，使他们与参与的公共和私人行为体处于更平等的地位。[2]

---

〔1〕 经合组织：《经合组织负责任商业行为尽责管理指南》，2018 年，第 30~35 页。

〔2〕 Rights & Democracy（2011），Getting it Right：Human Rights Impact Assessment Guide. Available from：http：//hria. equalit. ie/en/index. html, lasted visited at December 15, 2021.

第六章　履行企业人权尽责的相关补救机制

如果工商企业确定其已造成或加剧了负面影响，则该企业的一项关键责任是通过合法程序提供补救，或在补救问题上给予配合，这可能涉及国家司法和非司法机制，以及非国家申诉机制。工商企业应建立或参与有效的业务层面申诉机制，并且申诉机制应满足《工商业与人权指导原则》原则 31 载明的某些核心标准。[1]

补救既指为不利的人权影响提供补救的过程，也指能够抵消或弥补不利影响的实质性结果。这些结果可以采取一系列形式，例如道歉、恢复原状、康复、经济或非经济补偿、惩罚性制裁（无论是刑事制裁还是行政制裁，例如罚款），以及通过禁止令或保证不重复等方式防止伤害。

获得补救既有程序性层面，也有其实质性层面。[2] 程序性层面是指在获得补救之前必须经过的步骤，实质性层面指最终可能获得的不同类型的补救，例如经济赔偿，行政性补救，预防性命令，在某些情况下还有惩罚性制裁。虽然制度可能提供的各种实质性补救是衡量程序的结果是否适当、充分和有效的关键，但如果受影响的个人由于程序、财政或实践原因而最初便无法获取补救，那么这些补救则只具有学术意义。厄瓜多尔在跨国公司和其他工商企业与人权的关系问题不限成员名额政府间工作组第六届会议中，提出为了确保世界社会经济复苏能遵循

---

〔1〕　联合国大会：《人权与跨国公司和其他工商企业问题工作组根据人权理事会第 17/4 号和第 35/7 号决议提交的报告》，第 A/73/163 号，2018 年，第 4 页。

〔2〕　人权理事会：《工商企业与人权：实施联合国"保护、尊重和补救"框架指导原则》，第 A/HRC/17/31 号，原则 25，评注。

《2030 可持续发展议程》，国际社会构建超越自愿性的标准具有重要意义，能够更好地保障在工商企业活动中受到损害者能诉诸司法。因此，工商业与人权的讨论应当始终着眼于诉诸司法问题，这将有助于围绕具有法律约束力的文书建立共识。[1]

下文将介绍在实践中，履行企业人权尽责所必不可少的相关补救机制。首先，补救机制是为了让人权受害者获得有效救济。而基于国家和基于非国家的非司法申诉机制应遵循以下原则，分别是：合法、无障碍、可预测和公平。其次，本章讨论了企业人权尽责机制存在的主要争议，即域外管辖问题和企业、母国及东道国的责任承担问题。最后，分析了从国家和企业两个层面基于国家的非司法补救机制、国家司法补救机制、企业业务层面的申诉机制等补救制度。

第一节　构建企业人权尽责补救机制的原则

《工商业与人权指导原则》原则 30 明确为了确保其有效性，基于国家和基于非国家的非司法申诉机制应遵循以下原则，分别是：①合法，即获得旨在供其使用的利益相关者团体的信任，并为公正地进行申诉程序负责；②无障碍，即为旨在供其使用的利益相关者团体所知晓，并为可能面临获取障碍的人提供充分的帮助；③可预测，即为每个阶段提供一个明确和已知的程序，并附有指示性的时限，并明确可用的程序和结果的类型以及监测执行情况的手段；④公平，即力求确保受害方能够以公平、知情和尊重的条件合理地获得必要的信息、建议和专门知识资源，以进行申诉程序。

国际人权制度的一项基本原则是，当一项权利受到侵犯时，受害者必须有办法获得有效的补救。《工商业与人权指导原则》中申明，国家的保护义务包括当其领土和/或管辖范围内的公司侵犯人权时，国家必

---

〔1〕　人权理事会，《跨国公司和其他工商企业与人权的关系问题不限成员名额政府间工作组第六届会议报告》，2021 年 1 月 14 日，第 A/HRC/46/73 号，第 3 段。

须保证受影响者能够获得有效补救。国家应当强化提高其司法效率，处理好司法机关的管辖权限问题。在司法机制方面，国家还需提供有效和适当的非司法申诉机制，使其能够审理和裁决与企业商业活动有关的人权申诉。国家和企业都需要遵循获得补救原则。企业应提供或参与有效的机制，以处理可能受到公司商业活动负面影响的个人和社区的投诉或者诉讼。多方利益相关者协商和调解也是一种有效的补救途径。

《工商业与人权指导原则》为基于国家或企业的非司法申诉机制列出了一份有效性标准清单。这些标准规定有效的申诉机制应是合法的、可获得的。当公司侵犯人权时，政府必须为受影响者提供有力和适当的补救措施，这些措施是可预测的、公平的、透明的和权利相容的。[1]简而言之，它们必须为公司侵犯人权的受害者提供真正的补救措施，而不应等同于沟通或政治演习。业务一级的机制应以与利益相关方团体的接触和对话为基础，这些利益相关方团体的权利应由它们加以补救。

一、合法

合法性是明确的立法授权。但是，需要进一步采取措施和保障行动，以确保国家非司法机制具有与其最终负责的部门相适应的独立性。独立性对于具有行政审查职能的国家非司法机制尤其重要。在同一部门的财务、政策或行政控制下的国家非司法机制，其预期审查的决定可能不合法或不可信。[2]其他提高国家非司法机制独立性的方法包括：建立一个独立的管理委员会负责其日常运作，将选举董事会成员和关键人员的责任委托给一个单独的机构。此外，该机构可以负责制定自己的规则和程序。要谨慎制定任命标准，以确保董事会成员和其他决策者独立于他们将要审理的案件的企业，避免潜在的利益冲突。

"侵犯人权"系指在商业活动中通过作为或不作为对任何个人或群体造成的任何直接或间接损害，妨碍充分享有国际公认的人权和基本自

---

〔1〕　联合国：《尊重人权的公司责任：解释性指南》，第 HR/PUB/12/02 号，2012 年，第 8~9 页。

〔2〕　联合国：《尊重人权的公司责任：解释性指南》，第 HR/PUB/12/02 号，2012 年，第 8 页。

由，包括享有安全、清洁、健康和可持续环境的权利。"商业活动"是指自然人或法人（包括国有企业、金融机构和投资基金）从事的任何经济或其他活动，包括但不限于商品和服务的制造、生产、运输、分销、商业化、营销和零售，跨国公司、其他商业企业、合资企业以及自然人或法人承担的任何其他商业关系。这包括通过电子手段进行的活动。

通过确保随时获取技术和科学专业知识可以增强国家非司法机制的合法性和可信度，而这对于事实调查可能很重要。在环境法领域，这可以通过一系列方式实现，这些方式取决于有关机构的技术需求，可能包括工作人员中安排的常设技术专家、技术咨询委员会、决策小组的技术专家（常设性的或临时性的），特别任命的在个案中提供专家证词的技术专家，以及在审讯或对抗性程序中管理专家证人的其他方法，包括联合专家报告。[1] 创建多学科小组（即法律和技术专业知识的混合）并不局限于环境法领域。越来越多的劳动法庭和其他争端解决机制包括决策小组中的"非专业"成员，这些成员因其技术或部门专业知识而被选中。

二、无障碍

为旨在供其使用的利益相关者团体所知晓，并为可能面临获取障碍的人提供充分的帮助；需要确保其可及性和可得性。《工商业与人权指导原则》提醒我们，在诉诸该机制时面临的壁垒可能包括缺乏对该机制的认识、文献、费用和担心报复等问题。许多国家非司法机制使用网络资源与潜在用户进行交流；但是，还需要为那些不能获得在线设施的人开发替代品。作为一项持续性工作的一部分，劳动监察机构、监管机构和争端解决机构有权（或应该）进行检查，以确认有关工人权利及如何行使这些权利的信息是否得到了适当的展示，以及是否以可理解的格

---

〔1〕 Peston, Characteristics of Successful Environmental Courts and Tribunals, *Journal of Environmental Law* 26, 2014, pp. 365~393.

式和适当的语言有效地传达给了工人。[1] 消费者申诉机构使用一系列技术来扩大服务范围，包括通过贸易协会、在线交易平台、媒体和广告以及消费者保护团体。

与此同时，人权高专办以往的工作证实，诉讼费用仍然是工商业有关的侵犯人权行为被诉诸司法的最重要的障碍之一。法院的诉讼费用是全球范围内替代性争端解决机制大量出现和被使用的关键动因。国家非司法机制可以通过多种方式帮助降低获取补救的费用，包括不需要或需要极少额的申诉费用。集体补救机制允许受大规模人权问题影响的个人集中资源，并集体采取法律行动，是减少个人诉讼费用的一种极为重要的方式。如果没有这种机制，受害者可能会得不到任何有效的补救，尤其是在个人法律费用超过每个受害者潜在可获赔偿的情况下。集体补救机制现已在全世界的司法机制中被广泛使用，并且也越来越成为替代性争端解决机制的一个特征。[2] 2013 年，欧洲委员会通过了一项欧盟成员国集体补救机制共同原则建议书。会员国确保司法集体补救机制附有诉讼之前和整个诉讼期间各方可用的适当的集体替代性争端解决方式。[3] 该建议书涉及欧盟法律和条例的若干不同领域，包括消费者保护、竞争、环境保护、个人数据保护、金融服务立法和投资者保护。

三、可预测

运作良好的国家非司法机制提供地网络资源包括可供下载的申诉表格和"自助"指南，以及有关争端解决或申诉过程的阶段和可能的时间标准的进一步信息。已公布的调查实施政策，执法策略和机构正式制裁违反标准的方法，也有助于决策的可预测性和一致性。

例如捷克在其国家人权行动计划中建议企业利用友好解决争端的替

---

〔1〕 Ebisui, Cooney and Fenwick（eds）Resolving Individual Labour Disputes: A Comparative Overview（ILO）, 2016, p.15.

〔2〕 I. Benöhr, Collective Redress in the Field of European Consumer Law, 41 *Legal Issues of Economic Integration*, Issue 3, 2014, pp.243~256.

〔3〕 Commission Recommendation of 11 June 2013 on common principles for injunctive and compensatory collective redress mechanisms in the Member States concerning violations of rights granted under Union Law, Article 26.

代机制，支持此类替代性解决机制的形成和发展，并将其作为一种选择提供给其合作伙伴和客户。捷克贸易检查局、能源监管局、捷克电信局、金融仲裁员和某些其他授权实体构建起了国家保障的消费者纠纷解决体系。工业和贸易部可授权其他实体在提出请求并遵守法定条件的情况下参与消费者纠纷的解决。[1]

四、公平和公正

公平原则要求力求确保受害方能够以公平、知情和尊重的条件合理地获得必要的信息、建议和专门知识资源，并进行公正的审判。国际人权条约都明确了受害者享有这项权利。《消除一切形式种族歧视公约》第5条规定了"保证人人有……在法律上一律平等之权，尤得享受下列权利：在法庭上及其他一切司法裁判机关中平等待遇之权"。《禁止酷刑和其他残忍、不人道或有辱人格的待遇或处罚公约》第14条规定"缔约国应在其法律体制内确保酷刑受害者得到补偿，并享有获得公平和足够赔偿的权利"。此外，公正听审或审判的最重要标准是"等臂"原则，即控辩双方之间法律地位平等，不论是原告还是被告。这就意味着，双方都对法庭上的信息享有知情权，并同样能够在法庭面前陈述各自的观点。因此，《公民权利和政治权利公约》第14条第1款规定，人人在法院或法庭之前，悉属平等。

第二节　企业人权尽责补救机制的主要争议

企业人权尽责补救机制存在的争议主要是在管辖权领域。跨国公司的域外经营活动对东道国的人权保障造成了威胁。部分发展中国家本身法律制度不健全、局势动荡、加上政府治理能力不足，使得原本应当由

---

〔1〕 Czech Republic, National Action Plan for Business and Human Rights 2017-2022, p. 50~51.

东道国加以规制和解决的企业侵犯人权问题被遗留下来。[1] 受害者不得不寻求母国的司法救济，但是这就引发了对不方便法院原则能否适用，以及母国如何将其相应的法律规定进行域外适用的问题。

一、域外管辖问题

经济全球化为国际贸易的发展提供了广阔的空间，同时也使跨国公司迅速发展，使他们实施跨国垄断行为的能力不断增强，其影响也日益具有国际性。跨国公司虽然从事跨国投资经营活动，但其行为应当受到国家的管辖。而鉴于跨国公司组织结构的复杂性，可能有多个子公司，而且通常母公司和子公司分属不同国家。因此，在遇到纠纷和诉讼时，母国和东道国不可避免地会产生管辖权的冲突，也就引发了域外管辖问题。目前国际人权法一般不要求各国规范在其管辖范围内的企业的域外活动。各国政府越来越多地采取具有域外效力的国内措施，以帮助防止与公司有关的国外人权损害，例如出口信贷机构要求公司进行人权尽责，以此作为获得资金的条件。如前所述，各国政府还对公司，包括其全球业务提出了人权报告要求。此外，越来越多的国家法院同意审理针对海外子公司行为的母公司的案件。同时，有必要探讨在多大程度上母国政府可以要求跨国企业为其在东道国侵犯人权的行为承担责任。跨国公司一般受东道国国内法的约束，应当遵守而不是干涉东道国的社会、政治和经济政策。但更多挑战发生在东道国没有能力有效监管跨国公司侵犯人权行为的情况下。[2] 对于国家的司法补救机制，首先引发热议的是域外管辖问题。人们已经认识到跨国公司犯下的大多数侵犯人权行为往往发生在东道国领土内。在大多数情况下，如果东道国是发展中国家或最不发达国家，要追究跨国公司对此类违法行为的责任变得非常具有挑战性。其中最经常被引用的例子是美国的 1789 年《外国人侵权法》。这部法案允许人们向美国联邦法院提起有关域外行为的诉讼。这

---

〔1〕 Heike Krieger, Anne Peters, Leonhard Kreuzer（ed）, *Due Diligence in the International Legal Order*, Oxford University Press, 2020, pp. 5~6.

〔2〕 Qingxiu Bu, Chinese Multinational Companies in Africa: The Human Rights Discourse, *African Journal of Legal Studies* 8, 2015, p. 48.

一条款被美国法院有意地解释为，他们对在美国注册或与美国有持续商业关系的公司有管辖权，在这些企业行为中，外国人是违反国际法的受害者。[1] 不论侵犯行为发生在何地，受害者可以向有关公司寻求赔偿，不论公司是否直接或间接地参与了国家代理人实施的行为。

（一）《外国人侵权法》的适用

《外国人侵权法》是一项 18 世纪的美国法规，授予美国联邦地区法院对外国人违反国际法或美国条约的侵权行为提起的任何民事诉讼的原始管辖权。该法案为外国国民就违反国际法的侵权行为提起诉讼提供了依据。该法令在 1789 年颁布后的近两个世纪里几乎没有什么用处，但自 1980 年以来，原告经常试图利用《外国人侵权法》起诉美国国内公司和外国公司，理由是在此前几十年中这些公司在美国境外协助和教唆从事违反国际法的行为。目前在大约 60 个国家已有就 20 多个行业的公司提起的 150 多起《外国人侵权法》诉讼。这些潜在的索赔对在侵犯人权现象普遍的司法管辖区内经营或采购产品的公司造成了巨大的财务和声誉风险。[2] 过去几年里，美国最高法院一直在通过案例法解释来缩小《外国人侵权法》的适用范围，其中不可忽视的两个案件是索萨案和柯欧贝案，因为它们确立了《外国人侵权法》的解释标准。美国联邦最高法院在索萨案中已经明确了这一点，并且声明与当时的国际法进行类比，同样可以根据《外国人侵权法》向司法机关起诉，因为在索萨案中，最高法院认定《外国人侵权法》允许美国法院承认联邦普通法的诉讼事由。[3] 索萨案是有关缉毒署（DEA）授权被告索萨和其他墨西哥国民从墨西哥绑架原告阿尔瓦雷斯·马其安。阿尔瓦雷斯也是一名墨西哥国民，他在无罪释放后，根据《联邦侵权索赔法》（FTCA）起诉美国政府部门进行了虚假逮捕，并根据《外国人侵权法》起诉索

〔1〕 W. S. Dodge, Corporate Liability Under Customary International Law, 43 *Georgetown Journal of International Law*, 2012, p. 1045.

〔2〕 Wetzel R M, *The Alien Tort Statute*, Springer International Publishing, 2016. pp. 23 ~ 50.

〔3〕 W. S. Dodge, Corporate Liability Under Customary International Law（2012）43 *Georgetown Journal of International Law* 1045.

萨等人的绑架行为违反国际法。这是一个具有里程碑意义的案件，联邦最高法院批准《外国人侵权法》作为纠正某些侵犯人权行为的手段。联邦最高法院的结论是，根据《外国人侵权法》引发责任的行为必须"基于文明世界接受的国际性规范"，并且此类规范必须是"具体、普遍和强制性的"。在此基础上，联邦最高法院认定"海盗行为"以及"酷刑、种族灭绝、危害人类罪和战争罪"属于《外国人侵权法》的适用范围。[1]

美国联邦最高法院在柯欧贝案中则对《外国人侵权法》的适用范围进行缩小，其得出结论，非美国公司不能因发生在美国境外的行为而根据《外国人侵权法》被起诉，因为这是一项不具有治外法权的推定。为了克服这一推定，索赔必须具有足够的联系并涉及美国领土，以所涉企业在美国设有公司为由是不够的。柯欧贝案确立的联系标准意味着，在确定一项法规（如《外国人侵权法》）是否适用于发生在美国境内和境外的行为时，法院应审查该法规"重点"的行为发生在何处。如果该法令关注的重点行为发生在外国，则该法令不能进行域外适用。[2]美国联邦最高法院自己也承认《外国人侵权法》是有关管辖权的法规，因此它只对违反符合索萨案件要求的国内法的行为规定了管辖权和裁决法庭，而不将本国法律适用到外国领土。该法案的目的是明确具有管辖权的法院，进而确定诉讼双方的权利和义务。这些权利义务来自国际法，而非美国国内法。国际私法最基础的历史成果是国际司法管辖权体系的多元化。因此，美国的司法管辖权不必与其他国家的标准相一致，也不必把管辖权让给那些在被认为关系更密切的法院。唯一需要做到的是当与主张管辖权的国家有充分联系时，应以合理的方式行使管辖权。[3]

2020年7月2日，美国联邦最高法院同意根据《外国人侵权法》

---

〔1〕 Sosa v. Alvarez-Machain, Nos. 03 339 and 03 485, Opinion, US Supreme Court, June 29, 2004.

〔2〕 US Supreme Court, Esther Kiobel et al. v. Royal Dutch Petroleum et al., No. 10-1491, Opinion, April 17, 2013.

〔3〕 王秀梅:《国家的域外人权义务刍议》，载《商情》2016年第43期。

对雀巢美国公司（Nestle USA, Inc.）和嘉吉公司（Cargill, Inc.）提起诉讼，审理涉及其供应链中违反国际人权的指控。雀巢美国公司和嘉吉公司被指控通过与科特迪瓦可可生产商的商业关系，在美国总部协助和教唆强迫劳动、儿童奴役和酷刑。美国联邦最高法院在雀巢美国公司和嘉吉公司提出上诉后，就《外国人侵权法》的范围作出了最新裁决。首先，第九巡回法庭认定雀巢美国公司和嘉吉公司协助和教唆违反国际性规范，原因是涉案企业与西非供应商之间存在"独家买方/供应商关系"，并且它们还向该地区种植可可的农民提供了财政和技术支持，意味着这些公司对于科特迪瓦的可可生产有着足够强大的控制力。这些公司试图购买最便宜的可可，意味着延续建立在儿童奴役基础上的劳动。第九巡回法庭还发现，雀巢美国公司和嘉吉公司的美国公司行为推翻了对美国法律域外适用的推定，尽管原告的权益是在科特迪瓦受到伤害。但是案件所涉公司的行为符合索萨案件建立的标准，因为它们经常让美国总部的员工检查科特迪瓦的业务，并向融资安排发源地的美国办事处报告；通过提供财政和技术支持，同时知道这些支持将加剧儿童奴役。因而，这些公司从美国总部构建起了一个以奴隶为基础的供应链。[1]随后，涉案的公司提起了上诉。目前最新的进展是，美国最高法院推翻了美国上诉法院对第九巡回法院判决的裁决，并将案件发回重审，以进行进一步的诉讼。

近年来，美国法院一直在澄清和缩小《外国人侵权法》的适用范围，多数人的决定符合这一趋势，因为它拒绝了原告依赖《外国人侵权法》对美国公司提起仅涉及美国境内有限行为的索赔的可能性。然而，法院在是否应根据《反兴奋剂公约》提出新的诉讼理由的问题上存在分歧。在这个问题上的司法分歧不太可能在近期内得到解决；正如几位大法官所指出的那样，这一问题的唯一最终解决方案可能掌握在国会手中。

（二）不方便法院原则的突破

不方便法院原则起源于 1610 年的苏格兰。国际民事诉讼中的不方

---

〔1〕 US Supreme Court, Nestle USA, inc. v. Doe et al., No 19-416, June 17, 2021.

便法院原则，是指一国法院根据其国内法或有关国际条约的规定，对国际民事案件有管辖权，但从当事人与诉因的关系以及当事人、证人、律师或法院的便利、费用等角度看，审理该案是极不方便的，而由外国法院审理更为适当，因而放弃管辖权的情况。被告若要以"不方便法院"为由抗辩原告在某一法院的起诉，就必须举证证明该法院为不方便法院。[1]

目前在司法领域，为了应对跨国企业诉讼的障碍，不少国家在管辖权问题上突破了原有的不方便法院原则。最近，英国最高法院驳回了韦丹塔和 KCM 公司的上诉，并且裁定英国法院对赞比亚矿业公司及其英国母公司的疏忽和违反法定义务的索赔有管辖权。此案的裁判理由有三点：其一，针对重新修订的《布鲁塞尔条例》[2] 第 4.1 条规定了"在不违反本条例的情况下，居住在成员国的人，无论其国籍如何，均应在该成员国的法院受到起诉"。该条款赋予任何索赔人（无论其住所为何）在英国起诉英国籍被告的权利，不考虑其与其他司法管辖区的联系。法官也考察了该上诉不符合管辖权的合理性要求以及尊重关于管辖权的初审决定的先例。[3] 其二，法官和上诉法院都支持索赔人在实际问题和适当地点上的观点。此外，他们都赞同，即使赞比亚本来是提出索赔的适当地点，索赔人也确实有可能无法在赞比亚司法管辖区获得实质公正。而就"适当地点"判断是为了一个单一的司法管辖区，在该司法管辖区内，对所有被告的索赔是最适合进行审判的。韦丹塔在庭审时提出接受赞比亚法院的司法管辖，以便整个案件可以在那里审理。然而，有确凿证据表明，在该外国管辖区内，确实存在无法获得实质性司法公正的风险。法官提出了两点理由：一是该案件的所有索赔人都处于极端贫困的情况下。在赞比亚，他们不会为此索赔获得法律援助，也不

---

〔1〕 李祥俊：《论国际民事诉讼程序中的不方便法院原则》，载《当代法学》2001 年第 4 期。

〔2〕 Recast Brussels Regulation（Regulation［EU］1215/2012 on Jurisdiction and the Recognition and Enforcement of Judgments in Civil and Commercial Matters），Article 4.1.

〔3〕 Vedanta Resources PLC and another v Lungowe and orthers［2019］UKSC 20, 10 April 2019, pp. 4~7.

能通过有条件费用协议获得资金，因为这在赞比亚是非法的。二是赞比亚国内缺乏足够的实质性和经验丰富的法律团队，能够帮助索赔人进行这种规模和复杂性的诉讼。再加上案件的原告是有丰富资源的商业企业。对此，法官的结论是在赞比亚国内诉讼不仅是存在真正的公正风险，而且索赔人很可能无法诉诸司法。[1] 其三，针对初审法院是否存在法律错误，英国最高法院法官对案件的法律依据进行了细致的审理，法官和上诉法院都认定原告在该案件对被告是具有可审理的法律事项。[2] 这一备受期待的决定对其子公司和供应商在海外运营的英国跨国公司产生了重要影响，特别是在环境和人权受到不利影响的风险较高、索赔人在获得有效司法补救方面面临实际障碍的地区。这也是一项重要的决定，因为潜在的索赔人有动机在其本国司法管辖区内寻求针对跨国公司的司法补救。人权领域的管辖权问题不同于一般的管辖权理论，后者允许各国根据国籍、保护和普遍原则制定域外规定。人权领域的管辖权问题指的是各国对个人的保护限度，其中一国的保护在另一国的保护开始时结束。因此，管辖权的目的是尽可能适当地划定一个国家应当保障人权范围。它应当被视为扩大个人权利受到保护的机会，而不是限制。[3]

当我们谈到治外法权时，我们主要考虑的是对作为或不作为的授权，这是实体法的一部分。有人试图将这些授权置于与国家主权有关的实体权力框架之外，而不是置于法院行使管辖权的范围之内。[4] 但是在实践中，大部分法律还是讨论法院管辖权问题。法国《人权警戒义务法》也突破了不方便法院的限制，允许对在法国的跨国公司域外行为进行诉讼。2021年3月3日，卡西诺集团被诉至圣埃蒂安（法国中东部）

〔1〕 Vedanta Resources PLC and another v Lungowe and orthers〔2019〕UKSC 20, 10 April 2019, pp. 32~33.

〔2〕 Vedanta Resources PLC and another v Lungowe and orthers〔2019〕UKSC 20, 10 April 2019, pp. 23~24.

〔3〕 Patricia Rinwigati Waagstein, Justifying Extraterritorial Regulations of Home Country on Business and Human Rights, *Indonesian Journal of International Law* 16, 2019, p. 368.

〔4〕 F. J. Zamora Cabot, Kiobel and the Question of Extraterritoriality（2013）2 *The Age of Rights* 9.

司法法庭。因为其在美国南部出售牛肉制品，这与砍伐森林和夺取土著人民的土地有关。根据 2017 年 3 月通过的法国《人权警戒义务法》，这是大型超市连锁店首次因其供应链中的毁林和侵犯人权行为而被起诉。然而，自 2017 年以来，卡西诺集团一直受到法国《人权警戒义务法》的约束，该法律要求集团采取适当措施，防止其活动及其子公司、供应商和分包商的活动严重侵犯人权、环境、健康和安全。尽管集团明确承认巴西牛肉供应链存在极其严重的风险，但其在这一领域的政策明显缺乏。该集团通过其子公司成为巴西的大型零售商。它在巴西拥有 15% 的市场份额，而拉丁美洲市场几乎占该集团全球营业额的一半（47%）。2020 年 6 月，非政府组织对其经营行为发布了一份谴责性报告，强调了参与非法砍伐森林的几个农场与卡西诺超市出售的产品之间存在联系。仅这些农场就造成了 4497 公顷的森林被砍伐。巴西的土著人组织要求该集团赔偿对其祖传土地的损害以及对其生计的影响。[1]

二、企业、母国和东道国的责任承担问题

公司的法律结构使得国家很难追究公司的责任。目前的研究注重加强对投资者权利的保护问题，这往往超出国家法律的范围，为投资者提供通过国际仲裁而不是国家法院解决其诉求的权利。投资条约可能与国家保护人权的义务相冲突，通过国际程序解决投资者与国家之间争端的威胁对发展中国家的监管措施产生了"寒蝉效应"。投资者——国家争端解决程序造成了力量的不平衡，因为它们只为企业利益相关方提供补救办法。[2] 即使有可能找到一个适当和准确的定义，说明什么样的非国家行为者应受人权约束，仍然有必要规范国家与非国家行为者之间的确切问责关系。约翰·鲁格曾警告说，对跨国公司施加与国家相同的义务将导致国家和企业之间的"无休止的战略博弈"。为了避免国家试图将责任转移到法人身上，反之亦然，有必要明确界定谁对侵犯人权行为

---

〔1〕　EIA, Tainted Beef. How criminal cattle supply chains are destroying the Colombian Amazon, May 2021, pp. 5~10.

〔2〕　联合国大会：《跨国公司和其他工商企业与人权的关系问题不限成员名额政府间工作组第二届会议报告》，第 A/HRC/34/47 号，2017 年，第 7 页。

负有主要责任。[1] 特别难以解决的是那些根据立法规定或政府命令行事的非国家行为者造成人权损害情况。

在环境责任的层面，随着国际社会越来越关注气候变化和环境保护，在跨国投资领域的环境责任得到了突破性的发展。目前，依据国际环境法，针对跨国环境损害的责任承担问题，东道国、母国和企业都要承担共同但有区别的责任。东道国不能为了吸引外商投资，而故意降低环境标准，纵容企业破坏环境的行为。而母国有责任防止其国民或者企业在境外从事污染环境的行为，并且应当为这种跨境环境损害提供有效救济。最重要的是，东道国应确保公司遵守与保护环境有关的国内法律。因此，在奥戈尼兰一案中，非洲人权和人民权利委员会发现，各国政府有义务通过各种方式保护其公民，不仅包括通过适当的立法和有效的执法，而且还包括通过保护公民免受私人机构实施的破坏性行为的影响。[2] 美洲人权法院和欧洲人权法院也作出了类似的裁决。在奥戈尼兰一案中，该委员会认为尼日利亚政府违反了《非洲宪章》第 21 条的规定，为私营部门特别是石油公司开绿灯，对奥戈尼地区的环境造成了毁灭性的影响，尽管政府有义务保护人们不受干扰地享有其权利，但这一作法没有满足对政府的最低要求。[3] 英国最高法院裁定，英国法院有管辖权审理 40 000 多名尼日利亚人针对英国母公司及其尼日利亚子公司提出的与该子公司据称造成的不利环境和人权影响有关的索赔。这一备受期待的判决是在英国最高法院于 2019 年对隆戈韦（Lungowe）诉韦丹塔（Vedanta）资源有限公司一案作出里程碑式裁决之后作出的。这证实了索赔人必须满足的法律标准，以确定母公司对其子公司活动负有的注意义务。这项新的决定还提供了对可能导致这种注意义务和违约

---

[1] John Ruggie, Business and Human Rights: The Evolving International Agenda, *The American Journal of International Law* 2007, p. 286.

[2] The Social and Economic Rights Action Center and the Center for Economic and Social Rights v. Nigeria, Communication 155/96 (30th Ordinary Session held in Banjul. The Gambia. 13–17 October 2001), para. 57.

[3] United Nations Environment Programme Report, Environmental Assessment of Ogoniland, August 2011, available at: www. unep. org/nigeria, last visited at December 15th, 2021.

责任的因素和情况的洞察。[1]

根据上述分析，环境保护应当作为公司、东道国和母国共同承担的责任。这种共同责任始于紧急状况下的通知义务。关于污染危机时的义务在一系列文书中加以规范。[2] 核事故也是如此。[3] 1986 年《及早通报核事故公约》规定适用于"缔约国或其管辖或控制下的人或法律实体的设施或活动"。虽然日本将 2011 年福岛核事故通报给了国际原子能机构（IAEA），但这是否可以被视为对邻国的充分通知是值得怀疑的。这些国际文书旨在确保国家当局之间的信息交流，从而将对环境的损害降到最低。国家有必要建立沟通渠道，也有义务分享此类信息。因此，公司应立即将这些信息提供给相关国家当局。未能履行紧急状况的通知义务，将会导致国家责任和相关公司责任。国家和公司之间分担责任的例子还有《联合国海洋法公约》，该公约不仅禁止国家，而且也禁止自然人和司法人员侵占部分海床或其矿物。未经国家或国际海底管理局的许可，公司不得勘探矿物，包括石油。[4] 在给予这些许可的同时，各国还承担责任，以防勘探对环境造成损害。旨在保护环境的国际文书需要承认公司在其中的重要作用，并直接从责任的角度来处理这些问题。共同的国家责任模式也将发挥重要作用，特别是在没有国家行使管辖权的地区，如公海发生环境污染时。

第三节　以国家为基础的补救机制

根据特别代表约翰·鲁格的《工商业与人权指导原则》，在补救机

---

〔1〕　Okpabi and others（Appellants）v Royal Dutch Shell Plc and another（Respondents）[2021] UKSC 3, 12 February 2021.

〔2〕　UNEP Regional Seas Conventions, Article 198 of the 1982 UNCLOS, Chapter 9.

〔3〕　See IAEA Guidelines on Reportable Events, Integrated Planning and Information Exchange of 1985（IAEA Doc. INFC1RC321）.

〔4〕　See the Regulation and Recommendations adopted by the International Seabed Authority under the 'Mining Code', available at：www. isa. org. jm/mining-code, January 6th, 2021.

制层面，国家应当提供司法申诉机制和非司法申诉机制，为企业侵犯人权的行为提供救济。为确保其有效性，这些方法应符合以下标准，即合法、可获得性、可预测性、平等性、透明、权利兼容、有持续的学习来源等。[1] 而 2016 年 6 月 30 日，人权理事会以协商一致方式通过了第32/10 号决议，鼓励人权事务高级专员办事处在改进问责制和为商业相关人权滥用受害者提供救济方面继续工作，并明确人权事务高级专员办事处的职责。[2]

尽责应当是一个持续的过程，认识到随着企业运营和运营环境的演变，人权风险可能会随着时间的推移而发生变化。当开展一个新的活动和/或建立一个新的商事关系的时候，尽责程序应当尽早被启动。即使发生在缔约国的工商业企业或其业务伙伴不愿意或不能够履行他们的义务，去保障市民的人权时，尽责程序也应当被适用。根据《工商业与人权指导原则》的规定，各国有责任采取适当步骤，使得据称受到侵犯人权影响的人有寻求有效补救的途径。获得补救的途径包括司法、行政、立法和许多其他适当的补救手段。因此，美国指出，并不是所有的损害都必须通过其国内法院的可单独执行的司法补救措施得到补救。但是，并非所有国家都有适当的机制。关于美国的补救措施，美国政府将继续和通过针对经合组织的具体实例程序的活跃的美国国家联络点（USNCP）和通过世界银行的"被盗资产追回计划"，为申诉机制潜在补救提供途径。美国政府还将通过其对外援助计划致力于加强其他国家的司法系统；通过参加联合国、经合组织、劳工组织以及其他跨国组织和论坛，在国际上建立强有力的补救机制的共识；通过与有关利益相关者国内磋商来推进其补救议程。[3]《国际私人保安服务提供者行为守则》规定了一种创新的申诉机制，通过该机制可以惩罚商业企业的侵权

[1] 人权理事会：《保护、尊重和救济：工商业与人权框架人权与跨国公司和其他工商企业问题秘书长特别代表约翰·鲁格的报告》，第 A/HRC/8/5 号，2008 年，第 15 页。

[2] Human Rights Council: Resolution adopted by the Human Rights Council on 30 June 2016 - 32/10.

[3] America, Responsible Business Conduct- First National Action Plan for The United States of America, December 16, 2016.

行为。员工或第三方可以提出索赔。其他多利益相关方倡议正在讨论针对受影响方的类似联系点。

一、基于国家的非司法申诉机制

2013 年，人权高专办启动了一项程序，帮助各国加强落实《工商业与人权指导原则》的第三个支柱，尤其是在与工商业有关的严重侵犯人权行为的案件中。2014 年 11 月，根据人权理事会的授权，人权高专办启动了问责和补救项目。问责和补救项目的第一阶段（"问责和补救项目 I"）一直持续到 2015 年，并于 2016 年 6 月向人权理事会提交了一份报告。[1] 出于战略和实践原因，第一阶段的工作重点关注司法机制。[2] 正如《工商业与人权指导原则》明确指出的那样，运行良好的司法机制"是确保获得补救的关键"。[3] 在 2016 年 6 月的第 32/10 号决议中，人权理事会鼓励联合国人权事务高级专员加强以下工作，包括对与工商业有关的侵犯人权行为问责的研究，探索受害者获取补救途径的良好实践和经验总结，并对有关问责和补救机制研究的报告表达了欢迎。人权理事会随后要求人权高专办继续研究对企业侵犯人权行为的补救。具体而言，是查明并分析改善与工商企业尊重人权相关的国家非司法机制的效力（包括在跨国案件中的效力）方面的经验教训、最佳做法、挑战和可能性，并就此提交一份报告，供人权理事会第三十八届会议审议。

（一）定义

《工商业与人权指导原则》将申诉机制定义为基于国家的或非基于国家的，可以通过司法或非司法程序来解决与商业有关的侵犯人权的申诉和补救。非国家救济机制在设计商业和人权领域的整体救济制度方面发挥着重要作用，因为这使权利所有人能够在国家救济制度之外寻求救

---

〔1〕　人权理事会：《加强问责和改善与工商业有关的侵犯人权行为受害者获取补救的途径：指南的解释性说明》，第 A/HRC/32/19/Add.1 号，第 3 页。

〔2〕　人权理事会：《加强对与工商企业有关的侵犯人权行为的问责、改善受害者获取补救的途径》，第 A/HRC/32/19 号，第 3 段。

〔3〕　联合国大会：《工商业与人权指导原则：实施联合国"保护、尊重和补救"框架》，第 A/HRC/17/31 号，指导原则 26 和评注。

济行动。在这方面，各国必须研究如何便利这种非国家补救机制处理与商业企业有关的侵犯人权行为。一种非国家机制是指由企业单独管理，或与利益相关者共同管理，或由经济协会管理，或由利益相关者多边团体管理。这使工商企业和社区能够发展对话、衡量、解决或补救的空间。[1]

基于国家的非司法申诉机制被定义为，当个人（或群体）的人权受到工商业活动的不利影响时，可就其寻求补救的机制（而不是法院）。一些司法机制（特别是劳工、环境和消费者法领域的司法机制）越来越多地利用更非正式和更灵活的申诉处理和争端解决方法。但是，具备某些特征的机制更有可能被归类为非司法机制，即：①它们由行政部门而非政府的司法部门管理，并对其负责；②它们的决策小组可以被设计用以提供法律、技术、非专业和专业混合知识；③它们根据监管制度建立（例如消费者保护制度、保护就业权利的制度、保护公共安全的制度或环境保护制度）；④他们使用替代性争端解决方法，例如和解或调解。[2]

（二）针对的主要争端类型

基于国家的非司法申诉机制主要针对的工商业与人权争端类型是在工人对侵犯国际公认的劳工权利的申诉；[3] 消费者在各种情况下的申诉。例如，产品安全，医疗保健；提供基本服务的问题，包括公用事业、私有化和外包服务；以及关于违反环境标准的申诉。

第一，工人对侵犯其劳工权利的争端大多采取非司法机制。薪酬纠纷、合同条款纠纷和违反关于雇佣关系的法律标准（如有关不公平解雇、歧视或产假福利的标准）的纠纷都是通过一个专门的调停和判决系

---

〔1〕 人权理事会：《保护、尊重和救济：工商业与人权框架人权与跨国公司和其他工商企业问题秘书长特别代表约翰·鲁格的报告》，第 A/HRC/8/5 号，2008 年，第 20 页。

〔2〕 人权理事会：《加强对与工商企业有关的侵犯人权行为的问责、改善受害者获取补救的途径》，第 A/HRC/32/19 号，第 4 页。

〔3〕 《国际劳工组织关于工作中的基本权利和原则宣言》（1998 年）承诺会员国尊重和促进四类原则和权利：①结社自由和有效承认集体谈判权利；②取消强迫或强制劳动；③废除童工；④消除就业与职业歧视。

统来处理的（如劳工法院和就业法庭），类似于民法解决争端的流程。在许多管辖区内，这些案件由专门的司法机制处理（例如专业劳工法院）。然而，法律程序可能包括调解和/或和解阶段，在该阶段中，法院将向争端各方提供指定的调解员，或者可以使用法院附带的特别调解服务。[1] 在某些管辖区内，这种调解或和解程序是强制性的。不进行这些程序，可能会受到惩罚，例如使得补救金额降低。[2] 此外，关于工作场所卫生和安全的申诉更有可能由相关的公共执法机构（例如劳动监察机构或卫生和安全执法机构）处理。执法机构在收到此类申诉时采取的行动，以及执法机构与原申诉人间的后续关系和互动，均由机构自身的内部政策和程序调整。

　　第二，消费者对违反消费者保护标准的申诉。消费者保护制度的共同特征是包括国家非司法机制，它们为消费者提供快速便宜的法院执法替代性方案。这些非司法机制可以采取"仲裁式委员会"的形式，[3] 或者越来越普遍的监察员争端解决机制。它们可以用于处理大量的消费者—服务提供者争议，或者它们可以涵盖特定主题（例如产品安全或误导性广告）或特定部门（例如，金融服务、交通、公用事业、法律服务、电子通讯业或者旅游服务）。与消费者保护有关的国家非司法机制分为两大类：替代性争端解决机制和公共执法机制。第一类是作为民事诉讼的快速便宜替代方案，第二类更像是刑事控告后的警方调查。第一类的主要目标是在消费者和服务提供者之间达成某种形式的解决方案；然而，如果申诉得到支持，第二类的结果可能是惩罚性制裁。

　　消费者纠纷解决机制通常与更广泛的监管制度有密切联系，或者作为其关键的制度性部分。存在自然垄断的情况下，或者市场的某些其他特征妨碍公平公开竞争的情况下，国家非司法机制对确保消费者在该市

---

　　〔1〕　EU, European Foundation for the Improvement of Living and Working Conditions, 'Individual disputes at the workplace: Alternative Dispute Resolution', (2010), http：//www. eurofound. europa. eu/sites/default/files/ef_ files/docs/eiro/tn0910039s/tn0910039s. pdf。

　　〔2〕　人权理事会：《加强对与工商企业有关的侵犯人权行为的问责、改善受害者获取补救的途径》，第 A/ HRC/ 32/ 19 号，第 5 页。

　　〔3〕　C. Hodges, The Design of Consumer ADR and Ombudsmen Systems in Europe, p. 1.

场中得到公平对待至关重要。由于这些原因，这两种机制经常提供咨询服务，作为其主要服务和职能的附属或前置程序。此外，消费者非司法机制可以收集与市场相关的数据（例如与申诉相关的工作和调查），定期调查有关部门和/或系统的问题，并发布定期报告。[1]

第三，违反环境标准的申诉也是多由国家非司法机制处理的。非司法环境争端解决机制，即位于行政机构内部，由行政机构而非司法机构管理或对其负责的机制。然而，值得注意的是，与劳动争端解决机制一样，专门的环境法院通常会将调解和/或和解作为程序要求的一部分。此外，鉴于环境问题的复杂性，行为者（公众、实业公司、政府和民间团体）的多样性以及政治边界的多样性（例如涉及水域和跨界湿地的共同保护区项目），越来越需要合作来解决环境争端。基于国家的环境非司法机制（environmental State-based NJMs）的职能类型在不同的机构和管辖区之间存在许多差异。其他的职能则更具"行政"或"准刑事"特征。有些可能被授权审查和判断政府决策的合法性（例如授予规划许可的决定，或进行某些工商业活动的许可）。有些可能同时具有这些不同的权力和职能。[2]

（三）主要制度模型

全世界的基于国家的非司法申诉机制采取了许多不同的形式。捷克认为非司法申诉机制包括准司法法庭、争端解决机构、非正式监察员型机构和调解机构（例如国家联络点）。其在行动计划中特别指出域外的替代性争端解决办法也有好处和优势，并且欢迎和支持在非国家实体，特别是消费者组织、工会和工业协会之间发展替代性争端解决平台。[3]本节将描述迄今为止出现的与工商业尊重人权责任最相关的五种主要类型，即申诉机制、监察机构、监察员服务、调解或和解服务、仲裁和专

〔1〕 UN human rights office of the high commission: Accountability and Remedy Project II, 17 February 2017, pp. 20~21.

〔2〕 UN human rights office of the high commission: Accountability and Remedy Project II, 17 February 2017, pp. 21~25.

〔3〕 Czech Republic, National Action Plan for Business and Human Rights 2017-2022, p. 8.

门法庭。[1]

第一，申诉机制有其独特之处。相应的执行机构通常由国家任命、国家支持的和/或国家批准的机构，这些机构兼具执行及监督申诉机制的责任。有关监管机构职责范围内事项的申诉，采用简单程序启动。然后，申诉的接收者在规定的时间段内进行调查和/或回应。在某些情况，例如在提出犯罪指控或监管机构缺乏必要的调查权的情况下，该事项可以转交给其他机构（如执法机构）。申诉人通常可以免费通过申诉机制进行申诉，为了解决申诉，该机制通常会利用非正式方式与申诉人和申诉对象联系，而不是安排正式的听证会。国家人权机构是根据《促进和保护人权的国家机构的地位原则》确立的，其重要职能之一就是接受和处理个人申诉。其处理申诉的管辖范围是关注在国内有效执行国际人权标准。此外，国家人权机构可能被授权对与人权有关的系统性、结构性和/或全行业问题进行调查，并可能就受影响的个人和/或团体对违反人权标准的申诉作出回应。[2] 其采取的补救措施通常包括发布声明或建议、为协商解决提供便利、公布调查结果、提出关于未来预防损害措施的建议。在适当情况下，国家人权机构向执法机构和（或）检察官移交有关事宜。国家人权机构有权代表受影响的人进行公益诉讼。[3] 工作组建议必须赋予国家人权机构接受或调查与工商业有关的人权投诉的任务，确保其独立性，并为它们划拨足够的资源。但是国家人权机构在处理涉及工商企业侵犯人权申诉时同样面临不少挑战，受害者可能会出于以下原因不去国家人权机构申诉。例如缺乏相关的信息支持，不知道

〔1〕 UN human rights office of the high commission: Accountability and Remedy Project II, 17 February 2017, p. 27.

〔2〕 United Nations Human Rights Council, Improving accountability and access to remedy for victims of businessrelated human rights abuse through State-based non-judicial mechanisms, Report of the United Nations High Commissioner for Human Rights, UN Doc. A/HRC/38/20, 14 May 2018, pp. 5~7.

〔3〕 UN human rights office of the high commission: How State-based NJMs respond to sectors with high risks of adverse human rights impacts: Sector Study -Part 1, May 2017, pp. 15~16.

如何进行申诉。[1]

第二，监察机构的主要特征是劳动监察员研究如何在工作场所实施国家劳工标准，并就如何在工时、工资、职业安全和卫生以及童工等问题上改进国家法律的适用情况向雇主和工人提供建议。此外，劳动监察员还提请国家当局注意国家法律的漏洞和缺陷。他们在确保劳动法平等适用于所有雇主和工人方面发挥着重要作用。由于国际社会认识到劳动监察的重要性，国际劳工组织将促进批准两项劳动监察公约（第81、129号公约）作为优先事项。迄今为止，已有130多个国家（超过70%的国际劳工组织成员国）批准了1947年《工商业劳动监察公约》（第81号公约），40多个国家批准了1969年《（农业）劳动监察公约》（第129号公约）。[2]《工商业劳动监察公约》规定了劳动监察机构的主要责任范围。其中包括"在可由劳动监察员实施的情况下，保证执行有关工作条件和在岗工人保护的法律规定，诸如有关工时、工资、安全、卫生和福利、儿童和年轻人就业及其他有关事项的规定"。[3]在职业卫生与安全领域，其主要活动是对工商业和工业设施进行检查。他们的权力通常包括调查事故、疾病或威胁卫生或安全的其他原因。此外，他们可能负责新房舍或设施的检查和许可。监察机构越来越多地采取积极的"合规"方法。这可能包括：检查管理流程；审查员工和管理培训；对工人和雇主的技术建议；提高意识活动；发展有关卫生与安全的资源和运动。监察机构还可以收集和分析信息，并公布与职业卫生和安全问题有关的"最佳做法"作为指导。监察机构通常有权发布预防性命令，也可能有权直接征收惩罚性制裁。预防性命令包括正式警告、改进通知、停工命令、禁令。就制裁而言，可能包括征收行政罚款。在严重的情况下，监察机构可以自行起诉或将此事提交另一当局（例如公诉机

---

[1] UN human rights office of the high commission: How State-based NJMs respond to sectors with high risks of adverse human rights impacts: Sector Study -Part 1, May 2017, pp. 16~18.

[2] 国际劳工组织：《国际劳工标准之劳动监察》，http://ilo.org/global/standards/subjects-covered-by-international -labour-standards/labour-inspection/lang--en/index. htm, April 3, 2021.

[3] 国际劳工组织：《工商业劳动监察公约》，1947年，第1（a）条。

关）进行刑事起诉。[1]

第三，监察员制度是保护公众免于公共当局和/或工商业实体的不法行为或侵害合法权利的行为，这里更强调其作为企业活动监管者的作用。监察员制度的一个显著特点是将争端解决和监管职能混合在一起。监察员可以在市场公平和正常运作方面承担更广泛的责任。例如，可能要求监察员调查和报告市场中的系统性问题或更广泛的消费者保护问题，并为法律改革提出建议。

第四，调解与和解机制利用独立和公正的第三方来解决个人（例如工人和消费者）与公司之间的纠纷。调解与和解是相似的灵活程序，因为两者都被视为非对抗性过程，旨在找到一个双方都能接受的结果。但是，两种争端解决机制之间存在细微差别。在调解中，调解员通过一系列结构化的步骤帮助当事方达成互相都能接受的解决方案；和解人更多地被视为权威人物，倾向于在解决争端中发挥更积极的作用，而且会积极地提出解决方案。其中根据《经合组织跨国企业准则》构建的国家联络点系统及其同行审议机制会使用调解程序，其处理的50%是与人权相关的申诉。[2] 国家联络点是《经合组织跨国企业准则》确立的具有准司法性质的执行和监督机构。它能够收集各国在执行准则方面的有益经验，并且通过对申诉案件的审理进一步解读准则的内容，使得准则更容易被理解。此外，国家联络点注重和利益相关方的对话和合作，这些利益相关方通常包括商业代表、劳工组织代表和非政府组织等。一般来说，在收到投诉后，国家联系点会进行初步评估，以确定投诉是否值得进一步审查，如果需要，国家联系点会在发布最终声明之前促进双方之间的调解或类似对话。[3] 因此，一方面，在工商企业做出不当行为，并且影响甚至侵犯人权的个案中，国家联络点可以促使案件利益相关方

〔1〕 UN human rights office of the high commission: Accountability and Remedy Project II, 17 February 2017, p. 30.
〔2〕 人权理事会：《人权与跨国公司和其他工商企业问题工作组关于工商业与人权论坛第六次会议的报告》，第 A /HRC/38/49 号，2018 年，第 11 页。
〔3〕 OECD, Guide for National Contacts Points on the Initial Assessment of Specific Instances, 2019, p. 3.

进行协商和交流，从而提高案件的解决效率。另一方面，国家联络点解决人权申诉的经验以及其搜集到的良好实践，不仅可以丰富和发展工商业与人权议题的内容，而且可以指导工商企业更好地遵守《跨国企业准则》，履行其人权责任。[1] 国家联系点制度具有准司法性质。它只存在于某些司法管辖区，其权力、活动和效力也因司法管辖区而异。[2] 国家联络点的建立是为了执行经合组织准则。截至 2021 年 12 月，共有 288 项国家联络点决定。[3]

第五，仲裁和专门法庭属于对抗性程序，其最终决定具有法律约束力，而且程序更加正规，承担类似于司法机制的职能。但是，在资格、费用、程序和补救措施等方面，仲裁和专门法庭通常比一般法院享有更大的灵活性。2013 年拉纳广场大楼倒塌后制定了孟加拉国《消防和建筑安全协议》，这是一项降低获得补救措施门槛的创新措施。该协议覆盖 20 个国家的 200 多个全球品牌、零售商和进口商、8 个孟加拉国工会、2 个全球工会以及 4 个非政府组织。该协议不仅设立了工人申诉程序和机制，还设立了仲裁机制，协议签署方、工会和公司可以向仲裁机制提交任何争议。[4] 此外，国际仲裁作为符合《工商业与人权指导原则》的有效申诉机制，既为工商企业提供一种机制，也为那些受商业活动影响的人提供补救的可能性。[5] 2019 年制定的《工商企业与人权仲裁海牙规则》为涉及工商企业相关人权影响的争端仲裁规定了一套程

---

〔1〕 李苗苗：《探析国外商业与人权领域非司法申诉机制》，载《WTO 经济导刊》2015 年第 8 期。

〔2〕 OECD, Guide for National Contact Points on Follow Up to Specific Instances, OECD Guidelines for Multinational Enterprises, 2019, p. 3.

〔3〕 OECD, Database of specific instances, http：//mneguidelines. oecd. org/database. last visited at December 12, 2021.

〔4〕 ACCORD, Safe Workplaces, https：//bangladeshaccord. org, last visited at December 10, 2021.

〔5〕 联合国大会：《〈工商企业与人权指导原则〉十周年盘点》，第 A/HRC/47/39 号，2021 年，第 22 页。

序。[1] 该规则是以《联合国国际贸易法委员会仲裁规则》为基础，根据工商企业与人权争端的背景进行了修改。它明确规定，仲裁不能取代基于国家的司法或非司法机制，而是作为《工商业与人权指导原则》下的申诉机制。这份规则适用于很多情况。例如，公司寻求对商业伙伴强制执行合同规定的人权承诺；公司将这份规则中的仲裁作为其申诉机制的最后手段；当事方将仲裁纳入项目或项目融资文件；或者像《拉纳广场协议》或新的奥运会主办城市合同那样，将仲裁纳入行业行为守则或协议。

此外，在人权与跨国公司和其他工商企业问题工作组关于工商业与人权论坛第六次会议上讨论了非司法申诉机制救济的有效性。与会者指出，虽然基于国家的非司法机制能够减少诉讼中普遍存在的某些资金障碍，提高可获得性和加快解决速度，但是最成功的基于国家的非司法机制往往是那些高度专业化的机制；然而，在复杂案件上，这可能会导致补救措施分散；与此同时，只有一小部分非司法机制具有域外效力，而且可执行性低；另外，其任务重点是防止负面影响，所以作为问责制工具的效力低下。[2] 此外，多利益相关方举措对在商业活动和供应链中改善人权保护有很大的潜力，但是其很少设立申诉体系，且总体上没有将国际人权标准系统地纳入。目前正在努力改善获得补救情况的多利益相关方举措的例子包括：公平劳工协会（Fair Labor Association）、公平服装基金会（Fair Wear Foundation）、全球网络倡议（Global Network Initiative）、哥伦比亚指南（Guías Colombia）等。[3]

总而言之，以国家为基础的非司法机制总体上还没有实现联合国指导原则所设想的"补充和完善司法机制"的作用。虽然人权高专办愈

---

〔1〕 CILC, The Hague Rules on Business and Human Rights Arbitration, December 2019, www. cilc. nl/cms/wp-content/uploads/2019/12/The-Hague-Rules-on-Business-and-Human-Rights-Arbitration_ CILC-digital-version. pdf. last visited at December 10, 2021.

〔2〕 人权理事会：《人权与跨国公司和其他工商企业问题工作组关于工商业与人权论坛第六次会议的报告》，第 A/HRC/38/49 号，2018 年，第 8~10 页。

〔3〕 人权理事会：《人权与跨国公司和其他工商企业问题工作组关于工商业与人权论坛第六次会议的报告》，第 A/HRC/38/49 号，2018 年，第 12~13 页。

发意识到国家非司法机制作为收集有关人权监管挑战和系统性人权问题信息手段的重要性，这些信息可用于推进有效的法律改革。而且具有监督、分析和预防职能的多功能国家非司法机制的不断发展，增强和社会对话的职能，以及提高投诉申诉处理和争议解决的能力。[1] 但是其依旧面临诸多挑战，主要包括受害者对基于国家的非司法机制缺乏信心；一些基于国家的申诉机构等无法应对跨境侵权挑战；在涉及国家机构（如执法机构）的涉嫌侵犯人权的案件中，受害者不愿接触国家的非司法机制；同样，当人们认为基于国家的非司法机制缺乏独立性时，对它的信任可能会降低；受影响个人和/或社区缺乏相应的经济和/或法律资源以支持申诉，因为尽管基于国家的非司法机制的获得成本通常低于司法机制，但它们仍可能涉及大量的经济支出，尤其是想要在损害发生的国家以外的国家获得非司法机制保护时。[2]

二、国家司法补救机制

人权理事会在第 32/10（2016 年 6 月）号决议中欢迎联合国人权事务高级专员关于加强问责制，改善与工商业有关的侵犯人权受害者获取补救途径的工作，并赞赏地注意到其关于加强问责制，改善与工商业有关的侵犯人权受害者获取司法补救途径的报告。而根据人权理事会第26/22 号决议的授权，问责与救济项目最初集中于司法机制。其要求法律委员会或审查机构调查并报告以下事项：根据司法管辖区的法律，企业在多大程度上应对其商业活动对人权的不利影响负责？公司在多大程度上和基于什么理由可能对造成或促成严重侵犯人权行为（包括第三方，如其他公司实体或国家机构所犯的严重侵犯人权行为）负有法律责任？任何例外或排除的政策原因是什么？这些理由是否合理？相关的国内法律制度是否充分应对跨境案件中的调查和执法挑战？国内法律制度是否根据不断变化的情况和管辖权所加入的国际人权条约规定的国家义

---

〔1〕 UN human rights office of the high commission: A scoping paper on State-based non-judicial mechanisms relevant for the respect by business enterprises for human rights: current issues, practices and challenges, 17 February 2017, pp. 42~43.

〔2〕 UN human rights office of the high commission: How State-based NJMs respond to sectors with high risks of adverse human rights impacts: Sector Study -Part 1, May 2017, p. 24.

务，就与商业有关的人权影响提供了必要的覆盖范围和适当的方法范围？以及其他问题。[1]

大多数司法管辖区承认公司对公法犯罪承担法律责任的可能性，尽管不同司法管辖区在公司可能承担的犯罪类型，以及公司可能承担的法律责任类型上存在差异。司法机关有义务在确保国家履行其保护人权的义务方面发挥作用。在某些司法管辖区，公司可能承担刑事责任和行政责任。然而，在其他法域中，刑事责任可能只适用于作为"自然人"的个人。在不可能承担公司刑事责任的管辖区，其他种类的公法制度和制裁（例如"监管""行政"或"准刑事"）发挥着至关重要的作用。[2] 人权理事会认为"刑法"是涉及保护公众免遭被认为有害或反社会的行为，并对私人行为者的行为作出规定，以防止、惩罚和威慑这种行为的法律。[3] 确立公司法律责任需要证明符合必要的证明标准，在严重刑事案件中，必要的证明标准可能是"无合理怀疑"（或其同等标准）。但是，"行政"或"监管"犯罪可能采取较不严格的做法，要求犯罪的所有要素均已满足。在刑事案件中，这些要素可能会涉及"精神"和"身体"因素。"心理"要素是指被指控罪犯的知识和意图；"身体"因素是指罪犯的行为以及这些行为是否是造成相关损害的原因。与此同时，刑事犯罪要求证明公司有意造成损害或有意实施造成损害的行为。根据一些国内法测试，证明公司"意图"需要识别为公司工作或代表公司工作的个人，这些个人本身有意造成相关损害，其意图可归因于公司。这被称为公司刑事责任的"识别"方法。而评估公司法律责任的广泛适用原则是"替代责任"（vicarious liability），即公司可能对某些雇员或代理人的行为承担责任，因为公司"通过"这些个

〔1〕 UN Human Rights Council, Improving accountability and access to remedy for victims of business-related human rights abuse: Report of the United Nations High Commissioner for Human Rights, A/HRC/32/19, 10 May 2016.

〔2〕 人权理事会：《加强问责和改善与工商业有关的侵犯人权行为受害者获取补救的途径：指南的解释性说明》，第 A/HRC/32/19/Add.1 号，2016 年 5 月 12 日，第 5~6 页。

〔3〕 人权理事会：《加强问责和改善与工商业有关的侵犯人权行为受害者获取补救的途径：指南的解释性说明》，第 A/HRC/32/19/Add.1 号，2016 年 5 月 12 日，第 5 页。

人行事。虽然替代责任的测试因司法管辖区而异，但这类责任的常见限制是，员工或代理人必须在其雇佣责任范围内和/或为公司的利益而工作。[1]

工商业与人权工作组委托编写的一份重要报告评价了《工商业与人权指导原则》对 50 多个司法管辖区的区域和国家司法和准司法机制裁决的覆盖范围和影响。如上所述，《工商业与人权指导原则》没有为各国设定任何新的义务，而是反映了人权机构多年来解释的现有人权义务。美洲人权法院在这一领域一直处于领先地位，既发展了一国在商业领域的尽职调查义务的概念，又确认一国管辖范围内的所有个人都有权诉诸司法，即使他们的权利受到非国家行为者的侵犯。[2] 2009 年，美洲人权法院发现，如果国家知道私营实体存在对人权造成不利影响的实际风险，则必须追究国家对该实体行为的责任。虽然加拿大法院在审判时没有直接提到《工商业与人权指导原则》，但企业尊重人权的责任仍然是法院审理的核心。在乔克诉哈德贝矿业公司案中，安大略省高等法院审议了加拿大矿业公司是否可能因在国外签约的安保人员所犯下的据称人权影响的过失，而直接承担责任。该法院审查了大赦国际组织提交的文件，该文件提到了经合组织相关准则、国际劳工组织关于公司责任的标准以及联合国《工商业与人权指导原则》下的保护、尊重和补救框架。安大略省高等法院指出，"这些文件强调，在某些环境中，例如受冲突影响的地区，参与侵犯人权的风险更高"。[3] 这表明加拿大法院愿意利用习惯国际法在加拿大法院为人权主张找到诉讼理由。

此外，2017 年 3 月，法国通过了《人权警戒义务法》。这部法律是世界上第一部此类法律，标志着在保护人权和环境方面迈出了历史性的一步。该法律对法国大公司及其在世界各地的子公司、供应商或分包商的行为规定了警惕义务。根据这项法律，公司必须起草、公布并有效实

---

〔1〕 人权理事会：《加强问责和改善与工商业有关的侵犯人权行为受害者获取补救的途径：指南的解释性说明》，第 A/HRC/32/19/Add. 1 号，2016 年 5 月 12 日，第 7 页。

〔2〕 IACtHR, Velásquez Rodríguez v. Honduras, Judgment of 26 June 1987, p. 91.

〔3〕 Choc v. Hudbay Minerals Inc. , 2013 ONSC 1414, p. 34.

施尽职调查计划（或者称为解除警戒计划），以识别风险并防止严重侵犯人权和环境。该法规定如果公司未能起草、公布或有效实施其尽职调查计划，与该事项有利害关系的任何人可向公司发出正式通知，以履行其义务。如果在发出正式通知后的 3 个月期限结束时，公司仍未履行其义务，法院可命令其履行义务，处以罚款。公司的民事责任也可能被追究，从而允许法院命令有过错的公司"赔偿履行这些义务本可以避免的损害"。[1] 目前，该法已经生效，并且法院依据该法审理了一些案件。2019 年 6 月，跨国石油公司道达尔（Total）因未能遵守其在乌干达蒂伦加石油巨型项目中防止侵犯人权和环境破坏的法律义务而被正式通知。这起针对道达尔的诉讼由两个法国非政府组织以及四个乌干达组织提起。这是第一个根据《人权警戒义务法》提起的诉讼。考虑到社会形势和环境紧迫性，自 2019 年 6 月底向这家石油巨头发出正式通知以来，非政府组织没有看到任何改善，因此向临时救济法官提起诉讼。[2]

司法申诉机制补救的形式取决于所犯的错误和由此产生的责任，主要包括民事责任、刑事责任。民事救济通常采取经济或非经济补偿的形式，但也可以包括道歉、恢复原状以及通过禁止令或保证不重复等方式防止损害继续。刑事补救或制裁由国家对个人或法人实体实施刑事处罚。捷克特别分析了人权领域法人的刑事责任，并介绍了相关的司法资源。行动计划指出尽管捷克在诉诸法院方面没有根本的法律障碍，但确实存在许多事实上的障碍。世界银行的经商项目对捷克的法院组织和决策质量给予了极高的评价，但对企业诉讼的持续时间和成本提出了批评。此外，捷克还专门介绍了法律原则、聘请律师、获取证据、集体诉讼、起诉条件、行政法院及其审查和撤销后续决定的机会等方面的国家责任和任务。[3] 德国专门规定了对第三国的补救机制。关于供应链内可能发生的侵犯人权行为，德国非常重视加强有关第三国的法治和民

〔1〕　French Duty of Vigilance Law, https：//www. legifrance. gouv. fr/jorf/id/JORFTEXT0000 34290626? r=AtVgPOmMom. last visited at May 3rd, 2021.

〔2〕　CCFD, Duty of vigilance radar, Follow Up on Current Cases, July 2021, p. 7.

〔3〕　Czech Republic, National Action Plan for Business and Human Rights 2017-2022, p. 16.

主，因为这将为在这些国家建立有效的补救机制创造条件。德国国际法律合作基金会对实现这一目标作出了贡献，该基金会是 1992 年由联邦政府设立的，目前在近 30 个伙伴国家开展业务，在它们改革法律制度和司法制度时提供咨询意见。[1] 韩国的行动计划没有具体提及司法救济。然而，它在导言中指出：各国应采取行动，处理商业活动对人权的不利影响，确保和支持公司尊重人权的责任，并实施有效政策，改善获得补救的机会。[2]

第四节 企业业务层面的申诉机制

根据《工商业与人权指导原则》，企业有责任确保其经营不侵犯人权，并且如果企业侵犯人权或造成不利影响，则应设法为受害者提供补救。这种补救措施可能包括道歉，受害者或公司同意的金钱或非金钱补偿以及其他补救措施。如果企业未造成不利影响，但已经产生的负面影响直接与其运营相关，则情况将更为复杂。在这种情况下，如果企业具有预防或减轻不利影响的能力，则应加以利用。同时，为使人权受害者的申诉得到及时处理和直接补救，工商企业应建立或参与有效的业务层面申诉机制。因此，本部分将介绍企业在业务层面的申诉机制，包括企业内部的投诉机制和惩罚机制两方面。

一、企业内部的投诉机制

对于企业如何最好地组织自己的申诉机制，没有现成的范式。每个企业都应根据其具体情况评估合适的方法。一些标准包括：透明度；与受公司行为影响的人进行对话；与员工代表进行谈判和讨论，通常为在涉及员工的案件中采取有效措施打下良好基础；内部举报人的流程；跟

---

〔1〕 The Federal Government of Germany, National Action Plan Implementation of the UN Guiding Principles on Business and Human Rights 2016~2020, 2016, p. 20.

〔2〕 Korea, The 3rd National Action Plan (NAP) for the Promotion and Protection of Human Rights Republic of Korea 2018 to 2022, p. 14.

进举报问题和保护举报人的过程；安全和匿名的系统：用于处理涉及公司外部人士的投诉，这些人认为他们或其他人已经或将受到公司的不利影响。[1]

企业应当建立运营层面申诉机制，例如内部工人投诉机制或第三方投诉制度。这涉及建立投诉过程，其中包括：补救与解决投诉的路线图、解决申诉的时间表、回应未达成协议或影响尤为严重的投诉的过程、确定运营层面申诉机制的管辖范围、就运营层面申诉机制的合适形式和以文化上合适且可及的投诉解决方法征询利益相关方的意见、为运营层面申诉机制配备人员与资源，以及跟踪与监测运营层面申诉机制的绩效。对于人权影响，运营层面申诉机制应符合合法性、可及性、可预测性、平等性、遵守《跨国企业准则》、透明性和基于对话的参与等核心标准。[2]

二、企业内部的处罚举措

业务层面的申诉机制是一种正式化的手段，由公司设立或提供，个人或群体可以就公司对他们造成的影响——包括但不专门指对人权的任何影响，利用这种手段提出申诉。在《工商业与人权指导原则》中，业务层面的申诉机制一词包括公司层次的申诉机制和现场或项目层次的机制。业务层面的申诉机制应当能直接为可能受到公司负面影响的个人和群体所用。它们通常由公司或公司的代表进行管理，单独设立，或与其他方包括有关外部利益相关方合作设立。凭借业务层面的申诉机制，受影响的人能让公司直接参与评估该问题并寻求对任何损害的补救。[3]

企业内部会设立一定的举报和处罚机制。这属于业务层面的申诉机制，在地方一级，各实体必须根据其确定的风险，根据人权政策，在运营层面实施适当的机制，使任何认为自己受到集团活动伤害的人能够报告。此外，集团与利益相关者对话的政策使其能够识别风险，同时提供

---

〔1〕　Sweden Ministry for Foreign Affairs, Action plan for business and human rights, pp. 7~10.

〔2〕　经合组织：《经合组织负责任商业行为尽责管理指南》，2018 年，第 33 页。

〔3〕　联合国大会：《人权与跨国公司和其他工商企业问题工作组根据人权理事会第 17/4 号和第 35/7 号决议提交的报告》，第 A/73/163 号，2018 年，第 7 页。

预防、减少或抵消影响的手段。以仁宝公司为例，该公司是全球笔记本电脑、液晶视讯产品及智慧型装置制造业的先驱，其还特别要求集团总部和分区都制定《不强迫不歧视反骚扰规范》。员工在工作场所受到任何威胁、虐待、剥削的行为及强迫性行为，可以通过道德专员（Ethic Officer）申诉信箱匿名申诉。这些申诉将由仁宝公司道德管理最高管理代表收件调查，如果是受到性骚扰的行为，包括姿势、语言和身体的接触，可以依据中国台湾地区的"工作场所性骚扰防止措施申诉及惩戒办法"进行申诉。仁宝公司在其内部网站设立了性骚扰申诉信箱和专线，并保障员工申诉案件得到妥善处理。[1]

---

〔1〕 仁宝公司：《企业社会责任》，https：//www.compal.com/CSR/ZH/page.aspx？Id＝5，最后访问时间：2021 年 12 月 15 日。

第七章 中国的企业人权尽责实施现状及建议

企业人权尽责法制化发展在国际范围已经造成了一定的影响，这些人权尽责规则对于中国政府和企业都极其重要。首先，现有的企业人权尽责规则阐明了东道国责任。东道国对于人权具有尊重、保护和实现的责任。《工商业与人权指导原则》中特别申明国家需要承担保护责任。根据现行的国际人权法，国家有义务保护人权免受社会中任何行为者，包括工商企业的侵犯。这意味着国家必须防止、调查、惩治和纠正国内工商企业在其活动中发生的侵犯人权行为。此外，《工商业与人权指导原则》建议各国应明确规定对在其领土或管辖范围内的公司的预期，即在其开展经营活动的任何国家和任何背景下都尊重人权。其次，企业人权尽责规则在法律层面的完善拓展了母国责任的范围。有学者认为这些法律规则使得公司在其母国所负义务的范围扩大到其外国业务。而国内法的这种域外延伸绝不是对（第三国）东道国的干预或侵犯，即使投资者/公司已在东道国注册成立。这是因为资产、技术和对投资的控制权都来自母国的公司，而最终跨国公司的大部分利润注定要返回母国。[1] 最后，将企业人权责任由自愿遵守转为强制执行。企业人权尽责规则的制度化意味着公司的人权义务不能仅限于尊重人权。尽管公司的保护义务和实现义务的范围不能像国家那样广泛，但公司仍应承担尊

---

[1] Heike Krieger, Anne Peters, Leonhard Kreuzer（ed），*Due Diligence in the International Legal Order*, Oxford University Press, 2020, pp. 15~23

重、保护和实现人权这三重义务。[1] 马尔斯也在其论文中讨论了涉及公司人权责任范围的问题。[2] 在企业的商业伙伴侵犯人权或公司被指控与国家机构共谋的情况下，企业人权责任的"保护"和"实现"部分就至关重要。

本章将从中国政府和中国企业两个角度分析企业人权尽责的实践情况，并提出有关构建和完善企业人权尽责机制的建议。首先，本章提出国际人权尽责规则的完善对中国政府和企业都产生了深远影响，具体表现在对中国一带一路建设中人权规则的指导和促进，推动实现碳达峰碳中和目标，鼓励企业在"走出去"的时候注意到人权尽责带来的挑战，吸取以往案例的教训，更好地保障人权。而且在中国的双边及多边贸易投资协议中也纳入了企业人权责任的内容。其次，中国政府和企业为了实现人权尽责采取了一些具有重要意义的举措。通过对现有商事、民事和行政立法进行分析，发现中国政府不断构建和完善企业人权责任的相关立法，确立企业人权责任的重要性。而且基于以往《国家人权行动计划》的实践经验和组织架构，逐步将企业人权尽责的内容融入《国家人权行动计划》框架中。对中国企业而言，企业不仅在环境保护领域尊重人权，履行人权责任，而且在企业内部管理上纳入了企业人权尽责。最后，分别针对中国政府和中国企业提出了构建人权尽责机制的建议。

第一节　国际人权尽责规则对中国政府和企业的影响

国际人权尽责规则包括有关人权尽责的国际文书，国家标准，认证计划，自愿倡议，主流金融指数以及工具、会议和其他倡议。[3] 首先，

---

〔1〕　S. Deva, Human Rights Violations by Multinational Corporations and International Law. Where from here?, *Connecticut Journal of International Law* 19, 2003.

〔2〕　R. Mares (ed.), The UN Guiding Principles on Business and Human Rights −Foundations and Implementation, Martinus Nijhoff Publishers.

〔3〕　经济及社会理事会:《联合国人权事务高级专员关于跨国公司和有关工商企业在人权方面的责任的报告》, 第 E/CN. 4/2005/91 号, 2005 年, 第4~5页。

在软法层面，各项国际组织的倡议和指南都要求企业和政府尊重人权，实施企业人权尽责。例如《经济合作与发展组织受冲突影响和高风险区域矿石负责任的供应链尽职调查指南》《经合组织跨国企业准则》《G20/OECD 公司治理原则》。[1] 其次，在硬法层面，各国制定了强制人权尽责的标准和法律，例如法国的《人权警戒义务法》和美国的《多德－弗兰克法案》等。下面将简要分析这些国际人权尽责规则分别对中国政府和企业产生的不同影响。

一、对中国"一带一路"建设的影响

中国"一带一路"倡议自 2013 年习近平总书记提出，取得的成绩得到了国际社会的普遍认可。一方面，中国与共建"一带一路"国家的投资和经贸合作水平显著提升。根据商务部数据，2021 年 1 至 7 月，中国企业在"一带一路"对 56 个国家非金融类直接投资超过 700 亿元人民币，主要投向沙特阿拉伯、阿拉伯联合酋长国和老挝等国家。对外承包工程方面，我国企业在共建"一带一路"国家获得了近 3000 份对外承包工程项目合同，总金额超过 4000 亿元人民币。[2] 另一方面，中国通过签署超过 200 份共建"一带一路"合作文件，加深了和国际组织及国家的合作程度。[3] 由此可见，"一带一路"倡议昭示新一轮国际政治秩序的变革，而且是中国加强国际话语权的有益尝试。

共建"一带一路"倡议的原则是共商共建共享，努力实现互利共赢，不仅重视经济发展，也关注沿线国家的人权保障，避免合作项目侵犯人权。[4] 其中对于企业人权责任的重视也已经体现在"一带一路"

〔1〕　人权理事会：《人权与跨国公司和其他工商企业问题工作组关于工商业与人权论坛第六次会议的报告》，第 A/HRC/38/49 号，2018 年，第 12~13 页。

〔2〕　中国商务部：《商务部：我国对"一带一路"沿线国家投资持续增长》，2021 年 3 月 19 日，http://www.mofcom.gov.cn/article/i/jyjl/e/202103/20210303045630.shtml，最后访问时间：2021 年 12 月 18 日。

〔3〕　中国一带一路网：《已同中国签订共建"一带一路"合作文件的国家一览》，2012 年 12 月 9 日，https://www.yidaiyilu.gov.cn/xwzx/roll/77298.htm，最后访问时间：2021 年 12 月 18 日。

〔4〕　中国一带一路网：《共建"一带一路"倡议：进展、贡献与展望》，2019 年 4 月 22 日，https://www.yidaiyilu.gov.cn/xwzx/roll/77298.htm，最后访问时间：2021 年 12 月 18 日。

的建设之中。一方面，在"一带一路"建设的国际合作中，中国采取了各项举措推进人权保障，为推动世界人权事业发展作出重要贡献。推动"一带一路"倡议有助于中国人权事业的发展。[1] 另一方面，中国以实际行动践行《联合国宪章》宗旨和原则，大力弘扬多边主义的精神和理念，全面参与全球人权治理。中国所坚持的人权是强调全人类的和谐，和西方的自然人权存在差异。[2] 中国的重要贡献突出体现在坚定不移维护和平、坚持以发展促人权、坚决维护国际公平正义、积极促进合作共赢上。

目前，中国已经和28个非洲国家签署共建"一带一路"谅解备忘录，并且出台了一系列对外投资合作国别（地区）指南。在这些指南中，中国政府提醒企业重视当地法律，承担在人权方面的责任，避免侵犯人权。以《赞比亚2020投资指南》为例：其一，它告知企业有关赞比亚的基本情况，包括地理环境、政治环境以及社会文化环境，对外资的吸引力。其二，该指南中列举了赞比亚对外投资合作的法规和政策，包括市场准入、企业税收、劳动就业、金融业投资、环境保护、反对商业贿赂和知识产权等领域的法规。其三，该指南还提及中国企业在赞比亚开展投资合作应当注意哪些事项，以及如何和赞比亚政府建立和谐关系。[3] 人权尽责机制的重要内容之一就是企业应当避免侵犯人权。对此，中国政府为在赞比亚开展投资合作的中国企业提出以下和企业人权责任相关建议：①针对法律法规，中国企业应对所投资行业进行充分的市场调研，了解税收、环保、劳动等相关法律规定，客观评估投资环境。②对于环境保护，中国企业在赞比亚境内投资前，需向赞比亚环境管理局提交投资项目简介或投资项目对环境影响的评估报告，制定出

---

〔1〕 中国一带一路网：《联合国人权理事会第46届会议云上聚焦中国与"一带一路"国家的人权合作与成就》，2012年3月6日，https://www.yidaiyilu.gov.cn/xwzx/hwxw/166495.htm，最后访问时间：2021年12月18日。

〔2〕 夏勇：《人权概念起源——权利的历史哲学》，中国政法大学出版社2001年版，第3~5页。

〔3〕 商务部国际贸易经济合作研究院，中国驻赞比亚大使馆经济商务处，商务部对外投资和经济合作司：《对外投资合作国别（地区）指南——赞比亚（2020年版）》，2020年。

《项目环境管理计划》，申领"三废"排放许可证，取得赞比亚环境管理局许可。③劳工权利保障领域，赞比亚政府制定了相对完备的法律保护雇员的权利，中国企业应注意了解相关规定，并遵照执行。赞比亚矿业、建筑业等行业均有各自的工会组织，工会可代表会员就有关问题与雇主进行谈判。此外，赞比亚政府重视劳工保护，相关法律以及工会制度较为健全。2012 年 7 月，赞比亚劳工与社会保障部发布了新的最低工资标准，较之前有了大幅提高，赞比亚煤矿工人的最低工资上涨约60%，达到每月 230 美元。④积极承担企业社会责任，提升中国企业整体形象。在积极履行企业社会责任的同时，做好媒体宣传工作，不仅要做得好，也要让赞比亚其他当地居民看得见，并愿意相互传颂。积极宣传中国发展理念、道路、制度及中国优秀传统文化。[1]

二、对实现碳达峰、碳中和目标的影响

不可逆转的气候变化威胁着人类的生存，影响着各项人权的实现。享有健康的环境是保护和享受人权的必要条件。有研究表明为了避免潜在灾难性和不可逆转的气候转折点，《联合国气候变化框架公约》要求各国稳定大气中的温室气体含量，以更好应对全球气候变暖问题。2016年生效的《巴黎协定》更是致力于解决全球气候变暖问题，要求各国低碳减排，将全球气温的上升范围控制到 1.5 摄氏度之内。中国目前已经批准了该协定。

碳达峰是指全球各主体碳排放的最高点。碳中和是指净零排放，其中净零要求尽可能减少碳排放量，使其接近于零。联合国研究发现为了实现《巴黎协定》的 1.5 摄氏度气候升温目标，各国必须在 2010 年至少将碳排放量减少 45%。而且必须在 2050 年完成净零排放。[2] 目前不少发达国家已经实现碳达峰，正在朝着碳中和的目标迈进。碳达峰和碳

---

〔1〕 商务部国际贸易经济合作研究院，中国驻赞比亚大使馆经济商务处，商务部对外投资和经济合作司：《对外投资合作国别（地区）指南——赞比亚（2020 年版）》，2020 年，第74～75 页。

〔2〕 联合国：气候行动，https：//www.un.org/zh/climatechange/net-zero-coalition，最后访问时间：2022 年 3 月 1 日。

中和已经成为国际贸易的重要影响因素，尤其是在能源领域。[1] 2020年，习近平总书记向国际社会承诺中国争取在 2030 年前实现碳达峰，2060 年前实现碳中和。这是中国积极应对环境危机、承担环境责任的重大战略决策。[2]

对中国政府而言，指导企业在从事影响环境的经营获得中遵循企业人权尽责规则是实现碳达峰、碳中和目标的必要条件。在 2021 年 10 月颁布的《2030 年前碳达峰行动方案》中明确了"十四五"和"十五五"期间的主要目标。中国政府为了实现向绿色低碳经济的转型，采取了一系列举措，将碳达峰贯彻到经济发展的全过程，包括优化产业结构、提升能源利用率、使用清洁安全能源等。最终将在 2030 年实现碳达峰目标。[3] 在实践中，中国政府已经发布了超过 870 项碳达峰碳中和的国家标准，主要是在能源管理和节能领域。[4] 但是，这些标准的实施效果并不理想。主要问题在于标准不统一，而且还是以企业发展为中心，在经济增长的要求下对人权的保障并不充分。企业人权尽责规则是以维护各项具体人权为核心的，目的是保障人权。在环境保护方面的企业人权责任不再是道德责任，而是具有强制力的法律责任，需要国家进行监督和救济。[5]

对中国企业而言，为了遵守环境法律的规定和满足 ESG（环境、社会和公司治理）投资要求，企业应当在从事影响环境的经营活动时履行人权尽责。根据《工商业与人权指导原则》，企业应当加强人权风险管理能力，预防和识别和环境有关的负面人权影响，助力可持续发展和绿

〔1〕 丁爽等：《我国碳达峰碳中和标准化发展现状及对策研究》，载《中国标准化》2022年第 1 期，第 63~64 页。

〔2〕 孙秀艳、寇江泽：《打好实现碳达峰碳中和这场硬仗》，载《人民日报》2021 年 6 月 4 日，第 1 版。

〔3〕 国务院：《国务院关于印发 2030 年前碳达峰行动方案的通知》，国发〔2021〕23 号，2021 年 10 月 24 日。

〔4〕 丁爽等：《我国碳达峰碳中和标准化发展现状及对策研究》，载《中国标准化》2022年第 1 期。

〔5〕 张万洪、王晓彤：《工商业与人权视角下的企业环境责任——以碳中和、碳达峰为背景》，载《人权研究》2021 年第 3 期。

色经济转型。碳达峰、碳中和的战略目标的实现离不开企业的努力。企业应当将履行企业责任和业务发展联系起来。例如，兴业银行在融资项目管理中使用了赤道原则相关工具，更好地管理环境和社会风险；同时，不断进行产品和服务创新，建立起绿色金融体系。[1]

三、对中国企业"走出去"的影响

联合国《工商业与人权指导原则》明确规定，尊重人权的责任适用于所有国际公认的人权。没有试图确定或列举企业必须尊重的一系列具体人权。企业尊重人权的责任要求跨国公司或其他工商企业不得实行同谋行为。如果一家公司授权、容忍或故意忽略与其相关的实体实施的侵犯人权行为，或如果该公司故意提供对侵犯人权行为有实质影响的实际援助或鼓励，则该公司被认为是参与侵犯人权行为的同谋。[2] 在国际人权尽责规则得到国际社会普遍认识的时候，中国企业在"走出去"过程中有关人权尽责领域的实践既有惨痛教训也有正面经验。

第一，中国企业对于企业人权尽责规则的认识程度不高，目前，大多数中国企业还是停留在履行社会责任层面，没有直接提及人权责任。在实践中，中国企业不履行社会责任，不仅会降低在当地获得的社会认同、降低当地人才选择在中资企业工作的意愿和忠诚度，还会增加企业海外投资风险，间接导致企业负面舆情的爆发。如何促使中资企业积极履行企业社会责任，树立负责的企业形象，有效应对负面舆情提高国际竞争力，成为刻不容缓的紧迫议题。由全国工商联牵头，有917家民营企业参与了社会责任调查问卷。该问卷研究表明，"一带一路"沿线的中国企业开展当地慈善活动较少，频率较低。有28.5%的企业表示从未开展过，有9.6%的企业几年才会开展一次。每周或每月至少有一次公益慈善活动的企业仅占4.8%。更多的企业表示每年至少有一次，占比

---

〔1〕 宋一程：《碳达峰、碳中和背景下商业银行 ESG 治理机制建设研究》，载《海南金融》2021 年第 12 期。

〔2〕 United Nations Global Compact, Office of the High Commissioner of Human Rights: Embedding Human Rights into Business Practice, 2004, p. 20.

35.7%。[1] 对此，受访企业对其社会责任的履行不足也有所感知。20.4%的受访企业提到外国媒体对中国企业的负面报道内容是"中国企业只顾自身经济利益缺乏社会责任感"，这类负面舆情的传播对中资企业在当地的发展无疑是不利的。中国企业对企业社会责任的认知偏传统，认为开展慈善活动的领域应更多集中在助贫扶贫（38%）、环境保护（34.5%）和教育（31.6%）等传统领域，却对参与关爱弱势群体类型的公益慈善活动（如关爱老人、残疾人、罕见病患者、性少数群体等）认知偏低，对民族宗教类、文化艺术类、社会创新类与社区发展类公益慈善活动参与较少。[2]

第二，中国企业因为在经营时忽视对人权的尊重和保障而遭受严重损失，并从中吸取教训。其中较为典型的案件是中电投云南国际电力投资有限公司（以下简称"中电投云南国际"）承担的缅甸密松水电站项目。该项目于2011年被缅甸政府宣布搁置至今，中电投云南国际遭受了巨大的经济损失和负面影响。缅甸政府给出的理由是国民的担忧，主要涉及五点有关环境保护问题、居民生存问题以及安全问题。密松水电站是中缅合作的重要工程，缅甸政府突然宣布搁置这一项目，其原因不仅仅是密松水电站"破坏自然景观，损害居民生计"，还与缅甸近年来复杂的政治转型、民族矛盾以及其后的国际政治博弈密不可分。[3] 由于项目暂停，中缅双方都受到了巨大的损失。主要投资方面临巨额违约索赔。泰国《曼谷邮报》援引一名示威者的话称，他们反对的主要原因之一是水电站的建设将使密松地区附近的自然环境遭到破坏，尤其影响当地伊洛瓦底江的生态系统。除此之外，另一个原因是水电站发电量的90%将输往中国，缅甸只占据10%，而运营50年后缅甸一方才享

————————

　　〔1〕　北京零点有数：《"一带一路"沿线中国民营企业现状调查研究报告》，2019年8月7日，第25页。

　　〔2〕　北京零点有数：《"一带一路"沿线中国民营企业现状调查研究报告》，2019年8月7日，第27～28页。

　　〔3〕　新京报：《缅甸政府单方面叫停密松电站　外长访华协商》，载央视网，news.cntv.cn/world/20111012/101250.shtml。

有该水坝的控制权。[1]

　　一方面，中电投云南国际从此次事件中发现自己的不足，认识到海外投资中获得社会许可、尊重当地居民人权的重要性。其不足表现包括：首先，中电投云南国际显然没有对缅甸的国情进行分析，没有及时解决项目开工后客观环境变化所带来的冲突，调整其执行举措，并且没有认识到在项目执行中社会责任的优先事项。特别是 2011 年前后，缅甸国内对于密松水电站项目的批评越来越激烈。其次，在制定和执行项目的时候没有尊重利益相关方的权益。就密松水电站项目而言，政府的意见固然重要。但是企业也不应当忽视当地居民和社区代表的意见。最后，中电投云南国际没有确保其政策和行为的透明和公开。对于项目的进展情况和开采计划，反对的居民并不了解，只认为水电站的建设会带来更多的负面影响。而相关企业没有积极和反对者进行沟通和交流，告知其项目建设的积极影响和消极影响。因而，在这个事件中，中电投前期没有充分听取利益相关方的意见。在反对声音出现的时候，也怠于采取措施消除误会。最终导致项目被终止，企业遭受巨大的声誉和经济损失。[2] 所以，在 2014 年的一份研究报告中，该项目企业认为从中吸取的经验和教训包括企业应当关注社会许可：公众意见体现了不同利益相关方的期待和诉求，在一定程度上是外国企业进入当地发展的"社会许可证"，对投资和运营的长期影响巨大，因而除法律及政治许可外，企业还需重视获取社会许可。此外，企业还需要人权尽责：在项目前期，除了水利水电工程要求的社会经济和环境调查外，还应对缅甸尊重人权的情况及政治风险进行评估或尽职调查，以制订风险防范及应对机制。[3]这堪称是对中国在企业海外投资中因人权失责而招致惨痛教训的经典总结。

〔1〕　新京报：《缅甸政府单方面叫停密松电站　外长访华协商》，载央视网，news. cntv. cn/word/20111012/101250. shtml。

〔2〕　李丽：《以 ISO26000 促进中国企业"走出去"的思路与建议——基于密松水电站项目的思考》，载《国际商务（对外经济贸易大学学报）》2015 年第 1 期。

〔3〕　李丽：《以 ISO26000 促进中国企业"走出去"的思路与建议——基于密松水电站项目的思考》，载《国际商务（对外经济贸易大学学报）》2015 年第 1 期。

另一方面，部分中国企业也在这个方面积累了宝贵的正面经验。例如，在收购了澳大利亚的世纪矿山后，中国五矿集团与当地政府以及四个原住民社区共同签订了三方协议《海湾社区协议》。而且还设立了由来自原住民团体、世纪矿区及昆士兰政府代表共同组成的世纪联络咨询委员会，来监督该协议的实施和执行。[1] 此外，在劳工权利保障方面，中国企业应当正视当地工会的作用。经常和工会代表举行交流对话，及时交换彼此的意见。中国企业需要与当地员工保持良好的沟通，逐步增加当地员工的使用比例，使得当地工人对中国企业拥有良好的印象。中国有色集团在涉及企业用工和薪酬问题时，主动与政府和当地工会组织协商，避免激化与当地民众的矛盾，确保了下属铜矿的正常生产。2019年经劳资双方友好协商，当地员工工资上调工作顺利完成，劳资关系总体保持和谐稳定。[2] 2019 年 12 月 21 日，华为公司离网太阳能捐赠电站启用仪式在西北省姆韦尼隆加地区（Mwinilunga）齐布威卡酋长地（Chibwika Chiefdom）举行。赞比亚总统伦古、中国驻赞比亚大使李杰、赞比亚能源部长恩库瓦、酋长与传统事务部长西查尔维、矿业与矿产发展部长姆苏克瓦、西北省省长姆布克瓦努、西方省省长卡皮塔、华为集团副总裁薛蛮等约 800 人出席。该电站总装机容量 32.4 千瓦，配套建设输电线路，可满足齐布威卡酋长地 300 户居民及附近学校、诊所用电，提高当地居民生产能力和生活品质，从而带动区域经济、社会、环境的长期可持续发展。[3]

因此，正反两面的经验教训都表明，在中国企业"走出去"进行海外投资运营的全过程中，正确有效地实施企业人权尽责都是一个与其经济绩效和社会绩效密切联系的必修课。

---

〔1〕 许丽、李沛：《中国五矿成功收购 OZ 矿业案引发的思考》，载《对外经贸实务》2014 年第 9 期。

〔2〕 商务部国际贸易经济合作研究院、中国驻赞比亚大使馆经济商务处、商务部对外投资和经济合作司：《对外投资合作国别（地区）指南——赞比亚（2020 年版）》，2020 年，第79 页。

〔3〕 商务部国际贸易经济合作研究院、中国驻赞比亚大使馆经济商务处、商务部对外投资和经济合作司：《对外投资合作国别（地区）指南——赞比亚（2020 年版）》，2020 年，第79 页。

四、对中国双边及多边贸易投资协议的影响

国际社会对企业人权责任的重视，促使中国在加入和制定双边和多边贸易投资协议中更加谨慎。双边投资协定指两国政府之间缔结的，规定相互保护和促进双向投资相关规则的国际条约。截至目前，我国与有关国家和地区签署并现行有效的投资协定有 108 个。[1] 我国对外缔结的自由贸易协定大都包括投资章节，也规定了类似投资协定中的有关规则。

其中，我国对外商签的自由贸易协定投资是和企业人权尽责密切相关的。截至 2021 年 12 月，中国已经签订了 19 个自由贸易协定，涉及 26 个国家或地区。[2] 有些双边贸易协定中会涉及环境保护内容。《中国—格鲁吉亚自由贸易协定》第九章专门规定了环境与贸易。在环境保护问题上明确了两国在环境保护领域的优先事项，强调两国的主权权利。并且在环境法律和政策的执行中强调要进行环境影响评估，遵守《多边环境协定》，并在环境领域开展适当合作。[3]《中国—韩国自由贸易协定》中，中国和韩国认识到要实现可持续发展目标，必须在经济、社会和环境保护方面采取有效举措。双方认为有必要加强在环境议题的合作，在促进经济发展的同时努力实现可持续发展目标。而且在该协定的第 16.7 条中提到了采取环境领域双边合作的举措，包括推广环境友好的产品和服务，加强环境领域的对话和交流，建立环境智库合作机制等。[4] 中国政府已经认识到全球化时代的发展权在时间和空间上的适用范围都大大拓展了。从时间角度，要实现代际公平，发展应是可持续的，既要满足当代人的需要，又不损害人类后代满足其自身需要的能力。从空间角度，不仅仅是一个国家的发展，国家之间的相互依赖程

---

〔1〕　商务部条约法律司：《企业利用投资协定参考指南》，http：//tfs.mofcom.gov.cn/article/bnjg/202106/20210603162407.shtml，最后访问时间：2021 年 12 月 13 日。

〔2〕　中国自由贸易区服务网：《协定专题》，http：//fta.mofcom.gov.cn/index.shtml，最后访问时间：2021 年 12 月 13 日。

〔3〕　中国自由贸易区服务网：《中国—格鲁吉亚自由贸易协定》，http：//fta.mofcom.gov.cn/georgia/georgia_agreementText.shtml，最后访问时间：2021 年 12 月 13 日。

〔4〕　中国自由贸易区服务网：《中国—韩国自由贸易协定》，http：//fta.mofcom.gov.cn/korea/korea_agreementText.shtml，最后访问时间：2021 年 12 月 13 日。

度加深，单独一个国家孤立的发展很难实现。只有通过合作实现共同发展。

此外，中国在自由贸易方面积极进取，以中国为中心的高标准自贸区网络正在形成。2021 年 9 月 16 日，中国正式提出申请加入《全面与进步跨太平洋伙伴关系协定》（Comprehensive and Progressive Agreement for Trans-Pacific Partnership）。[1] 11 月 4 日，在第四届中国国际进口博览会开幕式上，习近平总书记发表了主旨演讲。习近平总书记强调，中国将致力于实现经济的绿色转型，并且在此方面加强国际合作。在此之前，中国已经申请加入了《区域全面经济伙伴关系协定》（RCEP）。根据协定规定，该协定于 2022 年 1 月 1 日对中国生效。[2]

2020 年 12 月宣布的《中欧全面投资协定》就是一个很有意义的国家实践范例。根据该协定，"各方同意促进负责任的企业行为，包括鼓励工商企业自愿采纳相关做法，同时考虑到相关的国际公认准则和原则"，明确包括《工商业与人权指导原则》。这类协定明确提及负责任企业行为标准和原则，这是值得注意的演变，尤其考虑到这是中国首次与贸易伙伴商定此类条款。这是一种进步，即承认国家有义务保护商业环境中的人权。

第二节　中国政府和企业在人权尽责领域的具体举措

中国政府和企业已经认识到企业有尊重人权的责任，并且应当通过人权尽责来预防、避免及补救企业可能对人权保障产生的负面人权影响。基于上述理由，实践中，中国政府在现有立法和政策制定时已经考

---

〔1〕　中国政府网：《中方正式提出申请加入〈全面与进步跨太平洋伙伴关系协定〉（CPTPP）》，2021 年 9 月 16 日，http://www.gov.cn/xinwen/2021-09/16/content_5637879.htm，最后访问时间：2021 年 12 月 13 日。

〔2〕　中国自由贸易区服务网：《商务部国际司负责人谈 RCEP 即将正式生效有关情况》，2021 年 11 月 6 日，http://fta.mofcom.gov.cn/article/zhengwugk/202111/46077_1.html，最后访问时间：2021 年 12 月 13 日。

虑到了企业的具体人权责任，并在部分法律法规和最新的《国家人权行动计划》中加以明确。中国企业则更加关注减少经营活动中侵犯人权的可能性，正确有效地进行人权尽责。对此，中国企业主要在环境保护以及企业内部管理层面取得了一定成绩。

一、中国政府规制企业人权责任的立法情况

虽然目前中国并没有制定专门的企业人权尽责法律法规。但是，在现有的商事、民事和行政立法中规定了对企业承担人权责任进行规制和监督的法律条款，间接要求企业尊重人权，保障其活动符合法律规定，避免侵犯人权。这些零散的法律规定的内容较为笼统，缺乏具体的企业人权尽责标准，难以满足企业的迫切需求。

（一）商事立法情况

2018 年修订的《中华人民共和国公司法》（以下简称《公司法》）第 5 条规定了进行经营活动的公司应当承担社会责任。"社会责任"已经明确地写进了商事法律，且表述逻辑一致。依据立法原意，该条最后的"社会责任"既包括前面列举的一系列责任，又强调了社会责任的特殊内涵。公司遵守法律和道德以及接受政府和社会监督。《公司法》中有关职工参与公司治理和工作权保护的条款，同样适用在企业社会责任上，但《公司法》第 5 条没有对此进行详细规定。[1] 此外，《公司法》规定了社会监督的内容，而要让社会监督得到落实，那么企业就需要对社会责任的有关信息进行披露。

中国商事法律对职工在就业领域的权利进行了规制，保障职工在就业后应当享有的一系列权益，这些权益和劳动权是息息相关的。相关规定散见于对企业经营行为进行监督的法律中，涉及不同类型的企业，包括中外合资经营企业、中外合作经营企业以及外资企业。2020 年 1 月 1 日施行的《中华人民共和国外商投资法》，在其外资管理章节第 32 条特别强调了对外企要遵守劳动保护规定，《中华人民共和国中外合资经营企业法》和《中华人民共和国中外合作经营企业法》都对合资企业

---

〔1〕 施天涛：《〈公司法〉第 5 条的理想与现实：公司社会责任何以实施?》，载《清华法学》2019 年第 5 期。

或者合营企业的企业职工的工作权加以规范，保障其劳动权益。上述简单、抽象的规定既不可能有效保障就业安全和劳动者权益，也无法发挥外国投资法在审查准入阶段控制、降低就业安全风险的特定作用。[1]

（二）民事立法情况

《中华人民共和国民法典》（以下简称《民法典》）第86条规定营利法人应承担社会责任。《民法典》第9条还将绿色原则确立为民法的基本原则，即民事主体从事民事活动，应当有利于节约资源、保护生态环境。

在数据安全、个人信息保护、食品安全、环境等领域的法律法规中也出现了企业社会责任的内容。《中华人民共和国数据安全法》第8条规定："开展数据处理活动，应当……履行数据安全保护义务，承担社会责任。"《中华人民共和国个人信息保护法》第58条规定：个人信息处理者"定期发布个人信息保护社会责任报告，接受社会监督"。2021年修正的《中华人民共和国食品安全法》第4条要求食品生产经营者承担社会责任。《中华人民共和国环境保护法》第42条规定了针对排放污染物，单位也承担环境保护责任。第60~62条规定违法排放污染物的企业以及不公开或者不如实公开环境信息的，应当承担的行政责任和民事责任，并且要求因污染环境和破坏生态造成损害的，应当承担相应侵权责任。

在基础性法律规范中对企业社会责任的规定是宣示性的。其中《中华人民共和国网络安全法》对于企业社会责任的规定也是较为笼统的，如第9条只是提到网络运营者承担社会责任。《中华人民共和国电子商务法》则没有直接提到企业社会责任，而仅仅规定了企业的具体权利保障义务。其中第5条对电子商务经营者的义务进行了列举。

（三）行政立法情况

在环境、知识产权、就业等领域，行政法规和地方性法规中涉及企业的人权责任。在新时代背景下，中国为了如期实现其碳达峰碳中和的

---

〔1〕 陈业宏、高尔旆：《完善外国投资立法中就业安全审查制度的建议》，载《中州学刊》2018年第4期。

目标，在《2030 年前碳达峰行动方案》中提出要"引导企业履行社会责任。引导企业……强化环境责任意识"。[1] 各地纷纷出台环境保护条例，例如，2022 年 11 月 30 日，广东省公布了《广东省环境保护条例》，其中第 13 条强调企业要依法提供环境统计资料；第 22 条要求企业对其排放污染物行为承担责任、并采取措施防止环境污染和生态破坏。而在知识产权保护方面，为建设知识产权强国，中国在 2018 年颁布《中华人民共和国知识产权海关保护条例》明确禁止侵犯知识产权的货物进出口，引导企业履行尊重和保护知识产权的责任。针对就业，《残疾人就业条例》中要求用人单位按照一定比例安排残疾人就业，并提供适当工种。此外，早在 2012 年《无障碍环境建设条例》中就对相关主体在建设居住设施，居住区的时候，应符合无障碍设施工程建筑标准，如果企业作为无障碍设施的所有人或管理人有责任确保相关设施正常使用，要求企业重视对残疾群体权益的保障。

（四）现有立法的不足

立法有助于帮助工商企业内部的决策层提升尊重人权的企业责任意识。在明确要求董事会成员需要落实此等责任的情况下，人权尽职已被提上董事会和执行委员会以及法务部等关键职能部门的日程；虽然现行法律仅直接适用于大型公司，但相关义务正通过企业对企业的压力逐级下达至供应链。传闻证据显示，此类发展使得受法律涵盖的工商企业更容易在与政府实体，如合资企业和国有企业的伙伴关系中提高对人权尽职的需求。[2]

但是现有的立法中存在一定的不足。第一，中国的现行法律法规中并没有专门提到企业人权尽责或者企业人权责任。企业人权尽责是企业履行人权责任的重要环节。而企业人权责任的理念已经被国际社会所认可，它是从人权保障的视角出发。企业应当尊重人权，在其经营和管理

---

〔1〕　国务院：《国务院关于印发 2030 年前碳达峰行动方案的通知（国发〔2021〕23 号）》，2021 年 10 月 24 日施行。

〔2〕　联合国大会：《人权与跨国公司和其他工商企业问题工作组根据人权理事会第 17/4 号和第 35/7 号决议提交的报告》，第 A/73/163 号，2018 年，第 16 页。

的全过程中履行人权尽责，更好地应对人权风险。[1] 而目前包括《公司法》在内的民商事法律中提到的"社会责任"，其落脚点是企业。因此，社会责任的保障较为宽泛和空洞，没有人权法下人权保障的规范性和明确性。

第二，对于企业人权责任相关的法律规定散见于民事、商事和行政立法之中，而其都是针对具体权利的原则性规定，缺乏系统全面的规范，规定的内容较为简单。国内现有的规则难以回应现实企业发展的需求。近年来，不少中国企业由于缺乏人权责任和人权尽责的认识，在进行跨国经营和投资之时受到他国政府的制裁，有损企业声誉。而且其他国家也以人权为抓手，抹黑中国企业和政府形象。其中理由之一就是缺乏相应的法律规范，在立法层面没有履行人权保障义务。此外，学者对司法解释进行解读，认为企业环境侵权受害者可以提起公司决议之诉。因为有司法解释规定："公司股东、董事、监事等请求确认股东会或者股东大会、董事会决议无效或者不成立的，人民法院应当依法予以受理。"此中的"等"字包括高管、债权人、职工和相邻社区居民等利益相关者。因此，环境侵权受害者或职工都可依民诉法规定的条件和程序，就侵害其权益的公司决议提起公司决议效力之诉。[2] 但是，这种解释没有被法律确认，对于权利受害者的补救规范有待进一步完善。虽然国家工商总局 2014 年出台了《网络交易平台经营者履行社会责任指引》，能够帮助网络交易平台经营者了解履行社会责任的主要内容和应当采取的保障措施，监督和指导相关企业积极履行社会责任，但是其效力等级较低，只是部门规章。

第三，在企业人权尽责的立法层面，中国相对滞后。企业人权尽责立法有助于为企业设定明确的人权预期。而近期的国际强制性企业人权尽责法律的发展，正在推动将对公司人权尽责的预期纳入国家法律。在这方面最突出的进展是 2017 年法国制定了一项法律，规定超过一定规

〔1〕 联合国:《尊重人权的公司责任:解释性指南》，第 HR/PUB/12/02 号，2012 年，第 10~11 页。
〔2〕 刘俊海:《论公司社会责任的制度创新》，载《比较法研究》2021 年第 4 期。

模的工商企业有义务保持警惕，以防止子公司或者合作伙伴在域外造成环境损害和人权侵害。这是第一部此类法律，它要求各部门的企业制定和实施警戒计划，并说明他们如何查明、预防和消除其全球业务中的人权影响。尽管存在局限，包括该法所涵盖的企业数量有限，但这是一项可喜的进展，值得其他国家政府学习。

二、中国政府制定和实施的《国家人权行动计划》

中国政府在企业人权尽责政策制定中最突出的举措是在《国家人权行动计划》中纳入了工商业与人权的内容。虽然，中国目前尚没有制定独立的《工商业与人权国家行动计划》，但是该行为仍然起到了保障人权的作用，也是国家履行其人权义务的重要体现。该行动计划正是国家根据《工商业与人权指导原则》制定的一项不断发展的政治战略，以应对工商企业对人权产生的负面影响。2014 年，联合国人权理事会敦促各国制定工商业与人权国家行动计划，以推动在本国实施《工商业与人权指导原则》。因为作为首份关于工商业和人权问题的全球标准，《工商业与人权指导原则》在辨明、预防、缓和与补偿工商企业带来的消极人权影响需求方面形成了广泛共识。自 2011 年来，它已被纳入关键国际框架并被加入国家、工商企业和民间社会的政策体系。而制定工商业与人权国家行动计划就是落实《工商业与人权指导原则》的主要政策进展。[1]

中国政府自 2009 年起连续制定并实施四期国家人权行动计划。这不仅有力推动中国国内人权保障水平的持续提升，而且有助于促进全球人权治理向着更加公平、公正、合理、包容的方向发展。

《国家人权行动计划（2009—2010 年）》是中国政府制定的第一份从人权保障视角出发的国家规划，也是一份推进中国人权事业发展的行动纲领性质的政策文件。在该行动计划中并没有直接提到企业的人权责任或者工商业与人权，而是将其内容分散到具体权利的实现目标上，例如在言论自由权方面，要求保障企事业单位职工的表达权，职工能够对

---

〔1〕　联合国：《尊重人权的公司责任：解释性指南》，第 HR/PUB/12/02 号，2012 年，第 8 页。

企业劳动规章制度提出意见。在妇女权利保障方面强调了在工作场所对女性的权益，建议对女职工特殊劳动保护标准进行适当修改。

2012年到2015年的工作重心是实施和完成"十二五规划"，在深化改革开放同时，加强中国特色的人权建设，推动中国人权事业快速发展。为此，在认真总结以往经验的基础上，中国政府制定《国家人权行动计划（2012—2015年）》，明确此段时期内促进和保障人权的目标和任务。相比2009年的行动计划，2012年发布的这份在人权教育领域特别提到了有关企业的人权教育，要求鼓励并推动企事业单位普及人权知识，形成尊重和保障人权的企业文化。由此可见，中国政府已经意识到企业尊重人权的重要性，并且指引企业在其内部开展人权教育，遵守尊重和保障人权的宪法要求。

《国家人权行动计划（2016—2020年）》是为实现全面建成小康社会的目标而制定的第三期国家人权行动计划，其基本原则之一就是合作推进，要求政府、企事业单位、社会组织共同促进人权事业的发展。除了在经济、社会和文化权利，政治权利和公民权利，特定群体权利保障等领域规定了企业相关的人权保障目标和举措，该行动计划在人权教育领域进一步规定"支持和鼓励企事业单位加强人权教育、培训，培育人权文化，在境内外投资中将尊重和保障人权作为决策的重要考虑因素"，加大了企业推行人权教育和培训的力度，并且要求企业在投资决策中纳入人权因素，在实践层面为企业尊重人权提供指导。该行动计划在国际交流部分增加了企业的社会责任内容，要求"推动中国海外企业在对外经贸合作、援助、投资中遵守驻在国法律，履行社会责任"。这是企业社会责任首次出现在国家人权行动计划中，彰显了中国政府对中国企业海外经营中尊重和保障人权的重视。

2021年9月，中国国务院新闻办公室发布了最新一期的《国家人权行动计划（2021—2025年）》。该行动计划共分导言，经济、社会和文化权利，公民权利和政治权利，环境权利，特定群体权益保障，人权教育和研究，参与全球人权治理，实施、监督和评估8个部分。在工商业与人权方面，行动计划用专款进行了规定。其中提到促进全球供应链中的负责任商业行为，包括实施人权尽责，要求中国政府积极参与联合国工商业与人权条约谈判，做出建设性的贡献。

三、中国企业在环境保护方面的绿色承诺

人权是个人权利和集体权利的有机统一。各项集体权利之间也是相互交织、层层递进的关系。中国和其他发展中国家同时面临着经济发展和环境恶化带来的双重压力，不能走过去发达国家先污染再治理的老路。

为推动中国企业绿色经济转型，《阿拉善 SEE 生态协会会员公约》中明确要求参与的企业作为企业领导者，保证所在企业严格遵守环保法和各相关条例，推动企业绿色转型，并用实际行动带动员工共同保护环境。[1] 此外，该机构还采取了一系列措施促进企业对环境的保护。2021 年 4 月，SEE 基金会联合大道应对气候变化促进中心开发了《房地产企业应对气候变化行动指南》并正式发布。指南从意义、风险、机遇、财务影响、应对方法等五个角度，引导中国的房地产企业加强对气候变化议题的关注，推动更多房地产行业的利益相关方自愿加入应对气候变化的行动。它还推动了"房地产行业绿色供应链行动"。该行动是企业选择建材品类进行绿色采购，第三方独立机构、检测认证机构和行业协会等来制定绿色采购标准，达到了环境要求的供应商进入推荐采购名单，即"白名单"。在"不绿色不采购"项目的推动下，2020 年已有100 家房地产企业加入绿色供应链，企业年销售额近 2 万亿人民币，约占行业总规模 20% 左右。SEE 公益机构共推出 10 个品类的绿色采购行动方案和"白名单"。目前"白名单"企业共 3841 家。[2]

中国宝武集团、鞍钢集团、首钢集团等 15 家钢铁企业签署并发表《中国钢铁企业绿色发展宣言》，以此作为钢铁业践行新时代绿色发展

---

〔1〕 阿拉善 SEE 公益机构：阿拉善 SEE 生态协会会员公约，http：//conservation. see. org. cn/Admission/Association/，最后访问时间：2022 年 3 月 1 日。

〔2〕 阿拉善 SEE 公益机构：绿色供应链，http：//foundation. see. org. cn/Brand/Project/ 2019/1022/86. html，最后访问时间：2022 年 3 月 1 日。

的新起点。[1] 中国银行、邮政储蓄银行、恒丰银行、吉林银行等银行都签署了联合国绿色金融《负责任银行原则》，表现了中国银行界对绿色金融的支持。截至目前，我国已有 13 家银行成为签署行。兴业银行、华夏银行等早期签署行已经开始定期发布《负责任银行原则》评估报告。该原则由联合国环境规划署金融倡议组织制定，于 2019 年在联合国年度大会上正式发布，是全球银行业落实联合国可持续发展目标和《巴黎气候协定》的重要标杆。当前，全球已有 240 余家银行签署。从具体要求来看，《负责任银行原则》不仅包括应对气候变化、碳减排等气候目标，还包括生态环境目标，以及致力于实现消除贫困、改善工作环境等社会目标，这与环境、社会和治理有很大程度的重叠。近期，越来越多的国内金融机构开始关注并成为《负责任银行原则》签署行，这将带来多方面积极影响，为绿色金融发展提供新空间。随着产业、能源和消费结构加快向绿色转型，与绿色低碳技术、绿色生产和绿色消费相关的投融资需求持续增加，银行业将迎来新的业务增长点。[2]

四、中国企业在管理中纳入企业人权尽责

第一，在能源和矿产领域，中国企业重视对企业人权责任的履行，在其经营管理中纳入了企业人权尽责内容。在刚果（金）的中资企业重视承担社会责任，将社会责任写入企业发展战略，确立了"树社会责任形象、建安全精品工程、与伙伴员工合作双赢、创文明绿色环境、谋社区长远福祉"的企业社会责任方针，并由企业行政人事部门负责监督执行。企业每年拿出专款参与当地公益事业，如：免费帮助营地附近居民修路；与当地大学建立合作关系，提供部分奖学金，选拔优秀学生到企业就业等。中资企业在施工中还注意保护环境，与当地员工和谐共

---

[1] 中国钢铁工业协会：《中国钢铁企业绿色发展宣言》，载《中国冶金报》2019 年 9 月 7 日，第 1 版。

[2] 戴志远：《签署〈负责任银行原则〉力促可持续发展》，载《中国城乡金融报》2021 年 9 月 10 日，第 1 版。

处，受到当地政府和居民好评。[1] 此外，中国中铁资源集团刚果（金）分公司也促进了当地就业，并花费大量资金用于当地捐款、修路、参加各种公益活动。

第二，在钴供应链的人权尽责机制中，浙江华友钴业股份有限公司（以下简称"华友钴业"）是做得最为完善的中国企业。自 2016 年初开始，国际社会，包括非政府机构和媒体，对全球钴供应链中的人权风险进行了持续报道，其中包括了刚果（金）钴手采矿开采过程中存在童工等人权侵犯问题，这些问题引起了全世界对钴供应链的关注。华友钴业从 2016 年开始到现在，经过 30 多个月的坦诚、艰辛的全球范围的运作，迅速弥补了认知上的短板，提高了供应链运营风险的管控能力，根据联合国、经合组织以及五矿商会的供应链尽责管理指南，在全行业内建立并运行了第一个负责任钴供应链的尽责管理体系。该管理体系一共分为六步：建立完善的企业管理体系；供应链风险的识别和评估；制定供应链风险减缓计划；开展独立第三方评估与审核；提交报告；促进社区改善，解决根本问题。[2] 尤其是针对所在地区的民采矿问题，华友钴业逐步建立起民采矿的采购体系。民采矿原意为手工和小规模采矿，指的是以简单的方式正式或非正式地开展一系列采矿作业。它是一种劳动密集型的采矿模式。民采矿雇佣了刚果（金）非常大份额的劳动力。在当地，从事民采矿行业的工人们大多家境贫困，他们是处于社会边缘的人民，在经济层面十分脆弱。假如企业拒绝购买其开采的矿产，那么他们自身及其家庭生活会受到极大的影响。[3] 华友钴业还发布了《2020 钴供应链尽责管理报告》。该报告是华友钴业发布的第一份钴供应链尽责管理报告，并创新地构建了六步管理体系。公司设立了总

---

〔1〕　商务部国际贸易经济合作研究院、中国驻刚果民主共和国大使馆经济商务处、商务部对外投资和经济合作司：《对外投资合作国别（地区）指南——刚果民主共和国（2020 年版）》，2020 年，第 90 页。

〔2〕　浙江华友钴业股份有限公司：《尽责管理体系》，https：//www.huayou.com/social111.html？introId=59，最后访问时间：2022 年 3 月 10 日。

〔3〕　浙江华友钴业股份有限公司：《民采矿采购体系》，https：//www.huayou.com/social11.html，最后访问时间：2022 年 3 月 10 日。

裁直管的社会责任委员会，其下还设立了社会责任办公室，配置专人开展供应链的尽责管理工作，每月直接向总裁汇报工作。原料采购部门开展负责任的采购，并受到社会责任办公室的尽责管理的要求。[1]

第三节 对中国政府指导企业构建和完善人权尽责机制的建议

中国政府高度重视人权保障，并且认识到企业履行人权责任有助于实现可持续发展目标，提高人权保障水平。但是目前中国政府在企业人权尽责方面做出的努力不足以满足企业构建人权尽责的实际需要。对此，建议中国政府遵循可持续发展和合作治理的原则，在吸取各国工商业与人权国家行动计划的经验上，制定中国特色的工商业与人权国家行动计划，同时促进在工商业领域的人权教育。

一、遵循可持续发展原则和合作治理原则

经济增长对可持续发展固然非常重要。然而，仅靠经济增长是远远不够的。实际上，经济增长若是以损害环境为代价，或扩大了贫富差距，那都不是我们想要的模式，甚至有可能直接阻碍 2030 年可持续发展目标的实现。对此，中国提出的方案是追求高质量的增长和生态文明的建设。因此，在构建有关企业人权尽责的立法和政策时，应当遵循可持续发展原则和合作治理原则。

（一）可持续发展原则

《2030 年可持续发展议程》设想企业部门在促进实现可持续发展目标方面发挥重要作用，并强调尊重人权必须是企业参与实现这些目标的基础。可持续发展理论是指既满足当代人的需要，又不对后代人满足其需要的能力构成危害的发展，以公平性、持续性、共同性为三大基本原则。在遵循绿色投资原则（GIP）的原则同时，中国特别重视"一带一

---

〔1〕 浙江华友钴业股份有限公司：《2020 年度钴供应链尽责管理报告》，https：//www.huayou.com/Public/Uploads/uploadfile/files/20230329/gongyinglianjinzeguanlibaogao2020nian.pdf，2021 年，第 4~9 页。

路"倡议下项目的可持续性，重点强调了可持续发展和可持续债务。[1]
有效的人权尽责能够助力企业实现和促进可持续发展。对企业而言，对
可持续发展的最大贡献是将尊重人权融入其各项活动和整个价值链，消
除对人的伤害并关注潜在和实际影响。换言之，企业需要意识到并接
受，没有负面影响是一种最低预期和对可持续发展目标的积极贡献。[2]
联合国《2030 可持续发展议程》中设立的 17 个可持续发展目标和 169
个具体目标，旨在让所有人享有人权，实现性别平等，增强所有妇女和
女童的权能。它们是整体的，不可分割的，并兼顾了可持续发展的三个
方面：经济、社会和环境。习近平总书记在联合国发展峰会上讲道，
"发展的最终目的是为了人民。在消除贫困、保障民生的同时，要维护
社会公平正义，保证人人享有发展机遇、享有发展成果。要努力实现经
济、社会、环境协调发展，实现人与社会、人与自然和谐相处。"[3]

目前，可持续性已成为各国政府、投资者、企业和消费者关注的焦
点。人们都越来越要求将环境、社会和治理（ESG）考虑放在商业活动
和实践的最前沿。这包括公司与其他企业和社区的关系所产生的社会因
素，例如与多样性、人权和消费者保护有关的考虑因素。虽然环境、社
会和治理中的"社会"一开始并不是政策的主要焦点，但在过去十年
中，针对商业活动对人权的不利影响的立法和标准大幅增加，导致环境
和社会考虑日益交织在一起。随着商业和人权法律框架从权威性软法律
演变为具有约束力的具体立法，公司在履行其尊重人权的责任方面面临
着越来越高的标准。这一演变的前沿和中心是不断深入的供应和价值链
尽职调查的出现。毫不奇怪，有关工商业和人权诉讼激增。[4]

如果企业履行责任解决对人的潜在和实际的负面影响，就是为实现

---

〔1〕 盖·扎曼、尤·莫·奥埃赫列亚-欣卡伊、李丹琳：《环境、社会、技术和治理：
"一带一路"倡议的可持续发展原则》，载《欧亚经济》2020 年第 5 期。
〔2〕 联合国大会：《人权与跨国公司和其他工商企业问题工作组根据人权理事会第 17/4
号和第 35/7 号决议提交的报告》，第 A/73/163 号，2018 年，第 14 页。
〔3〕 新华网：《习近平在联合国发展峰会上的讲话》，2015 年 9 月 27 日，http：//news.
xinhuanet.com/world/2015-09/27/c_1116687809. htm，最后访问时间：2022 年 3 月 13 日。
〔4〕 盖·扎曼、尤·莫·奥埃赫列亚-欣卡伊、李丹琳：《环境、社会、技术和治理：
"一带一路"倡议的可持续发展原则》，载《欧亚经济》2020 年第 5 期，第 75 页。

可持续发展目标作贡献。但是，反过来不一定成立，即如果公司支持实现了一个或多个具体的可持续发展目标，并不能说该公司就自动履行了其尊重人权的责任。关于建立促进可持续投资框架的欧盟第 2020/852号法规（又称《分类法规》）就承认了这一点。[1] 这一法规标志着该领域向更加协调一致的方向迈出了一步，规定工商企业的经济活动只有在符合《工商业与人权指导原则》的情况下才被视为在环境上可持续。自 2021 年 3 月起，相应的《可持续金融披露条例》要求某些金融行为体披露其人权尽责的信息。[2] 促进 "可持续性" 与《工商业与人权指导原则》保持一致，因为监管机构和标准化组织会调整它们的要求以便与《分类法规》保持一致。最重要的是，这一事态发展向工商企业发出了一个明确的信号，表明它们需要处理相关的可持续性、气候变化和人权问题。[3] 这有助于避免企业尊重人权流于形式。

（二）合作治理原则

合作治理意味着合作和共同责任，但同时，治理的基础还包括必须清晰界定相关各方的责任界限。合作治理则要求治理主体 "基于特定的互惠性目标" 进行自主、平等的合作。《工商业与人权指导原则》虽然没有法律约束力。但它构建了一种合作治理的思路。这里，"保护、尊重和补救" 框架避免将作为经济行为人的工商业实体的独特责任与国家的义务纠缠在一起，虽然不否定它与国家的人权义务之间的密切联系，但基础是 "保护、尊重和补救" 框架对二者的责任与义务做出了清晰的界定。具体来看，《工商业与人权指导原则》提出国家负有保护人权的义务，是因为国家处于国际人权制度的核心，故而国际人权法是其根

---

〔1〕 Regulation（EU）2020/852 of the European Parliament and of the Council of 18 June 2020 on the establishment of a framework to facilitate sustainable investment, and amending Regulation（EU）2019/2088（Text with EEA relevance）, PE/20/2020/INIT.

〔2〕 Regulation（EU）2019/2088 of the European Parliament and of the Council of 27 November 2019 on sustainability-related disclosures in the financial services sector（Text with EEA relevance）, PE/87/2019/REV/1.

〔3〕 Regulation（EU）2020/852 of the European Parliament and of the Council of 18 June 2020 on the establishment of a framework to facilitate sustainable investment, and amending Regulation（EU）2019/2088（Text with EEA relevance）, PE/20/2020/INIT.

本义务；而企业负有尊重人权的责任，这是因为社会在人权方面对工商企业寄予重望，故而它的责任更在于法律之外；救济机会之所以也是支柱，是因为即使最一致的努力也不能防止所有对权利的损害。[1]

促进企业人权尽责机制的构建和完善离不开合作治理，以"一带一路"建设为例。中国发布了标准联通共建"一带一路"行动计划，出台了《"一带一路"融资指导原则》和《"一带一路"债务可持续性分析框架》，努力确保在共建"一带一路"的融资是风险可控、可持续、长期以及稳定的。同时，很多中国企业参与了共建国家的基础设施建设项目，在项目实施的过程中推动了当地经济发展，促进就业。随着中国企业对人权责任的认识程度不断提高，其人权尽责的机制日益完善，使得项目的利益相关方也能获益，实现合作共赢。[2]

二、吸取各国工商业与人权国家行动计划的经验

截至 2021 年 12 月，有 30 个国家已公布了落实《工商业与人权指导原则》的工商业和人权国家行动计划，这些国家人权行动计划主要涉及工人权利、贸易、投资条约与投资国争端解决等议题。在导言部分明确联合国《工商业与人权指导原则》是国家工商业与人权行动计划的基础。联合国人权与跨国公司和其他工商企业问题工作组将国家行动计划理解为：一国根据《工商业与人权指导原则》而制定的不断发展的战略政策，旨在防止工商业对人权产生负面影响。[3] 因此，有效的国家工商业与人权行动计划必须建立在联合国《工商业与人权指导原则》之上。目前，各国已经发布的工商业与人权国家行动计划中都规定了这一点。

（一）成文方式

在这些公布的工商业与国家人权行动计划中，工商业与人权国家行

---

[1]　联合国：《尊重人权的公司责任：解释性指南》，第 HR/PUB/12/02 号，2012 年，第 9 页。

[2]　国际开发银行、联合国开发计划署：《融合投融资规则促进"一带一路"可持续发展——"一带一路"经济发展报告（2019）》，2019 年，第 2 页。

[3]　联合国大会：《人权与跨国公司和其他工商企业问题工作组根据人权理事会第 17/4 号和第 35/7 号决议提交的报告》，第 A/73/163 号，2018 年，第 15 页。

动计划的成文方式有两种：第一种是制定独立的工商业与人权国家行动计划。目前大部分国家都是采取的这种模式。第二种是在其国家行动计划中专门制定工商业与人权章节。仅有少数国家采取了这种做法，包括格鲁吉亚、乌克兰和韩国。

第一，格鲁吉亚在其国家人权行动计划中有一章是关于工商业和人权的。2018 年 3 月，《2018—2020 年格鲁吉亚人权行动计划》发表。这包括一个关于工商业和人权的具体而详细的章节，它被纳入更广泛的人权国家行动方案，而不是作为一个独立的国家行动方案。[1] 在该计划中，格鲁吉亚承诺制定"2018—2020 年商业和人权综合行动计划"，并开展国家基线评估（NBA），提高对企业社会责任、商业和人权的认识，确保利益相关者参与企业社会责任的发展。早在 2016—2017 年格鲁吉亚政府人权行动计划中就包括了一个关于工商业和人权的简短章节。[2]

第二，2021 年 3 月，乌克兰宣布在国家人权行动计划中通过了关于商业和人权的一章。[3] 在制定关于商业和人权的国家章节期间的初步来文指出，乌克兰打算将制定关于商业和人权的独立国家行动方案作为一项行动。截至 2021 年 4 月，还不确定乌克兰是否仍在推行关于工商业和人权的独立国家行动方案，因为其在国家人权行动计划中的工商业与人权一章中的措辞留有解释的余地。[4]

第三，韩国于 2018 年 8 月 9 日通过了一项人权国家行动计划，其中载有关于工商业和人权的一章。韩国国家人权委员会于 2016 年 7 月向韩国政府提交了关于商业和人权的国家行动计划的建议。这些建议侧重于促进国家的保护义务、企业的尊重责任以及获得商业和人权方面的

---

〔1〕 Georgia, National Human Action Plan chapter 25 on business and human rights 2018 - 2020, 2018.

〔2〕 Georgia, National Human Action Plan chapter 25 on business and human rights 2018 - 2020, 2018.

〔3〕 The Danish Institute for Human Rights：National Action Plans On Business and Human Rights，https：//globalnaps. org/，最后访问时间：2021 年 11 月 10 日。

〔4〕 The Danish Institute for Human Rights：National Action Plans On Business and Human Rights，https：//globalnaps. org/，最后访问时间：2021 年 11 月 10 日。

补救。这些建议概述了政府的九项任务,包括:确保政府在商业和人权方面的政策一致性,使公共组织的人权管理制度化,在公共采购中考虑人权问题,以及支持非国家申诉机制。因此,2018 年 8 月 9 日,韩国通过了《国家人权行动计划》,其中有一章直接规定了工商业和人权的内容。[1]

(二) 不同群体权利保障的人权挑战

本部分阐述国家面临对不同群体权利保障的人权挑战。联合国人权与跨国公司和其他工商企业问题工作组指出,国家在工商业与人权国家行动计划中运用综合性进程来确认国家优先事项、具体政策措施及其行动。由于各国的国情不一,而工商企业的活动会影响到所有的人权。因此,本部分将分专题分析现发布的报告中不同领域的人权挑战。

第一,性别平等问题。妇女和女童往往承受着不成比例的社会、经济和环境负面影响的负担,而获得私营部门发展可能产生的就业机会、供应合同或补偿等福利的机会却较少。性别平等对于在工商业领域保障女性权利至关重要。因此,所有已经发布的工商业与人权行动计划中都或多或少地对性别平等加以规定,主要集中在对妇女权利的保护。哥伦比亚在其行动计划中提出坚持基于性别的方法,要求对性别问题采用基于人权的方法,揭示了人权如何以不同方式影响女性和男性,以及权力关系和性别歧视如何影响人类切实享受权利。哥伦比亚还认识到区分商业活动的影响因男女而异的重要性。[2] 爱尔兰则在行动计划的第二部分现行立法框架中总结了有关平等的法律法规。爱尔兰政府致力于促进爱尔兰社会各方面的平等。爱尔兰人权和平等委员会致力于消除歧视和促进机会平等。它的任务是向那些认为自己在就业或非就业情况中受到 9 种理由中的任何一种歧视的人提供信息和建议。并且介绍了最近在平等问题上取得的积极进展,包括 2016 年引入了法定陪产假福利;2017

---

〔1〕　Korea, The 3rd National Action Plan (NAP) for the Promotion and Protection of Human Rights Republic of Korea 2018 to 2022, p. 3.

〔2〕　Office in Colombia of the High Commissioner for Human Rights, National Action Plan on Human Rights and Business, pp. 5~6.

年5月启动了新的国家妇女和女孩战略；首次当选为联合国妇女地位委员会成员，任期为2017~2021年。这将为爱尔兰在充分实现妇女和女童权利方面的国际参与提供机会。[1] 荷兰在行动计划中只是简单提及性别和妇女权利，包含在对劳工权利的机会和待遇平等里。

第二，儿童权利保障问题。除了格鲁吉亚外，目前已经发布的行动计划中都规定了儿童权利的内容。有的国家只是简单提到了保护儿童权利的法律规定和采取的措施，例如德国的行动计划中在制定经济政策的基本原则方面中提到："德国还受欧盟第2011/36/EU号指令的约束，并批准了2005年《欧洲委员会打击贩运人口行动公约》和《关于预防、禁止和惩治贩运人口特别是妇女和儿童行为的巴勒莫议定书》"，[2] 并提出了联邦政府还将采取具体行动，在实施《工商业与人权指导原则》时加强对保护人权捍卫者的广泛承诺。在商业和人权领域，与其他领域一样，发展政策是维护弱势群体的权利，例如土著人民或儿童、青年或残疾人。[3]

有的国家则将儿童权利列为优先事项，专门进行具体规定，主要有意大利、日本、瑞士。例如意大利专门规定了对儿童权利的保护，要求经济发展部、外交部和国际合作部支持2015年6月启动儿童基金会商业实验室项目。[4] 该项目旨在帮助公司识别风险，并将儿童权利纳入自己的尽职调查和管理实践中。根据这一办法，意大利预计将采取若干行动，例如分发儿童基金会关于商业活动对18岁以下儿童的直接和间接影响的工作手册以及其他相关出版物。瑞士则明确要采取措施结束供应链中一切形式的剥削儿童行为，并规定了一系列行动。其中包括瑞士政府将与私营部门和民间社会建立伙伴关系，以推进2030年可持续发展议程的目标8和目标7：到2025年消除一切形式的童工，到2030年

〔1〕 Ireland, National Action Plan on Business and Human Rights 2017-2020, pp. 9~10.

〔2〕 The Federal Government of Germany, National Action Plan Implementation of the UN Guiding Principles on Business and Human Rights 2016-2020, 2016, p. 5.

〔3〕 The Federal Government of Germany, National Action Plan Implementation of the UN Guiding Principles on Business and Human Rights 2016-2020, 2016, pp. 7~9.

〔4〕 Italy, Italian National Action Plan on Business and Human Rights 2016-2021, 2016, p. 6.

消除强迫劳动，结束现代奴役和人口贩运。[1]　日本也极为关注童工问题，并在行动计划中列举了已经采取或将要采取的制止暴力侵害儿童行为的举措，这些举措中还涉及对儿童权利的网络保护。[2]

　　第三，残疾人权利保障。比利时、捷克、丹麦、芬兰、爱尔兰、荷兰、挪威、瑞典、美国等九国的行动计划没有对残疾人权利进行规定。其他国家工商业与人权行动计划则在不同部分涉及残疾人权利。哥伦比亚在行动计划中提到对待残疾人的办法：首先，重要的是对残疾的理解。根据《残疾人权利公约》，残疾人是"那些有长期身体、心理、智力或感官障碍的人，这些障碍与各种障碍相互作用，可能妨碍他们在与他人平等的基础上充分有效地参与社会"。该计划对残疾问题的处理方法是基于残疾的社会模式，其中提到：这种模式中的残疾人概念是基于社会本身的局限性，超越了人的功能多样性。这样就区分了通常所说的"损害"和所理解的"残疾"。[3]　格鲁吉亚只设立了两项和残疾人相关的目标。例如目标 25.9.1：确保建筑立法与人权保护标准（包括确保残疾人适应环境的标准）相一致。目标 25.19.1：确保采取必要行动批准《残疾人权利公约》的补充记录。[4]　日本在法律面前人人平等部分，关注的是残疾人、妇女、性取向和性别认同不同的人以及其他群体，并且要求建立无障碍便利设施、鼓励雇佣残疾人。[5]　波兰在企业尊重人权方面，特别规定残疾人机会均等的内容。其要求企业应考虑以下问题：建筑无障碍性，进行无障碍性审计，应用满足各种残疾人士需求的解决方案，包括支持听力的系统，例如在会议室、主要接待区、盲人和视障人士设施中，确保卫生设施的可用性等。[6]

　　[1]　Swiss, Swiss National Action Plan 2020-23, 15 January 2020, pp. 8~12.

　　[2]　Japan, National Action Plan on Business and Human Rights 2020-2025, pp. 2~5.

　　[3]　Office in Colombia of the High Commissioner for Human Rights, National Action Plan on Human Rights and Business, pp. 10~12.

　　[4]　Georgia, National Human Action Plan chapter 25 on business and human rights 2018-2020, 2018.

　　[5]　Japan, National Action Plan on Business and Human Rights 2020-2025, pp. 15~16.

　　[6]　the Council of Ministries, Polish National Action Plan for the Implementation of the United Nations Guiding Principles on Business and Human Rights 2017-2020, p. 35.

（三）反腐败问题

第一，对于腐败，在已经发布工商业与人权国家行动计划的国家中，只有18%（5个国家）的行动计划中没有规定反腐败问题。大多数国家还是关注反腐败。但是只有2个国家对反腐败问题进行了具体的规定，尤其是美国。格鲁吉亚在其工商业与人权章节中没有提到这个问题。智利、哥伦比亚、韩国、西班牙的国家工商业与人权行动计划在其主要文本中没有明确提及反腐败问题。

第二，大部分国家的工商业和人权行动计划都只是提到采取的反腐败举措和现有的反腐败法律制度。例如捷克长期以来对人权问题给予了广泛重视，并对企业的活动十分重视，已经制定了反腐败行动计划。法国开设了面向招聘机构、石油和天然气行业以及信息和通信技术的商业反腐败门户网站。法国还通过了保护举报人权利的法律。2016年12月9日关于透明度、反腐败和经济现代化的第2016-1691号法案取代了先前关于举报人的具体部门规定，重点是保护举报人的权利。不少欧洲国家在行动计划中还提到欧盟非财务报告制度，这是欧盟关于披露非财务和多样性信息的指令（2014/95/EU）。它于2014年12月生效，要求某些被称为公共利益实体的公司在其年度管理报告中加入声明，声明中需要包含与环境、社会事务、人权和反腐败相关的重要数据。[1]

第三，肯尼亚在行动计划专门提到收入透明度问题。肯尼亚认为税收公正和对公司财务行为的监管，不能脱离联合国大会和支持可持续发展目标的商业承诺中所概述的尊重人权的公司责任。实际上，可持续发展目标包括减少非法资金流动、归还被盗资产、减少腐败和加强国内资源调动等具体目标。[2]

第四，腐败和反腐败方法的话题在美国的《负责任商业行为国家行动计划》中占有重要地位。首先，这份美国行动计划的目标之一就是反

---

〔1〕 French, National Action Plan for the implementation of the United Nations Guiding Principle on Business and Human Rights, p. 9.

〔2〕 Kenya, National Action Plan on Business and Human Rights For the Implementation of the United Nations Guiding Principles on Business and Human Rights, June 2019.

腐败。其次，在促进全球负责任商业的新行动中，特别提到 2016 年 5 月在英国举行的国际反腐败峰会的一项重要成果，国家和美国国际开发署（USAID）将发起全球反腐败联盟（GACC），这是一项支持揭露腐败的国际努力的新举措，提高公众意识，促进政府、执法机构和多边组织的行动。再次，美国还承诺将继续积极支持一系列有关反腐败公约的实施，积极参与各国际组织的反腐败活动。最后，美国在国内还会加强教育和宣传，出版国家商业指南和一些反腐败出版物，帮助公司遵守反腐败法。

（四）强迫劳动和人口贩卖

格鲁吉亚在其工商业与人权章节中没有提到强迫劳动和人口贩卖问题。哥伦比亚、立陶宛、瑞典的行动计划也没有明确提到强迫劳动。丹麦的行动计划中要求在公共合同中增加使用劳动和社会条款。丹麦承诺，在丹麦进行的工作必须在法定的工资和工作条件下进行，当局在确保公共项目中不会出现报酬过低的外国劳工方面发挥着重要作用。[1] 芬兰的行动计划也仅在公共采购条款中提到强迫劳动。法国则认为要更好地纳入关于负责任的生产过程和方法的国际社会标准（例如，针对童工和强迫劳动），以便促进一个考虑到现有框架和条例的公平竞争环境。[2] 爱尔兰则通过打击人口贩运来确保人们在爱尔兰或在海外经营的爱尔兰公司不受剥削或被迫违背其意愿工作。荷兰国家行动计划提到了国际强迫劳动保护，其中包括一项关于这一主题的行动。韩国也是在阐述国内情况的时候，提及跨国公司管理过程中的童工问题。[3] 波兰在强迫劳动方面花费了大量的笔墨。首先，介绍了波兰规定的禁止强迫劳动的法律。其指出尽管《劳动法》没有包含强迫劳动的定义，但根据《波兰共和国宪法》第 65（1）条，每个人都有选择和从事自己的职业以及选择工作地点的自由（法律规定的例外情况除外）。其次，波兰

---

〔1〕　The Danish Government, Danish National Action Plan-implementation of the UN Guiding Principles on Business and Human Rights, March 2014, pp. 17~20.

〔2〕　French, National Action Plan for the implementation of the United Nations Guiding Principle on Business and Human Rights, pp. 15~18.

〔3〕　Ireland, National Action Plan on Business and Human Rights 2017-2020, pp. 17~18.

在行动计划中着重阐述国家劳动监察局在打击人口贩运，特别是强迫劳动方面的任务。[1] 泰国同意强调预防和制止贩运人口，特别是在渔业方面。泰国总理宣布把打击人口贩运作为国家议程，并指派有关部门重点打击人口贩运，严肃起诉涉案政府官员。在宣布国家议程之后，政府制定了消除一切形式的人口贩运的明确政策，认为这是对人的尊严的侵犯，违反了人权原则。[2]

（五）环境和气候变化

芬兰、瑞典的行动计划没有明确提到环境和气候变化。但是大多数国家都对环境和气候变化较为重视，并在行动计划中着重规定。下面将举例进行说明。

法国在其工商业与人权行动计划中规定了大量关于环境和气候变化的内容。其中包括：首先，在国家的保护义务中，法国承诺会致力于在国家、欧洲和国际各级加强人权、社会和环境标准，提供宪法、法律和监管保护。并且列举了一系列和环境保护相关的国际、欧洲和国内层面的法律法规，进而阐述了在采掘、农业和食品以及金融行业的具体举措。其次，在企业尊重人权方面也提到环境保护的责任，指出 2012 年 4 月 24 日关于企业社会和环境透明度义务的第 2012-557 号法令将人权置于与其他问题同等的地位。最后，在补救措施方面也提到对破坏环境的企业行为的规制。[3] 爱尔兰特别介绍了其在环境领域保护人权的相关规定。爱尔兰政府优先考虑公民享有安全环境的权利和企业遵守环境保护立法的责任。爱尔兰遵守欧盟的主要指令，如欧盟第 2004/35/EC 号指令，该指令涉及预防和补救环境损害方面的环境责任。根据政府确保包容性和公开参与决策的优先事项，爱尔兰还批准了《奥胡斯公约》，该公约旨在促进公民参与环境事务并改进环境法的执行。意大利也十分

---

〔1〕 the Council of Ministries, Polish National Action Plan for the Implementation of the United Nations Guiding Principles on Business and Human Rights 2017-2020, p. 24.

〔2〕 Thailand, Rights and Liberties Protection Department Ministry of Justice, First National Action Plan on Business and Human Rights（2019-2022）, pp. 12~15.

〔3〕 French, National Action Plan for the implementation of the United Nations Guiding Principle on Business and Human Rights, p. 23.

重视对环境的保护。在其明确的工商业和人权领域的六个优先事项中就包括"促进环境保护和可持续发展"。意大利认为在环境保护领域，企业在国家和欧盟立法之外促进建设更高环境标准，是对尊重、促进和实现人权的重要贡献。并且特别介绍了政府与相关利益相关方（如国家研究中心、大学、国家和国际一级的工商企业和环境协会）以及在应对气候变化领域采取的国际行动。[1] 英国虽然在其 2013 年行动计划没有明确提及环境和气候变化。但是 2016 年最新的行动计划中提及了英国国家联络点接到有关环境变化的案例，即世界野生动物基金会（WWF）和索科（SOCO）国际公司。这个案件是有关石油勘探活动可能对当地社区、环境和野生动物造成不利影响。在 2014 年 6 月，国家联络点对该案给出了最终意见。[2]

（六）数据保护和隐私方面

各国的工商业与人权行动计划中主要在企业尊重人权责任部分进行阐述。捷克认为对企业而言，尊重人权包括不助长侵犯人权行为：企业本身并不侵犯人权，但其行为方式有助于或为侵犯人权行为铺平道路。这可能包括向不民主的政权披露客户的个人资料。[3] 日本则将其视为与新技术发展有关的人权，并介绍已经采取的措施，包括在互联网上诽谤和侵犯隐私等方面，要求披露发送方信息和由提供者删除信息的方法向受害者提供咨询。如果受害人发现难以从滥用内容造成的损害中恢复，则应努力通过请求提供者删除此类滥用信息来补救损害。此外，日本还规定了仇恨言论及 AI 技术对隐私权的保护。[4] 英国也提到制定网络出口指南，构建网络安全许可证制度。英国认识到"网络空间"的扩张带来了巨大的经济效益和社会效益。然而，这也给黑客、罪犯和恐怖分子带来了风险和新的机会。为了帮助减轻这些风险，公司已经开发

---

〔1〕　Italy, Italian National Action Plan on Business and Human Rights 2016-2021, 2016, p. 7.

〔2〕　the Secretary of State for Foreign and Commonwealth Affairs, Good Business Implementing the UN Guiding Principles on Business and Human Rights, May 2016, pp. 6~8.

〔3〕　Czech Republic, National Action Plan for Business and Human Rights 2017-2022, p. 12.

〔4〕　Japan, National Action Plan on Business and Human Rights 2020-2025, pp. 17~18.

了安全产品和服务来保护网络免受恶意活动的侵害。[1]

（七）对受冲突影响地区商业行为的规定

现发布的行动计划中通常在国家保护义务方面提到受冲突影响地区的人权保护，并根据《工商业与人权指导原则》的原则七制定一系列举措。例如丹麦在其行动计划中提到国家的保护义务包括"支持受冲突影响地区的企业尊重人权。由于受冲突影响地区严重侵犯人权的风险加剧，各国应帮助确保在这些情况下经营的企业不卷入此类侵犯行为，包括：①尽早与商业企业接触，帮助它们查明、预防和减轻其活动和商业关系中与人权有关的风险；②向工商企业提供充分的援助，以评估和处理虐待的高风险，特别注意基于性别的暴力和性暴力；③拒绝向严重侵犯人权并拒绝合作解决这种情况的企业提供公共支持和服务；④确保其现行政策、立法、条例和执法措施有效地解决企业参与严重侵犯人权的风险。"瑞士则在其举措中提到制定受冲突影响和高风险地区人权尽责准则。美国也在其行动计划中指出《多德-弗兰克华尔街改革和消费者保护法》第1502节对冲突矿物的规定，打破武装冲突与自然资源之间的联系，防止一些武装团体或国家部队从出售某些商品中获益。[2]

不过德国、意大利、挪威和斯洛文尼亚特别用一节规定了受冲突影响地区的商业活动，尤其是冲突矿物。其一，德国指出联合国指导原则特别重视协助企业尊重冲突地区的人权。这些地区的一个特点是，由于通常没有国家机构，严重侵犯人权的风险特别高。[3] 因此，德国联邦政府认为，它有责任努力确保在这种条件下经营的德国企业不参与对人权的任何不利影响。在这些条件下经营的企业，只要能够通过投资和经营活动，为这些地区的稳定和发展作出贡献，就要得到支持。在文中特别提出《受冲突影响和高风险地区矿产负责任供应链尽职调查指南》

---

〔1〕 the Secretary of State for Foreign and Commonwealth Affairs, Good Business Implementing the UN Guiding Principles on Business and Human Rights, May 2016, pp. 16～20.

〔2〕 America, Responsible Business Conduct- First National Action Plan for The United States of America, December 16, 2016.

〔3〕 The Federal Government of Germany, National Action Plan Implementation of the UN Guiding Principles on Business and Human Rights 2016-2020, 2016. pp. 20～23.

对保护受影响地区人权的重要贡献。并且阐明德国联邦政府正在努力实现防止利用出售锡、钽和钨及其各自矿石和黄金所得收益，资助冲突地区和其他高风险地区的武装斗争。德国承诺会致力于建立具有约束力的尽职调查规则，这些规则应相称，不应带来不必要的繁文缛节，特别是对中小企业而言。[1] 其二，意大利也致力于支持受冲突影响地区的企业尊重人权，并提出了促进人权可能仍然是保障和平与安全的基本手段。在此基础上，意大利根据经合组织的尽职调查和相关欧盟条例，借鉴提高处理冲突矿产的最佳做法。[2] 其三，挪威认为公司本身有责任确定与已发生或受冲突影响的领域相关的严重风险。商业部门越来越需要与公共当局就冲突地区的安全、风险评估和腐败问题进行对话与合作，并要求在这些领域建立市场。挪威就受冲突影响地区列举出了采取或计划采取的措施，其中包括"通过海外特派团加强与工商部门的对话，探讨与冲突地区侵犯人权、安全关切和腐败有关的风险"。[3]

三、制定中国工商业与人权国家行动计划的建议

制定工商业与人权国家行动计划是一项政治战略，是及时应对工商企业对人权产生的负面影响的捷径。2014 年，联合国人权理事会敦促制定国家行动计划，以推动各国实施《工商业与人权指导原则》。截至2021 年 12 月，有 30 个国家已公布了落实《工商业与人权指导原则》的工商业和人权国家行动计划。这些国家人权行动计划主要涉及工人权利、贸易、投资条约与投资国争端解决等议题。此外，包括越南、乌克兰、马来西亚等在内的 18 个国家则处于制定该类计划的不同阶段。

中国政府和工商企业界对《工商业与人权指导原则》重视程度较低，很少将其纳入各项政策和行业规范之中，很难指引企业实现尊重人权的责任。工商业与人权国家行动计划的制定能够通过触发不同部门和

---

〔1〕 The Federal Government of Germany, National Action Plan Implementation of the UN Guiding Principles on Business and Human Rights 2016-2020, 2016, p. 13.

〔2〕 Italy, Italian National Action Plan on Business and Human Rights 2016-2021, 2016, p. 12.

〔3〕 Norwegian Ministry of Foreign Affairs, Business and Human Rights National Action Plan for The Implementation of the UN Guiding Principle, 2016, p. 4.

机构间合作，促进政府政策间的一致性。以工商业与人权国家行动计划为抓手，能够促进对企业的人权问责，从源头上消除企业经营中出现的人权隐患。下文结合联合国的相关报告和指导意见，在对现有 30 个国家公布的工商业与人权行动计划研究基础上，提出以下几点建议。

（一）确保和人权尽责的国际标准接轨

起草前应当考查工商业与人权的国际环境和中国国情，确保行动计划和国际标准接轨。众所周知，负责任地塑造可持续和成功的全球经济对中国尤为重要。中国经济的飞速发展离不开全球化。中国企业已经遍布在世界各地，为当地创造就业机会和提高环境和社会标准做出了重要贡献。中国经济逐步由"中国制造"走向"中国创造"。与此同时，由于中国企业越来越多地参与全球供应链和价值链，这既带来了机遇，也带来了挑战。在全球供应和价值链中运营的中国公司由于缺乏透明度和对人权和劳工、社会和环境标准的重视不足而面临诸多风险，例如罢工浪潮、产品被抵制，等等。此外，国际社会越来越重视对人权的保护。各国际组织都呼吁企业应当承担尊重人权的责任。例如经合组织为多国企业制定了准则，而国际劳工组织就社会政策和提供包容、负责和可持续的工作场所做法向企业提供直接指导。因此，中国应当在结合中国的"十四五"规划等发展战略的基础上，制定和国际标准接轨的工商业与人权国家行动计划。

行动计划导言部分在制定依据上，除了说明诸如"遵循《世界人权宣言》和有关国际人权公约的精神"之外，还应特别强调联合国《2030 年可持续发展议程》。同时，明确中国工商业与人权国家行动计划将运用《工商业与人权指导原则》的框架，特别说明在国家履行保护人权的义务之外，企业（或企事业单位，也可再加上社会组织）对促进和实现人权也负有责任，因此可在"指导思想"或"基本原则"中加入："在提升国家保护人权的水平的同时，促进企事业单位、社会组织尊重和促进人权"。在行动计划最后，还应说明《国家人权行动计划》的相关内容同时也构成根据联合国相关倡议而制定的《工商业与人权国家行动计划》。

（二）依靠现有的国家人权行动计划联席会议机制

依靠现有的国家人权行动计划联席会议机制，尽快制定工商业与人权国家行动计划。首先，国家人权行动计划联席机制是中国在人权领域的创新举措，效果显著。自 2009 年以来，我国已经专门设立了国家人权行动计划联席会议机制，落实和监督实施了三期《国家人权行动计划》。该机制的核心机构是国务院新闻办公室和外交部，其组成包括非政府组织、人民团体以及中央国家机关有关部门。另外，制定工作还邀请到了专家组的参与，这些专家大部分是来自全国重点高校和研究机构等人权专家。[1] 其次，确立专门机构来主导工商业与人权国家行动计划的制定已经被国际社会普遍接受。现有的 30 份工商业与人权国家行动计划都提到设立专门的计划制定机制。最后，《国家人权行动计划》的组织制定工作是通过联席会议机制进行，而且该行动计划的评估、监督与执行也是其负责统筹协调的，为行动计划的实施提供了有效保障。例如在全球化条件下和全供应链生态中，根据中国企业的实际需求和面对的挑战更新和修订计划，以使各有关方面都认识到其自身应予承担的责任，从而减少中国企业的压力。因而，建议在现有国家人权行动计划联席会议的基础上，赋予其制定工商业与人权国家行动计划的任务。

（三）围绕联合国《工商业与人权指导原则》的"保护、尊重和补救"框架

国家行动计划的内容应围绕联合国《工商业与人权指导原则》的"保护、尊重和补救"框架展开，其中需要着重强调人权尽责程序。首先，《工商业与人权指导原则》确立了工商业与人权关系上的三个支柱：国家保护人权的义务、企业尊重人权的责任，以及有效的救济。在此基础上，鲁格教授将其具体阐述为 31 条指导原则。这些联合国指导原则已明确成为许多国际组织（如经合组织、国际金融公司和欧盟）

---

〔1〕　中国国务院新闻办公室：《国家人权行动计划（2016—2020 年）》，2016 年 9 月 29日。

在工商业和人权领域活动的参考文献。[1] 因而，国家行动计划的结构也应围绕上述框架展开。其次，企业的人权尽责是预防和消除人权风险的重中之重。国家在行动计划中应明确在境内或国外经营的公司在所有活动中都尊重人权。这意味着，公司的商业活动不应与造成、助长或与侵犯人权的行为相关联，尤其是在受冲突影响地区，并且应采取行动防止此类侵犯人权行为。所以，工商业与人权国家行动计划中需要单独将人权尽责作为一章进行阐述，说明人权尽责程序的范围、实际内容以及要素，从而帮助公司预防和管理人权风险。

（四）遵循《国家行动计划》的权利保障框架

在权利保障领域，按照以往国家行动计划的经济社会和文化权利、公民权利和政治权利、特定群体权利展开论述。[2] 首先，在经济、社会和文化权利部分，明确强调工商企业对于尊重和促进环境、文化、健康等领域具体权利的重要作用。在工作权利中针对性地回应和强调两点：反对和惩处强迫劳动、童工；推动工商企业在供应链上尊重和促进各种工作权利和其他人权，包括打击人口贩卖。在基本生活水准和社会保障权利方面，强调通过公共部门与私营部门合作，确保农民工均能享受平等的工作机会和社会保障、医疗服务和子女教育等权益，包括为农民工提供更便利的法律援助服务。在健康权利方面，明确指出并强调支持和督促工商企业在公共卫生危机，包括传染病和职业病防治、新特药和医疗设备研发等方面发挥更大作用。在环境权利方面，明确并强调遵循《巴黎协定》，推动企业减少温室气体排放，积极应对并适应气候变化。其次，在公民权利和政治权利方面，关注互联网、AI、大数据等新兴高科技行业对公民人身权利，尤其是隐私权、个人信息等的威胁，推动监管和行业自律。支持建立关注企业人权影响及相关争议的申诉处理机制，通过此类机制以非诉讼方式解决各类纠纷与申诉。最后，对于特

---

〔1〕 联合国：《尊重人权的公司责任：解释性指南》，第 HR/PUB/12/02 号，2012 年，第 4 页。

〔2〕 中国国务院新闻办公室：《国家人权行动计划（2021—2025 年）》，2021 年 9 月 9 日。

定群体权利的保障，在少数民族权利方面，须在鼓励企业投资于少数民族地区，促进当地就业和经济发展的同时，处理好投资和经济活动对少数民族文化、传统和自然环境的保护。在妇女权利方面，严格禁止所有公共和私营部门基于性取向和性别认同的歧视，同时进一步缩小性别工资差异，并加强妇女在企事业单位领导和管理职位上的任职比例。

（五）明确具体举措和执行部门

工商业与人权国家行动计划中应载有各相关方将采取的措施，并指定具体的执行部门。一方面，国家行动计划应当从"保护、尊重和补救"来明确各相关方将采取的具体措施。首先，保护人权国家责任的具体措施是立法和国际合作，包括修订相关立法，积极参加联合国工商业和人权论坛等国际交流和对话。其次，在公司尊重人权责任方面，工商企业应通过人权尽责履行尊重人权的责任。因此，东道国应当为工商企业提供当地适用法律和人权政策的必要信息，以便企业了解当地情况，以及其行为对人权可能产生负面影响的风险。最后，受影响的个人和群体需要更多地获得司法和非司法的有效补救，消除不利影响。另一方面，国家行动计划应当规定具体措施相对应的执行部门，以更好地厘清责任，保障行动计划的尽快落实。例如，智利在计划中分别提出了各部门的职责。例如在人权教育领域，其列举了外交部、司法与人权部、劳动部、能源部、社会发展部等部门应当采取的不同措施。[1]

四、中国政府促进在工商业领域的人权教育

在实践中，人权教育能够消弭企业经营中遇到的障碍，减少企业的法律风险。有研究表明对外投资的中国企业存在中外员工之间因文化习俗方面的差异造成相处与沟通方面障碍等问题。30%的受访企业反映，当地员工因生活习惯、文化习俗方面的差异对企业正常生产活动造成影响。中资企业员工融入当地社会与文化仍存在困难，与当地员工关系紧张。[2] 随着企业运营和运营环境的演变，人权风险可能会随着时间的

---

〔1〕 Chile National Action Plan On Business and Human Rights, pp. 19~22.

〔2〕 北京零点有数:《"一带一路"沿线中国民营企业现状调查研究报告》，2019 年 8 月 7 日，第 40 页。

推移而发生变化。当开展一个新的活动和/或建立一个新的商事关系的时候，尽责程序应当尽可能早地被启动。而大量中国企业进行海外投资，甚至在某些国家或者地区成为重要的外资来源，中国企业应承担社会责任，维护企业在当地民众与舆论中的形象，有助于实现在海外经营的可持续发展。[1] 由此可见，人权教育的重要性。

国际社会已经认识到人权教育的重要性。1984 年联合国大会上通过的《世界人权宣言》中的第 26 条第 2 款规定，"教育的目的在于充分发展人的个性并加强对人权和基本自由的尊重。教育应谋求促进各国、各种族间的了解、容忍和友谊，并应促进联合国维护和平的各项活动"。2004 年 12 月 10 日，联合国大会宣布通过世界人权教育方案（2005 年至今），以便在各个部门推进人权教育方案的实施。该方案由联大 2004 年 12 月 10 日第 59/113 号决议确立。[2] 人权委员会相信人权教育能够促进人权和基本自由的实现，并且极大提升人权保障水平。[3] 此外，1995 年启动的教育十年计划中虽然没有直接提到工商业与人权，但是其内容是适用于工商业与人权教育的。因为工商业与人权教育是人权教育的重要组成。人权教育的定义是努力开展培训、传播和信息，目的是通过传授知识、技能和塑造态度，建立普遍的人权文化。[4]

此外，对工商业与人权教育的需求正在全球范围内增长。政府、工商企业、社会组织和多边机构越来越致力于解决工商业与人权之间的挑战。在所有领域都存在对符合下述要求的大学和专业学校学生的需求：①了解国际人权标准与工商业之间的关联；②熟知联合国全球契约各项原则，以及在联合国有关工商业与人权的保护，尊重和补救框架中提出，并为《工商业与人权指导原则》所详述的企业尊重人权的责任；③掌握管理工商业的人权影响的最佳实践。先导型企业正在将人权考虑

---

〔1〕 北京零点有数：《"一带一路"沿线中国民营企业现状调查研究报告》，2019 年 8 月 7 日，第 42 页。

〔2〕 联合国大会：《世界人权方案》，第 A/RES/59/113 号，2005 年，第 1 页。

〔3〕 联合国大会：《世界人权方案》，第 A/RES/59/113 号，2005 年，第 1 页。

〔4〕 联合国大会：《联合国人权事务高级专员关于〈联合国人权教育十年行动计划〉执行情况的报告》，第 A/51/506/Add. 1 号，第 5 页。

融入其战略和运营，并报告绩效。更多的企业正在选聘具备有效识别和管理工商业活动和关系中的人权风险和机遇的知识和技能的毕业生。中国投资者必须明白，尽责投资的含义远不是一些企业社会责任项目就可以涵盖。就中国—缅甸油气管道项目而言，中石油在企业社会责任项目上已经花费了大量的资金，这些项目包括在社区修建学校和诊所等，但由于缺乏医护人员和药品，当地社区的获益十分有限。而且项目给管道沿线的社区带来了巨大的负面环境影响和社会成本。[1]

通过上述分析，中国政府应当做到以下几点来促进工商业与人权相关的人权教育和培训：

第一，鼓励高校面向研究生开设工商业与人权课程，尤其是法律、经济、商学、社会学和政府管理等学院应优先开设，并支持高校等研究机构开展工商业与人权领域的研究。现在国内高校对于工商业与人权课程的开设较为稀缺，大多数还是讲授企业社会责任，而且集中在商学院。但是企业人权尽责是跨学科的，学习相关的专业知识对于社会学、政府管理以及法学专业的学生同样重要。此外，国内学界对工商业与人权的研究较为缓慢，许多前沿课题的讨论并不充分，难以解决中国企业在实践遇到的人权困境。

第二，各类企事业单位应建立常设性的人权教育制度，中高层管理者应掌握必要的人权知识，促进形成尊重人权的企业文化和组织文化。工商业与人权教育首要是针对企业家，尤其是中高层管理者。提升这部分群体的科学素质和人权意识，能够在较大程度促进企业人权文化的形成。在实践中，企业自身建立起尊重人权的文化，不仅有助于企业人权政策的落实，而且也能够为全社会人权保障意识的提高贡献力量。

第三，进行海外投资的企业须对海外业务的管理人员和中方员工开展结合当地法律法规和实际情况的人权培训。在全球产业链中，中国企

---

〔1〕 Jinmei Liu, Responsible Investment Requires More than a Few Corporate Social Responsibility Programs: Lessons for Chinese Outbound Investors, MAY 04, 2017, https://earthrights.org/blog/responsible-investment-requires-more-than-a-few-corporate-social-responsibility-programs-lessons-for-chinese-outbound-investors/, April 3, 2022.

业的影响已经不容忽视。随着中国"一带一路"建设的推进，越来越多的中国企业开始进行海外投资，参与共建国家的基础设施建设等项目。但是，这些项目的实施既带来了积极影响，也有着负面评价。中国企业受到批评的原因之一就是海外业务管理人员的人权意识不强，对当地的法律法规和实际情况不了解，因而会出现没有尊重员工的组织工会权利、违反当地的环境标准等不当行为。而中方员工可能在和当地居民相处时，没有尊重其人权和文化。为了更好地推进中国企业的对外投资，树立良好企业形象，避免同当地居民或政府产生冲突，需要对管理人员和中方员工都开展人权培训。

第四节　对中国企业内部构建人权尽责机制的建议

在"十四五"规划的指引下，中国正在加快形成以技术、标准、品牌、质量、服务为核心的对外经济新优势，推进建设经贸强国。对此，中国工商企业不断扩大对外投资，但是在国际竞争力提升的同时，要注意到中国工商企业所面临的人权风险，合法有效地消除负面影响，从而使得中国商品、中国品牌和中国服务的影响力得到提高。而根据《工商业与人权指导原则》，应对人权风险程序的核心要素是制定人权政策，评估公司活动对人权的影响，将这些价值观和调查结果纳入企业文化和管理体系，并提供有效的补救措施。[1]

一、制定和完善企业的人权政策承诺

制定和完善企业人权政策承诺为企业的可持续经营奠定基础，并带来诸多好处。一方面，为确保公司尊重人权的责任贯穿于所有业务职能，公司应通过制定人权政策来表达其尊重人权的承诺，从而为在所有业务职能中嵌入尊重责任奠定基础。这一政策是表明该公司理解其尊重人权的普遍责任的第一步。它提供了公开确认公司价值观和将责任嵌入

---

〔1〕　联合国：《尊重人权的公司责任：解释性指南》，第 HR/PUB/12/02 号，2012 年，第 5 页。

公司运营和经营方式的基础。另一方面，回应利益相关者的期望。如上所述，国际社会正在就公司应采取哪些步骤来表明其尊重人权的承诺达成共识，其中最突出的是《工商业与人权指导原则》所构建的"保护、尊重和补救"框架。《工商业与人权指导原则》明确要求制定人权政策，包括投资者、商业伙伴和政府在内的相关利益相关方也越来越期望制定人权政策。

综上所述，中国工商企业需要根据自身情况和东道国的法律法规作出人权承诺。同时，要严格遵守东道国的法律法规。这是企业进行投资或者经营活动的基准。目前中国企业在面对棘手的人权问题或者突发人权事件时，往往处于被动，遭受不公平的制裁或者惩罚。其中很大一部分原因是工商企业不熟悉东道国的人权政策和法律法规，没有意识到其行为潜在的人权风险。例如在环境保护责任方面，中国企业曾因为污染问题被批评甚至导致经济损失，项目面临停工威胁。这是因为中国企业在进行收购或者经营的时候，往往忽视了利润背后的环境风险，管理层没有意识到需要进行环境评估。因此，工商企业要确保在自身规章制度中融入人权要素，作出人权承诺，规范经营，本着平等互利的原则进行投资经营，从而实现和所在东道国与社区的共赢。

二、强化人权风险防范能力

尊重人权的责任不是条约强加给公司的一项法律义务，许多国际人权条约的规定已纳入国内法，许多政府已通过《国际刑事法院罗马规约》，意味着它们有权起诉某些违反国际人权的公司。此外，由于尊重人权的责任已成为一项国际行为标准，不仅得到了联合国的认可，也得到了商业协会、非政府组织和政府的认可，因此，如果不遵守这一标准，侵犯人权可能导致要求承担法律责任，或者至少非司法申诉机制可能考虑的指控，例如经济合作与发展组织的国家联络点。[1] 工商业与人权问题已经成为影响中国企业走出去的重要因素。因此有必要明晰中

---

〔1〕 John F. Sherman and Amy Lehr, *Human rights due diligence: Is it too risky?*, *A Working Paper of the Corporate Social Responsibility Institute*, No. 55, Cambridge, Massachusetts, Harvard University, February 2010, pp. 2~8.

国企业在其商业活动中主要人权风险的产生原因，呼吁中国企业强化防范人权风险的能力建设。这不仅能够更好地为在全球拓展的中国企业提供理论支持，应对美西方国家的人权诘难，而且也帮助中国企业塑造好中国品牌，顺利推进中国企业走出去战略的实现。

传统理论认为企业在其商业活动中面临的主要是经济风险。但是，在经济全球化背景下，企业商业活动的影响也是多维度的，不再局限于经济领域，还包括人权领域。人权风险也越发错综复杂，企业自身如果不构建起包括人权尽责在内的风险防范机制，提高防范能力，就捉襟见肘。

（一）重视人权风险

第一，世界各国愈发重视企业人权责任，完善国内相关法律，给中国企业的发展带来压力。近几年来，在全世界，特别是在欧洲，将侵犯人权行为的公司责任扩大到各集团及其全球供应链的趋势日益明显。一些国家已经通过要求公司履行人权尽责的立法。其中包括法国 2017 年《公司警戒义务法》、美国《2010 年加州供应链透明度法案》、2018 年澳大利亚《现代奴隶制法案》和荷兰《童工尽职调查法》。这些立法要求在其领土内经营的企业在供应链中防止和纠正侵犯人权行为。因此，这就要求中国企业在其供应链中加强人权风险的防控，强化对供应商企业人权尽责的监督，避免被卷入供应链的人权指控中。与此同时，发展中国家也愈发认识到制定强制性规范的重要性，纷纷出台了国内法律。这些强制性规范使得企业的人权责任也日益变得更易于被衡量、监督和追责。中国企业在这些地区开展经营活动时，大多缺乏相应的人权知识，往往会忽视所在国有关企业人权责任方面的法律。那么随着项目的逐步推进，就很容易出现一些突发的人权事件。

第二，在经济全球化背景下，中国企业的走出去与部分西方国家的利益产生冲突，使得中国企业在人权领域的形象颇受争议。首先，中国工商企业不断扩大对外投资，在全球范围进行产业布局。因为在"十四五"规划的指引下，中国正在加快形成以技术、标准、品牌、质量、服务为核心的对外经济新优势，推进建设经贸强国。其次，美西方国家对中国工商企业的涉人权指控愈演愈烈，严重影响到中国企业实现走出去目标。以新疆为例，西方媒体经过一两年对新疆的负面宣传，美国政府于 2020 年开始对新疆棉花产业采取制裁措施。美国商务部又屡次以安全和人权为由，将中国多家高科技企业、研究机构、个人列入出口管制"实体清单"。[1] 这意味着这些上榜的中国企业不仅失去了美国市场，而且关键是无法顺利获得美国企业的一些核心产品了，比如芯片。

第三，目前国际社会对于工商企业应当防止其行为侵犯人权已经达成了共识，并且各国际组织都出台了一系列指南和倡议，要求对公司侵犯人权行为进行救济，而最具有法律约束力的救济措施就是诉讼。国际社会对于工商企业尊重人权责任最广泛认可的文件是 2011 年人权理事会在第 17/4 号决议中一致通过的《工商业与人权指导原则》。作为一份说明人权义务的文件，该指导原则为跨国公司在公民、政治、经济、社会和文化权利以及消费者保护和环境实践等领域提供了人权规则和原则。其中所建立起来的"尊重、保护和救济"框架得到了国际社会的认同。中国企业在国外因为侵犯或者卷入人权侵犯而面临制裁的情况也是屡见不鲜，往往使得中国企业在国际上的形象被攻击。

中国企业已经注意到在经营活动中提高自身风险防范能力，但这种举措不足以应对国际社会的要求。以国家电网为例，其注重保障职工工作安全。大力弘扬生命至上、安全第一的思想，坚持安全发展理念，压紧压实各级安全责任，健全安全工作体系，持续提升安全生产水平。建立安全风险管控通用制度，健全覆盖电网、设备、人身、网络、消防等各专业的安全风险管控体系。应用数字化智能管控手段，加强对参建队伍、关键人员、关键环节全过程、全覆盖监督管理。对发现重大隐患、避免安全事故、无违章班组等单位、集体和先进个人，及时给予奖励。[2] 但是，这些举措是零散不成体系的，而且大部分中国企业的人

---

　　[1]　中国政府网：《商务部新闻发言人就美将 33 家中国相关机构和个人列入出口管制"实体清单"应询发表谈话》，http：//www. gov. cn/xinwen/2020-06/05/content_5517519. htm，最后访问时间：2021 年 12 月 10 日。

　　[2]　中国国家电网：《2020 社会责任报告》，2021 年 2 月，第 48 页。

权风险防范能力较弱，往往是发生了侵犯人权的现象才会被动采取补救。

此外，中国企业需要重视劳动者的职业健康保障问题。联合国《经济、社会和文化权利国际公约》第 12 条第 2 款中规定了职业健康权，该委员会还出台了第 14 号一般性意见，进一步阐释了职业健康权保障的人权依据。目前，中国虽然有着较完备的职业健康立法规定，但现实中依然存在一些难以解决的职业健康问题，其中原因之一是中国企业的"996"工作文化，要求劳动者长期加班，忽视其身心健康问题。所以，中国企业需要特别关注职业健康问题。其次，国际社会出现过具有极大人权负面影响的劳动安全事故，受到国际社会的严厉批评，中国企业应当警惕类似情况再次发生。例如 2013 年孟加拉国的拉纳广场大楼倒塌事故，让全球开始关注孟加拉制衣业工人的工作环境。[1] 这起事故不仅暴露了劳工条件可能给工人带来重大风险，而且使得许多世界大型服装供应商和零售商因为纺织品采购而受到广泛的负面关注，造成严重损失。由此可见，劳动安全问题不容小觑，因为它会危及工人的生命权和健康权。此外，劳动安全还包括在国外对当地雇员的人身和财产安全的保障。这些为中国企业的对外经营敲响了警钟：企业应当尽可能保证其雇员在工作场所的安全，建立完善的预警机制，妥善应对突发的袭击事件。

（二）建设跨行业的人权风险防范体系

《工商业与人权指导原则》规定，公司应将其人权尽责过程的调查结果纳入适当级别的政策和程序，并且相应地分配其资源和授权。公司应通过不断监测和评估其努力来确认这一目标的实现。最后，企业应对于如何解决其人权影响做好沟通的准备，包括与极易受其影响的群体的沟通。中国企业可以通过采取以行业为重点的举措，在构建人权风险防范体系的时候考虑不同行业的一般性需求，形成统一规范的跨行业标准，促进在供应链中的企业实施人权尽责，例如信息和通信技术、航

---

〔1〕 国际劳工组织：《在亚太地区建设一个拥有体面劳动并致力于可持续发展的包容性未来》，2016 年。

空、矿物采购、天然橡胶采购以及纺织和服装部门。目前已经有一些行业制定了防范人权风险的指南。首先，在矿产采购领域，责任钴业倡议（RCI）是一个由全球钴供应链上下游企业以及相关机构自愿共同发起成立的多利益相关方联盟组织。倡议坚持"平等、开发、包容、透明"的原则，对钴供应链上的社会和环境风险进行综合系统的识别，并及时应对相关风险，提供企业的防范人权风险意识，加强企业在人权尽责领域的治理能力，致力于减少因钴的供应和贸易所产生的负面影响，改善受影响社区生计。[1] 2022 年《中国矿产供应链尽责管理指南》（第二版）旨在为细化对企业尽责管理的要求，并在第一版指南的基本五步骤模式上补充了第六步骤，"实时提供条件或开展合作进行补救"，确保风险治理的标本兼治。[2] 指南将风险分为两类：一类风险和二类风险。一类风险是指企业从"受冲突影响和高风险区域"开采、交易、加工及出口矿产相关的，助长冲突和严重侵犯人权的风险。二类风险是指在这些地区开展活动的企业，由于其行为对环境、社会及经济相关的风险。该分类并不表明一类风险优先于二类风险。企业应根据风险的严重性及其对受影响利益相关方的潜在生计的影响，而不是依据风险类别来鉴定风险及其优先度。[3] 中国纺织工业联合会发布了《纺织服装企业社会责任管理体系（2018 版）》（CSC9000T）。这份文件是基于中国纺织服装企业十多年的实践经验，以及国际国内社会责任的发展趋势而编写的。文件中介绍了在纺织行业，中国企业应当如何识别和应对社会责任风险，要求企业进行尽责管理，把社会责任议题融入企业管理中。而且根据"科技、时尚、绿色"的新定位以及"一带一路"倡议，企业需要从自身产品、服务和业务这三个层面加强自身管理能力的建设，在提高管理能力的同时，取得良好的社会责任绩效。[4]

---

〔1〕 浙江华友钴业股份有限公司：《责任钴矿倡议》，第 3 款。

〔2〕 中国五矿化工进出口商会：《中国矿产供应链尽责管理指南（第二版）》，第 4 页。

〔3〕 中国五矿化工进出口商会：《中国矿产供应链尽责管理指南（第二版）》，第 31~34 页。

〔4〕 中国纺织工业联合会：《纺织服装企业社会责任管理体系（2018 版）》，2018 年，第 5 页。

企业履行尊重人权的责任要求建立一个持续的人权尽责调查制度，使公司意识到、预防和减轻负面人权影响。其核心要素是制定人权政策，评估公司活动对人权的影响，将这些价值观和调查结果纳入企业文化和管理体系，并跟踪和报告业绩。[1] 评估公司活动对人权的影响，尤其是企业负面人权影响，而联合国《工商业与人权指导原则》中的一个基本概念是"公司对人权的负面影响"。企业的责任在于如何避免这种负面影响，或者在无法避免的情况下必须采取什么措施加以减轻或者补救。如果企业明确了已经产生的负面人权影响，那么企业应当及时反应，对其不当行为进行纠正，并且给出一定的赔偿。该原则还描述了人权尽责调查的要素，包括政策承诺、程序和补救。企业的人权政策承诺是一项企业对人权保障的声明，应当纳入其内部政策。员工和业务伙伴的人权期望也可以在承诺或者声明中提及。企业人权尽责是动态的，企业可以通过以下举措来实现：首先，识别实际或潜在的负面人权影响；其次，得出有关人权影响评估结果，并及时采取措施；最后，企业对实施的举措进行追踪和反思，并且提交相应人权报告。

综上所述，在投资或者经营过程中应尽职尽责地开展全面的人权评估，包括在开始运营前进行全面和可信的人权影响评估。以墨西哥铜业集团诉讼案为例，该案有关企业的子公司在墨西哥的有毒物质泄漏，导致水质和土壤污染。目前该集团已经被处行政罚款，并承诺设立基金加以赔偿。研究发现，该案所涉的母公司未能在事故发生前进行人权尽责调查，最终不可避免卷入有关工作权、财产权和享有健康环境和水源的人权指控。[2] 而尽责程序是确保企业查明其活动中的人权风险、采取措施避免或减轻这些风险的工具。中国企业要通过上述的人权评估程序，审查这些评估结果，以确保防止、处理和纠正任何侵犯人权的行为。这种影响评估需要利益相关方和受影响群体进行有意义的磋商。中

---

〔1〕 联合国：《尊重人权的公司责任：解释性指南》，第 HR/PUB/12/02 号，2012 年，第 5 页。

〔2〕 高翔，《论海上石油开发环境污染之法律救济——以墨西哥湾漏油事件和渤海湾漏油事件为视角》，载《法律适用》2012 年第 3 期。

国矿产企业在海外几次收购受挫，都是由于缺乏沟通。因此，中国企业要加强和当地居民和社会团体的交流，建立合理的信息沟通机制，打消当地居民们的疑虑。而且在误会产生后也应当积极公开相关信息，第一时间和抗议者们交流，解决矛盾。

（三）将 ESG 因素纳入企业报告

ESG 理念起源于 20 世纪 70 年代，正式出现是在 2005 年联合国项目中。它已经成为国际主流的投资理念，也是负责任投资的重要内容。[1] ESG 是环境、社会责任和公司治理的缩写，[2] 被学者普遍认为是一种评价企业可持续发展的方法论。其背后的三大理论基础是可持续发展理论、经济外部性理论和企业社会责任理论。[3] 其中可持续发展理论的核心是包容性发展，要求在坚持人类中心主义之外，既促进经济增长，又有助于环境保护。而经济外部性理论是因为市场机制自身无法解决资源的最优配置和社会利益最大化的问题。对此，需要采取基于成本和效益分析的行政手段加以干预，对企业采取征税等外部性措施，矫正其外部性行为。[4]

从广义上讲，除了公司治理之外，ESG 因素通常还包括一系列不属于传统财务分析的因素，但这些因素可能仍具有投资相关性或重要性，如"企业如何应对气候变化"、企业如何管理用水、供应链是否低于国际人权标准、企业如何对待劳动力，以及企业文化是否促进创新等。[5] 此外，ESG 中的公司治理是和企业人权责任息息相关的，因为它明确提出要将环境和社会责任纳入公司治理体系和治理能力建设之中，从而避免因为经济议题而忽视环境和社会发展。[6] 也有学者将环境、社区关系、员工关系和公司治理等 ESG 问题与联合国全球契约的十项原则相

---

〔1〕　张琪、张珊珊：《国际 ESG 投资发展的"兴与难"》，载《金融市场研究》2021 年第 11 期。

〔2〕　即 Environmental, Social and Governance。

〔3〕　黄世忠：《支撑 ESG 的三大理论支柱》，载《财会月刊》2021 年第 19 期。

〔4〕　黄世忠：《支撑 ESG 的三大理论支柱》，载《财会月刊》2021 年第 19 期。

〔5〕　Javier El-Hage, Fixing ESG: Are Mandatory ESG Disclosures the Solution to Misleading ESG Ratings?, *Fordham Journal of Corporate and Financial Law* 26, no. 2, 2021, p. 363.

〔6〕　黄世忠：《支撑 ESG 的三大理论支柱》，载《财会月刊》2021 年第 19 期。

结合。ISS E&S 质量评分评估了 380 多个因素，其中每个行业组至少有 240 个因素，包括环境风险和机遇管理、人权、废物和毒性、产品安全、质量和品牌。[1] 但是在实践中，ESG 评级机构没有充分披露其方法或选定指标的重大影响，这可能是由于其专有方法的过度保护。这反过来导致评级总体上缺乏透明度，使得人们难以就最佳做法达成一致。

ESG 在投资领域往往被用于负责任投资的评估，其对于信息披露的要求日益严格，从鼓励自愿披露逐步转为强制性披露。目前，国际社会认为应当以投资者认为有意义的方式披露 ESG，例如开发一个一致的报告框架，其中包含一系列指标，这些指标对人权报告中确定的最重要的 ESG 数据提供商最常用的指标做出响应，并与投资者沟通这些指标与公司 ESG 战略最相关的原因。也有学者建议将 ESG 报告与常规财务报告相结合。在综合报告中，公司可以明确说明 ESG 问题与业务战略之间的联系，并展示如何使用适当的 ESG 标准对项目的业务案例进行适当分析。确保报告的 ESG 披露由适当认证的组织独立审计或以其他方式验证。根据麦肯锡最近的一份报告，投资者几乎普遍同意 ESG 信息披露应该接受审计，67%的人支持这一观点。[2]

在过去 25 年中，除了主导市场的评级公司外，还出现了 100 多个 ESG 标准制定计划。其中包括可持续性会计标准委员会（SASB）和气候披露标准委员会（CDSB），它们共同创建了有影响力的气候相关财务披露工作组（TCFD），以及全球报告倡议（GRI）和碳披露项目（CDP）等。[3] 国际资本市场协会（ICMA）发布的绿色债券原则是评估绿色债券最常见的框架。该标准包括四个步骤：收益使用、项目评估过程、收益管理和项目报告。许多发行人还获得了气候债券倡议（CBI）的认证。如果超过 5%的收益用于一般企业用途，则该项目不符

---

[1] Georg Kell, The Remarkable Rise of ESG Investing, *Forbes*, July 11, 2018), pp. 12~13.

[2] Jerome Ranawake, Making Sense of ESG Investment Capital, *International Financial Law Review* 2019, no. 6, Winter 2019-2020, pp. 58~59.

[3] Javier El-Hage, Fixing ESG: Are Mandatory ESG Disclosures the Solution to Misleading ESG Ratings?, *Fordham Journal of Corporate and Financial Law* 26, no. 2, 2021, p. 367.

合 CBI 的标准。[1] 评级公司和其他 ESG 因素整合机构最终使用的大多数 ESG 数据都是被评级公司自愿报告的。报告通过发布年度可持续性报告或对主要由评级公司推动的自愿调查的非正式回应进行。

三、完善企业层面的人权补救机制

中国行业组织已经将人权尽责纳入了各自对成员公司的期望，如中国五矿化工进出口商会。也有企业公布了其投诉渠道，例如华友钴业的申诉机制提供投诉途径，并发布在公司的网站。华友钴业承诺任何有关钴供应链尽责管理相关的不满或建议，都可以通过申诉途径向我们反馈，企业将及时分析、核查和处理，并反馈相关处理结果。主要的申诉途径是电话和邮箱。[2]

但是上述人权补救机制只是零散地见于纺织、矿物和能源等领域，对侵犯具体权利的企业层面人权补救较为欠缺。以妇女为例，在许多地区，妇女缺乏文化支持，也缺乏自己寻求补救伤害的个人经验。因此，必须有适当的机制和培训，帮助妇女记录伤害并寻求补救。妇女在寻求补救她们所遭受的伤害时，可能面临性骚扰、性暴力和身体暴力，以及威胁和公开羞辱。将这些额外危害的可能性纳入企业风险管理计划，并建议适当的缓解、监控和问责机制。企业应考虑，但不限于以下步骤，以增强其对影响妇女的问题的敏感性和实施性别反应的申诉机制。这些步骤包括：对申诉机制工作人员进行性别敏感性培训，以确定和纠正工作人员对性别相关问题的认识不足或偏见；对申诉机制工作人员进行对性别问题敏感的培训，以学习识别和解决可能影响参与申诉程序的妇女的问题；通过或修订议事规则，以便向申诉人提供对性别问题有敏感认识的咨询；加强对女性社区成员、工人和投诉人的文化上适当和方便的外联和支持，包括通过与妇女社区团体的伙伴关系；承诺解决争端解决过程中与性别有关的权力不平衡问题，包括确保妇女有平等机会参与调

---

〔1〕 Jerome Ranawake, Making Sense of ESG Investment Capital, *International Financial Law Review* 2019, no. 6, Winter 2019−2020, p. 59.

〔2〕 浙江华友钴业股份有限公司:《2020 年度钴供应链尽责管理报告》,2021 年,第 10 页。

解；和监督公司执行协议的情况，以确保和解条款不因性别而任意偏袒，并确保和解协议在平等的基础上得到执行。[1] 企业应特别评估申诉机制对所有个人的可见性，尤其是易受影响的弱势群体。企业还应当努力对侵权行为中存在的性别敏感性问题进行独立的调查。在此期间，应确保所有登记投诉的人都受到保护，免受报复。

因此，中国工商企业要为受害者提供业务层面的补救措施，同时积极和国家、利益相关方就补救进行沟通和合作。这样可以防止事态升级，尽快解决问题。例如中国五矿化工商会开发的《中国对外矿业投资社会责任指引》，这是国际矿业领域首份内容全面且具备国际化和包容性的社会责任标准性文件。[2] 其中包含了人权尽责的要求和指导规范，要求提供一定的补救。补救可以采取多种形式，包括道歉、确保损害不再发生、赔偿等。而且重要的是要了解受影响者是否认为获得了有效的补救。这种企业内部的申诉程序被认为是一种最有效的补救措施。[3] 它是一种公开、透明的程序。而企业应当分别对直接雇员和外部受影响的利益攸关者设立独立的申诉程序。其优点是在早期就确认和解决人权问题，避免冲突升级。

在补救方面，企业将实施旨在有效执行其预防和应对负面人权影响的合规守则、政策和程序的机制，包括适当激励合规和惩戒违规行为。其中包括制定适当的纪律程序，以解决公司董事、高级职员和员工违反相关合规守则、政策和程序的行为。无论董事、高级职员或员工担任何种职位，或认为其重要性如何，此类程序应始终如一地公平适用。而且，企业应实施相关程序，确保在发现不当行为时，采取合理措施补救不当行为造成的损害，并确保采取适当措施防止类似不当行为进一步发生，包括评估内部控制政策，以及进行必要的修改，以确保整体人权尽责制度有效。

---

〔1〕 Bureau of Economic and Business Affairs, Managing Risks to Women in Supply Chains, 8 August 2019, see https://www.state.gov/managing-risks-to-women-in-supply-chains/, last visited at December 15, 2021.

〔2〕 中国五矿化工商会：《中国对外矿业投资社会责任指引》，2017 年，第 5 页。

〔3〕 联合国：《尊重人权的公司责任》，2012 年，第 65~68 页。

四、进行企业内部培训

在联合国大会上《联合国人权教育和培训宣言》（第 66/137 号决议）的通过，标志着联合国对这份新文书的最终批准。该文件强调人权教育和培训是确保人人享有所有人权和基本自由的关键环节。[1] 人权的教育和培训能够促进人权知识的传播，提高人们对国际人权标准和相关公约内容的理解，塑造企业应当尊重人权的价值理念，从而在实践中减少企业侵犯人权的行为。

因此，工商业与人权的相关内容应当被纳入企业的管理教育。人权因素对于领导力战略、规划和实施越来越重要。尊重人权的工商企业在创新、财务回报和可持续价值方面都面临着更低的风险和更多的机会。管理人权影响正在成为很多工商业职责的必要能力，包括但不限于：企业战略、风险管理、法律合规、人力资源、采购、财务、产品设计、投资者关系、营销、沟通与公共关系。世界上越来越多的学术机构将人权标准、概念和工具融入管理和领导力课程和课表。[2]

培训是预防和解决潜在文化冲突的重要举措。企业系统内部可联合相关力量开发跨文化培训课程，帮助海外的中方员工及管理人员通过培训了解人权，丰富其对人权风险防范和冲突管理的相关知识。鼓励员工学习当地的语言文字和文化风俗，优先选拔那些跨文化适应能力强的员工，使得员工有效应对异域文化中的冲突和不适，减少在工作中由于文化和背景差异带来的人权矛盾。针对当地外籍员工，企业根据当地的政策、国情，结合企业自身的实际情况，对外籍管理人员进行有关的教育和培训，提高外籍员工对中资企业的企业文化的理解程度，帮助其尽快熟悉和适应中资企业的管理模式。以普利司通公司为例，该公司将其2018 年推出的全球人权政策融入培训中。该政策规定了普利司通公司全球所有员工都可以而且应该期望公司、其经理和同事遵守的标准和行

---

〔1〕 联合国大会：《联合国人权教育和培训宣言》，第 A/RES/66/137 号，2012 年，第2~3 页。

〔2〕 UN Global Compact, An Open Letter to Academic Institutions: Educate Future Managers and Leaders on Business and Human Rights,

为。它概述了对多样性和包容性的尊重，禁止歧视和骚扰，关注工作场所安全和健康，加强对负责任的劳动实践的承诺，并支持保护言论和结社自由。

此外，充分利用各种会议，将具有不同文化背景的中外员工集中在一起进行专门培训，增强沟通与交流。定期开展分享会，充分利用线上媒体资源推广优秀企业融合模式。邀请优秀的中资企业经营管理人员分享促进中外员工关系、文化融合的经验和具体做法，并将各种优秀案例集合成册，供海外中资企业学习和参考。尽管基础设施薄弱成为部分在共建"一带一路"国家投资运营的中资企业发展的不利条件，尤其是与日常生产、生活更紧密相关的基建设施。其中，文化娱乐设施、医疗卫生设施、互联网设施条件不足是最突出的问题。企业积极开展员工关爱活动，帮助海外员工情绪管理，保障海外员工日常的精神文化需求。在已经实现园区化的海外中资企业中，可联合企业或当地机构建设园区化小型公共影院、园区内诊所等基础配套设施，切实满足员工日常的文化娱乐和健康管理需求。还可通过开展民营企业联谊会、联系和组织国内医疗专家赴外巡诊等新的活动方式体现员工关爱。[1]

---

〔1〕 北京零点有数：《"一带一路"沿线中国民营企业现状调查研究报告》，2019 年 8 月 7 日，第 60~62 页。

结　论

特别代表鲁格教授在 2008 年提出，目前工商业和人权困境的根源在于全球化治理的差距，即这种经济力量和行为人的范围和影响与社会管理其不良后果的能力之间存在的差距。[1] 而这些治理差距为各类公司的不当行为提供了一个纵容的环境，缺少适当的惩罚或赔偿。根本挑战是如何缩短并最终弥合与人权有关的差距。[2] 因而，《工商业与人权指导原则》规定了在工商业和人权方面加强和更好地调整这些治理制度的途径，即"保护、尊重和补救"框架，明确了企业相对独立的社会责任。作为一份说明人权义务的文件，该指导原则为跨国公司在公民、政治、经济、社会和文化权利以及消费者保护和环境实践等领域提供了人权规则和原则。其中所建立起来的"尊重、保护和救济"框架得到了国际社会的认同。该框架的内容包括三项原则框架。这些原则框架分别关乎国家的人权义务、企业的人权责任以及有效补救的机制。

联合国《工商业与人权指导原则》阐明了工商企业有尊重人权的独立责任，为做到这一点，企业需要履行人权尽责的义务。人权尽责是指所有工商企业都应履行相关程序，以确定、防止和缓解其自身活动造成或加剧或者因其商业关系而与其业务、产品或服务直接关联的潜在和实际的人权影响，并说明如何处理这些负面人权影响。具体而言，人权

---

〔1〕 Monash University Castan Centre for Human Rights Law: Human Rights Translated 2.0-A Business Reference Guide, 2016, pp. 9~10.

〔2〕 联合国大会：《保护、尊重和救济：工商业与人权框架人权与跨国公司和其他工商企业问题秘书长特别代表约翰·鲁格的报告》，第 A/HRC/8/5 号，2008 年，第 3 页。

尽责包括以下内容：其一，公司必须制定政策承诺，以履行尊重人权的责任。其二，企业必须进行持续的人权尽责，以确定、预防、减轻和解释其对人权的影响。其三，企业必须建立适当的程序，以便能够补救其造成或助长的任何对人权不利的影响。[1] 而国家也应当承担保护人权的义务，这要求国家监督和指导企业落实人权尽责。

综上所述，本书共分为七章，全面分析了构建并落实企业人权尽责这一复杂议题。这七章是遵循"理论依据——国际标准——企业人权尽责的程序和实质内容——面向中国政府和企业的对策"的逻辑展开的。通过对于现有理论、国际标准和企业人权尽责程序和实质内容的梳理，强调中国构建和完善企业人权尽责制度有助于推进"一带一路"建设。2021 年 1~2 月，中国企业对共建国家投资稳定增长；在共建国家，中国企业的投资正变得日益重要。中国与 40 多个国家签署了产能合作文件，并与多国签署了第三方市场合作文件。包括中老铁路在内的重大基础项目进展顺利都离不开对人权的尊重。因为如果不尊重人权，往往项目会遭受巨大阻力。[2] 中国也在"一带一路"的实践中承担起了人权义务，并且鼓励和指导企业承担人权责任。而共建"一带一路"倡议也是建立在尊重人权基础上的，其坚持的共商共建共享原则正是人权保障的应有之义。而中国企业在走出去的过程中，往往面临诸多人权风险，包括强迫劳动、童工、妇女保护等等。再加上有关人权尽责国际规则的发展不仅对中国企业在国内和国外的行为提出了新的要求，也对其发展空间形成挤压，因此需要我们加强研究，提供理论指导和解决方案。

目前跨国企业在中国的投资不断加大，在中国造成的人权负面影响也层出不穷。面对跨国企业利用其组织方式，经常靠躲在"公司面纱"后来逃避责任；或者跨国企业母公司即使有能力影响子公司的行为，却

---

〔1〕 联合国：《尊重人权的公司责任：解释性指南》，第 HR/PUB/12/02 号，2012 年，第 2 页。

〔2〕 中国商务部：《商务部：我国对"一带一路"沿线国家投资持续增长》，2021 年 3 月 19 日，http：//www.mofcom.gov.cn/article/i/jyjl/e/202103/20210303045630.shtml，最后访问时间：2022 年 5 月 18 日。

设法躲避为子公司承担责任；亦或者国家法院利用"不方便法院"拒绝受理案件等障碍，我们应当利用好现有规则，并不断创新适应中国发展的企业尽责体系。随着全球化的不断扩大，企业的供应链在不断拉长。跨国公司在中国建立的子公司往往处于供应链的低端，对于员工权益、环境保护等具体人权保障存在诸多问题。此外，对于新时代企业人权尽责的限制条件，不同类型企业人权尽责的边界等问题仍有待进一步的研究。

参考文献

一、著作类

(一) 中文著作

1. 于亮:《跨国公司母国的人权义务》,法律出版社 2020 年版。

2. 隽薪:《国际投资背景下的跨国公司与人权保护》,法律出版社 2019 年版。

3. [英] 亚当·斯密:《国富论》,郭大力、王亚南译,商务印书馆 2015 年版。

4. 郭锐:《道德、法律和公司——公司社会责任的成人礼》,中国法制出版社 2018 年版。

5. 关立新、王博、郑磊编:《马克思"世界历史"理论与经济全球化指向》,中央编译出版社 2013 年版。

6. 刘志强:《人权法国家义务研究》,法律出版社 2015 年版。

7. [澳] 戴维·金利:《全球化走向文明:人权和全球经济》,孙世彦译,中国政法大学出版社 2013 年版。

8. [英] 安德鲁·克拉帕姆:《非国家行为人的人权义务》,陈辉萍、徐昕、季烨译,法律出版社 2013 年版。

9. 王铁崖主编:《国际法》,法律出版社 1995 年版。

10. 梁晓晖:《工商业与人权:从法律规制到合作治理》,北京大学出版社 2019 年版。

11. [德] 卡尔·马克思:《1844 年经济学哲学手稿》,中共中央马克思恩格斯列宁斯大林著作编译局译,人民出版社 2000 年版。

12. ［美］卡尔·威尔曼：《人权的道德维度》，肖君拥译，商务印书馆 2018 年版。

13. 张文显主编：《法理学》，高等教育出版社 2011 年版。

14. 夏正林：《从基本权利到宪法权利》，法律出版社 2018 年版。

15. 陈戈等：《德国联邦宪法法院典型判例研究：基本权利篇》，法律出版社 2015 年版。

16. 赵维田：《世贸组织（WTO）的法律制度》，吉林人民出版社 2000 年版。

17. ［美］约翰·鲁格：《正义商业——跨国企业的全球化经营与人权》，刘力纬、孙捷译，社会科学文献出版社 2015 年版。

18. 国家电网公司：《社会责任信息披露报告书编制手册》，中国电力出版社 2017 年版。

19. 国家电网有限公司编：《透明度管理手册》，中国电力出版社 2020 年版。

20. 夏勇：《人权概念起源——权利的历史哲学》，中国政法大学出版社 2001 年版。

21. 商务部国际贸易经济合作研究院、中国驻赞比亚大使馆经济商务处、商务部对外投资和经济合作司：《对外投资合作国别（地区）指南——赞比亚（2020 年版）》。

22. 商务部国际贸易经济合作研究院、中国驻刚果民主共和国大使馆经济商务处、商务部对外投资和经济合作司：《对外投资合作国别（地区）指南——刚果民主共和国（2020 年版）》。

（二）英文著作

1. The World Commission on Environment and Development, *Our Common Future*, Oxford University Press, 1990.

2. Morten B. Pedersen, David Kinley, *Principled Engagement Negotiating Human Rights in Repressive States*, London, Routledge, 2013.

3. Surya Deva, David Bilchitz（eds）, *Human Rights Obligations of Business: Beyond the Corporate Responsibility to Respect?*, Cambridge Univer-

sity Press, 2013.

4. Rory Sullivan, Andy Gouldson, *Climate Change and the Governance of Corporations Lessons from the Retail Sector*, London, Routledge, 2020.

5. Dorothée Baumann‑Pauly, Justine Nolan, *Business and Human Rights From Principles to Practice*, London, Routledge, 2016.

6. Henry Shue, *Basic Rights. Substance, Affluence, and US Foreign Policy*, Princeton: University Press, 1980.

7. Liesbeth Enneking, Ivo Giesen, Anne‑Jetske Schaap, Cedric Ryngaert, François Kristen, Lucas Roorda, *Accountability, International Business Operations, and the Law*, London, Routledge, 2019.

8. Andrew L. Friedman, Samantha Miles, *Stakeholders Theory and Practice*, Oxford University Press, 2006.

9. R. Edward Freeman *Strategic Management: A Stakeholder Approach*, Boston, MA: Pitman, 1984.

10. N. E. Bowie (eds.), *Ethical Theory and Business*, 7th edn. Upper Saddle River, NJ: Pearson/Prentice‑Hall, 2004.

11. M. Koiranen, Custopreneurship Coalitions in Relationship Marketing, in J. Nasi (ed.), *Understanding Stakeholder Thinking*, Helsinki: LSR‑Publications, 1995.

12. OECD, OECD Guidelines for Multinational Enterprises, OECD Publishing, 2011.

13. A Page, R. Katz *Is Social Enterprise the New Corporate Social Responsibility?*, Social Science Electronic Publishing, 2011.

14. Saleem Sheikh, *Corporate Social Responsibility: Law and Practice*, Cavendish Publishing Limited, 1996.

15. Archie B. Carroll, *Stakeholder Thinking in Three Models of Management Morality: a Perspective With Strategic Implication*, Helsinki, Finland: LSR publication, 1995.

16. David Rockefeller, *The Corporation in Transition: Redefining Its So-*

cial Chapter, Washington, D. C: Chamber of the United States, 1993.

17. Chang Kil Lee, David Strang, "The International Diffusion of Public Sector Downsizing: Network Emulation and Theory – Driven Learning", Beth A. Simmons, Frank Dobbin & Geoffrey Garrett eds., *in The Global Diffusion of Markets and Democracy* 141, 2007).

18. Manfred Nowak, *Human Rights or Global Capitalism: The Limits of Privatization* 2, 2017.

19. OECD, G20/OECD Principles of Corporate Governance (Chinese version), OECD Publishing, Paris, 2016.

20. Miriam Saage – Maaß, Peer Zumbansen, Michael Bader, Palvasha Shahab, *Transnational Legal Activism in Global Value Chains*, *The Ali Enterprises Factory Fire and the Struggle for Justice*, Springer, 2021.

21. R. Mares (ed.), *The UN Guiding Principles on Business and Human Rights – Foundations and Implementation*, Martinus Nijhoff Publishers, Leiden, Boston 2012.

22. Maria Monnheimer, *Due Diligence in International Human Rights Law*, Cambridge University, 2021.

23. Juan José Álvarez Rubio, Katerina Yiannibas, *Human Rights in Business: Removal of Barriers to Access to Justice in the European Union*, London, Routledge, 2017.

24. Bard A. Andreassen and Vo KhanhVinh (eds), *Duties Across Borders*, *Advancing Human Rights In Transnational Business*, Intersentia, 2016.

25. Wallace, Cynthia Day, *The Multinational Enterprise and Legal Control: Host State Sovereignty in an Era of Economic Globalization*, The Hague, Martinus Nijhoff Publisher, 2002.

26. Heike Krieger, Anne Peters, Leonhard Kreuzer (ed), *Due Diligence in the International Legal Order*, Oxford University Press, 2020.

27. R. M. Wetzel, *The Alien Tort Statute*, Springer International Publishing, 2016.

28. John F. Sherman and Amy Lehr, *Human rights due diligence*: *Is it too risky*?, A Working Paper of the Corporate Social Responsibility Institute, No. 55 , Cambridge, Massachusetts, Harvard University, February 2010.

二、期刊类

（一）中文期刊

1. 王立峰：《中国海外投资企业人权政策探析》，载《人权》2013年第 3 期。

2. 李培润：《委托代理机制下浅析公司治理与内部控制》，载《中外企业家》2019 年第 18 期。

3. 吴晓霞：《企业价值、社会契约与政府机制》，载《宏观经济研究》2018 年第 11 期。

4. 李玉杰：《工商企业在商业活动中尊重和保护人权的责任》，载《天津商业大学学报》2015 年第 1 期。

5. 孙丰云：《企业与人权的伦理关联》，载《道德与文明》2016 年第 2 期。

6. Radu Mares、张万洪：《工商业与人权的关键议题及其在新时代的意义——以联合国工商业与人权指导原则为中心》，载《西南政法大学学报》2018 年第 2 期。

7. 李卓伦：《工商业人权条约的适用范围研究——兼论中国参与工商业人权条约进程的必要性与途径》，载《南海法学》2020 年第 2 期。

8. 胡珀、李卓伦：《企业人权责任的历史演进与未来展望》，载《北华大学学报（社会科学版）》2020 年第 3 期。

9. 袁楚风：《企业人权责任实现的国家义务》，载《温州大学学报（社会科学版）》2016 年第 6 期。

10. 李林芳、徐亚文：《"一带一路"倡议与中国企业承担人权责任策略探析》，载《北方法学》2020 年第 2 期。

11. 田丽、李冰：《国外企业社会责任理论发展与特征》，载《经济研究参考》2016 年第 71 期。

12. 梁晓晖：《工商业与人权：中国政策理念的转变与业界实践的

互动研究》，载《国际法研究》2018 年第 6 期。

13. 冯留坡：《法学视角：企业社会责任的基本理论问题探析》，载《中外企业家》2014 年第 31 期。

14. 贾根良：《不对称全球化：历史、理论与当代中国》，载《南国学术》2018 年第 4 期。

15. 贺喜、宋晓丽：《阿连德时期跨国公司对智利内政的干涉–以美国国际电信电报公司为例》，载《国际关系学院学报》2012 年第 2 期。

16. 慕亚平，沈虹：《并非法律关系主体——跨国公司法律地位再探讨》，载《国际贸易》2002 年第 6 期。

17. 于文婕：《论跨国公司之法律主体地位》，载《河北法学》2009 年第 3 期。

18. 顾杰、胡伟：《对跨国公司开展公共外交的思考》，载《青海社会科学》2014 年第 4 期。

19. 霍建国、庞超然：《国际投资规则的发展与启示》，载《国际经贸探索》2017 年第 8 期。

20. 梁晓晖：《废墟上的空中花园蓝图：联合国工商业与人权条约"零草案"解析》，载《中国国际法年刊（2018）》。

21. 梁晓晖、刘慈：《构建联合国工商业与人权条约的规范路径选择与实现悖论》，载《人权研究》2021 年第 3 期。

22. 王泽应：《论企业道德责任的依据、表现与内化》，载《道德与文明》2005 年第 3 期。

23. 李苗苗：《探析国外商业与人权领域非司法申诉机制》，载《WTO 经济导刊》2015 年第 8 期。

24. 张万洪、王晓彤：《工商业与人权视角下的企业环境责任——以碳中和、碳达峰为背景》，载《人权研究》2021 年第 3 期。

25. 李爱年、刘爱良：《后〈奥胡斯公约〉中环境信息公开制度及对我国的启示》，载《湖南师范大学社会科学学报》2010 年第 2 期。

26. 李红勃：《环境权的兴起及其对传统人权观念的挑战》，载《人权研究》2020 年第 1 期。

27. 韩立新、逯达：《实现碳达峰、碳中和多维法治研究》，载《广西社会科学》2021 年第 9 期。

28. 林燕平：《论 WTO 体制下发展中国家的竞争政策和竞争立法》，载《法学》2005 年第 11 期。

29. 张庆元、孙志煜：《法人国籍变动视角：我国外国法人国籍的确定标准》，载《武汉大学学报：哲学社会科学版》2007 年第 1 期。

30. 于亮：《〈经济、社会和文化权利国际公约〉中母国规制跨国公司的义务——兼评经济、社会和文化权利委员会的最新实践》，载《环球法律评论》2014 年第 6 期。

31. 王秀梅：《国家的域外人权义务刍议》，载《商情》2016 年第 43 期。

32. 李祥俊：《论国际民事诉讼程序中的不方便法院原则》，载《当代法学》2001 年第 4 期。

33. 李莫桃、魏赛伟：《应对劳动世界中暴力与骚扰的国际行动框架》，载《中国妇女报》2021 年 8 月 31 日，第 6 版。

34. 李丽：《以 ISO26000 促进中国企业"走出去"的思路与建议——基于密松水电站项目的思考》，载《国际商务（对外经济贸易大学学报）》2015 年第 1 期。

35. 丁爽等：《我国碳达峰碳中和标准化发展现状及对策研究》，载《中国标准化》2022 年第 1 期。

36. 宋一程：《碳达峰、碳中和背景下商业银行 ESG 治理机制建设研究》，载《海南金融》2021 年第 12 期。

37. 许丽、李沛：《中国五矿成功收购 OZ 矿业案引发的思考》，载《对外经贸实务》2014 年第 9 期。

38. 盖·扎曼、尤·莫·奥埃赫列亚-欣卡伊、李丹琳：《环境、社会、技术和治理："一带一路"倡议的可持续发展原则》，载《欧亚经济》2020 年第 5 期。

39. 施天涛：《〈公司法〉第 5 条的理想与现实：公司社会责任何以实施?》，载《清华法学》2019 年第 5 期。

40. 陈业宏、高尔旆：《完善外国投资立法中就业安全审查制度的建议》，载《中州学刊》2018 年第 4 期。

41. 刘俊海：《论公司社会责任的制度创新》，载《比较法研究》2021 年第 4 期。

42. 高翔：《论海上石油开发环境污染之法律救济——以墨西哥湾漏油事件和渤海湾漏油事件为视角》，载《法律适用》2012 年第 3 期。

43. 张琪、张珊珊：《国际 ESG 投资发展的"兴与难"》，载《金融市场研究》2021 年第 11 期。

44. 黄世忠：《支撑 ESG 的三大理论支柱》，载《财会月刊》2021 年第 19 期。

（二）外文期刊

1. John G. Ruggie, Business and human rights, *Dovenschmidt Quarterly* 4, 2013.

2. Karin Buhmann, Neglecting the Proactive Aspect of Human Rights Due Diligence? A Critical Appraisal of the EU´s Non-Financial Reporting Directive as a Pillar One Avenue for Promoting Pillar Two Action, 3（1）*Business and Human Rights Journal*, 2018.

3. Robert McCorquodale, Justine Nolan, The Effectiveness of Human Rights Due Diligence for Preventing Business Human Rights Abuses, *Netherlands International Law Review*, 2021.

4. Adolf A. Berle Jr. , Corporate Powers as Powers in Trust, 44*Harvard Law Review*.

5. Surya Deva, Human Rights Violations by Multinational Corporations and International Law. Where from here?, *Connecticut Journal of International Law* 19, 2003.

6. Kimberly D. Krawiec, Cosmetic Compliance and the Failure of Negotiated Governance, 81（2）*Washington University Law Quarterly*, 2003.

7. John G. Ruggie, Just Business, Multinational Corporations and Human Rights, Norton, *Amnesty International Global Ethics Series*, 2013.

8. Monroe Friedman, Consumer Boycotts: A Conceptual Framework and Research Agenda, *Journal of Social Issues*, 1991.

9. John Hendry, Economic ContactsVersus Social Relationships as a Foundation for Normative Stakeholder Theory, *Business Ethics: A European Review*, 2001.

10. A. B. Carroll, J. Nasi, Understanding Stakeholder Thinking: Themes from a Finnish Conference, *Business Ethics*, 1997.

11. M. Starik, Essay by Mark Starik: The Toronto Conference: Reflections on Stakeholder Theory, *Business & Society*, 1994.

12. Henry Hansmann, Reinier Kraakman, The End of History for Corporate Law, *Electronic Journal* 89 (2), 2000.

13. A. A. Berle Jr. , For Whom Corporate Managers Are Trustees: A Note, 45 *Harvard Law Review*, 1932, pp. 1365~1367.

14. Douglas M. Branson, Corporate Governance "Reform" and the New Corporate Social Responsibility, *University of Pittsburgh Law Review*, 2001.

15. A. B. Carroll, A Three-Dimensional Conceptual Model of Corporate Social Performance, *Academy of Management Review* 4, 1979.

16. A. B. Carroll, The pyramid of corporate social responsibility toward the model of management organizational stakeholders, *Business Horizons* 4, 1991.

17. R. C. Moura-Leite and R. C. Padgett, Historical Background of Social Corporate Responsibility, *Social Responsibility Journal* 7 (4), 2011.

18. R. Gunness, Social Responsibility: The Art of the Possible, *Business and Society Review*, 1986.

19. Andrew Newman, The Green Corporate Citizen - Renovating the Corporation to Institutionalise Environmental Sustainability, *Asia Pacific Journal of Environmental Law* 15 (1), 2013.

20. Lance Moir, What do we Mean by Corporate SocialResponsibility ?, *Corporate Governance* 16 1 (2), 2001.

21. Wemer lediger, Welfare and Capital-Theoretic Foundations of Corporate Social Responsibility and Corporate Sustainability, *Journal of Socio-Economics* 518 (39), 2010.

22. N. P. Lee, A Review of theories of social responsibilities: its evolutionary path and the road ahead, *International Journal of Management Review* 10, 2008.

23. Karl P. Sauvant, The Negotiation of the United Nations Code of Conduct on Transnational Corporations-Experience and Lessons Learned, *The Journal of World Investment & Trade* 16, 2015.

24. Bonanno, Alessandro, Globalization and Transnational Corporations, *International Encyclopedia of the Social & Behavioral Sciences*, 2015.

25. D. Kinley, J. Tadaki, From Talk to Walk: The Emergence of Human Rights Responsibility for Corporations at InternationalLaw, *Social Science Electronic Publishing* 44, 2004.

26. James Paul, The United Nations and Global Social-Economic Policy- Global Keynesianism for a New Era, *Global Policy Forum*, 1996.

27. Jens Martens, Problematic Pragmatism The Ruggie Report 2008: Background, Analysis and Perspectives, *Global Policy Forum*, 2008.

28. John Ruggie, Business and human rights-Treaty road not travelled, *EC Newsdesk*, 6 May 2008.

29. L. Jones, M. Demirkaya, & E. Bethmann, Global Value Chain Analysis: Concepts and Approaches, *Journal of International Commerce & Economics*, 2019.

30. M. P. Torsekar, China Climbs the Global Value Chain for Medical Devices. *Journal of International Commerce & Economics*, 2018.

31. Patricia Rinwigati Waagstein, Justifying Extraterritorial Regulations of Home Country on Business and Human Rights, *Indonesian Journal of International Law* 16, 2019.

32. Ingrid Landau, Human RightsDue Diligence and the Risk of Cos-

metic Compliance, Melbourne Journal of International Law, 20（1）, 2019.

33. R. Blitt, Beyond Ruggie's Guiding Principles on Business and Human Rights: Charting an Emberacive Approach to Corporate Human Rights Compliance, *Texas International Law Journal* 48（33）, 2012.

34. Peston, Characteristics of Successful Environmental Courts and Tribunals, *Journal of Environmental Law* 26, 2014.

35. I. Benöhr, Collective Redress in the Field of European Consumer Law 41 *Legal Issues of Economic Integration*, Issue 3, 2014.

36. Qingxiu Bu, Chinese Multinational Companies in Africa: The Human Rights Discourse, African Journal of Legal Studies 8, 2015.

37. W. S. Dodge, Corporate Liability Under Customary International Law, 43 *Georgetown Journal of International Law*, 2012.

38. F. J. Zamora Cabot, Kiobel and the Question of Extraterritoriality, 2 *The Age of Rights*, 2013.

39. Javier El-Hage, Fixing ESG: Are Mandatory ESG Disclosures the Solution to Misleading ESG Ratings?, *Fordham Journal of Corporate and Financial Law* 26, No. 2, 2021.

40. Jerome Ranawake, Making Sense of ESG Investment Capital, *International Financial Law Review* 2019.

三、学位论文类

1. 程骞:《公司人权义务的法哲学原理》，武汉大学 2016 年博士学位论文。

2. 李莎莎:《企业人权责任研究》，吉林大学 2018 年博士学位论文。

3. 许斌:《论工商业人权责任的制度化》，山东大学 2020 年博士学位论文。

四、联合国文件类

1. 联合国:《尊重人权的公司责任：解释性指南》，第 HR/PUB/12/02 号，2012 年。

2. 联合国大会：《保护、尊重和救济：工商业与人权框架人权与跨国公司和其它工商企业问题秘书长特别代表约翰·鲁格的报告》，第 A/HRC/8/5 号，2008 年。

3. 智利前总统萨尔瓦多·阿连德于 1972 年 12 月 4 日在联合国大会上的发言，第 A/PV.2096 号。

4. 联合国经济及社会理事会 1972 年通过的第 1721（LIII）号决议，第 E/5209 号。

5. 人权理事会：《工商企业与人权：实施联合国"保护、尊重和补救"框架指导原则》，第 A /HRC/17/31 号，2011 年。

6. 经济及社会理事会：《联合国人权事务高级专员关于跨国公司和有关工商企业在人权方面的责任的报告》，第 E/CN.4/2005/91 号，2005 年。

7. 经济及社会理事会：《人权与跨国公司和其他工商企业问题秘书长特别代表的临时报告》，第 E/CN.4/2006/97 号，2006 年。

8. 经济及社会理事会：《联合国人权事务高级专员就 2005 年 11 月 10 日至 11 日举行的"人权与采矿业"部门协商会议的报告》，第 E/CN.4/2006/92 号。

9. 联合国大会：《联合国人权事务高级专员 2007 年 2 月 16 日题为"人权与金融业"的行业磋商报告》，第 A/HRC/4/99 号。

10. 联合国促进和保护人权小组委员会：《跨国公司和其他工商企业在人权方面的责任准则》，第 E/CN.4/Sub.2/2003/12/Rev.2 号，2003 年。

11. 人权理事会：《联合国人权事务高级专员 2007 年 2 月 16 日题为"人权与金融业"的行业磋商报告》，第 A/HRC/4/99 号，2007 年。

12. 经济及社会理事会：《增进和保护人权——人权与跨国公司和其他工商企业问题秘书长特别代表的临时报告》，第 E/CN.4/2006/97 号，2006 年。

13. 联合国人权事务高级专员办事处：《工商业和人权：实施联合国"保护、尊重和补救"框架指导原则》，第 HR/PUB/11/4 号，

2011 年。

14. 联合国大会：《人权与跨国公司和其他工商企业问题工作组的报告》，第 A /73/163 号，2018 年。

15. 联合国人权事务高级专员办事处：《尊重人权的公司责任解释性指南》，第 HR/PUB/12/02 号，2012 年。

16. 人权理事会：《人权与跨国公司和其他工商企业问题工作组关于工商业与人权论坛第六次会议的报告》，第 A /HRC/38/49 号，2018 年。

17. 人权与跨国公司和其他工商企业问题工作组在人权理事会第 26 届会议上的发言，2014 年 6 月 11 日。

18. 人权理事会：《人权与跨国公司和其他工商企业问题工作组第三届会议的结果》，第 A /HRC/WG. 12/3/1 号，2013 年。

19. 联合国促进和保护人权小组委员会：《跨国公司和其他工商企业在人权方面的责任准则》，第 E/CN. 4/Sub. 2/2003/12/Rev. 2 号，2003 年。

20. 人权理事会：《拟订一项关于跨国公司和其他工商企业与人权的关系的具有法律约束力的国际文书》，第 A/HRC/RES/26/9 号，2014 年。

21. 人权理事会：《跨国公司和其他工商企业与人权的关系问题不限成员名额政府间工作组（任务是拟订一项具有法律约束力的国际文书）第一届会议报告》，第 A/HRC/31/50 号，2016 年。

22. 人权理事会：《跨国公司和其他工商企业与人权的关系问题不限成员名额政府间工作组第二届会议报告》，第 A/HRC/34/47 号，2017 年。

23. 人权理事会：《跨国公司和其他工商企业与人权的关系问题不限成员名额政府间工作组第三届会议报告》，第 A/HRC/37/67 号，2018 年。

24. 人权理事会：《跨国公司和其他工商企业与人权的关系问题不限成员名额政府间工作组第四届会议报告》，第 A/HRC/40/48 号，

2019 年。

25. 经济、社会和文化委员会：《关于适足住房权的第 4 号一般性意见》，第 E/1992/23 号。

26. 经济、社会和文化权利委员会：《关于性健康和生殖健康权的第 22 号一般性意见》，第 E/C.12/GC/22 号，2016 年 5 月 2 日。

27. 经济、社会和文化权利委员会：《第 5 号一般性意见：残疾人》，第 E/1995/22 号，1994 年 12 月 9 日。

28. 经济、社会和文化权利委员会：《第 16 号一般性意见：男女享有所有经济、社会和文化权利的平等权利》，第 E/C.12/2005/4 号，2005 年 8 月 11 日。

29. 联合国欧洲经济委员会：《在环境问题上获得信息公众参与决策和诉诸法律的公约》，1998 年 6 月 25 日。

30. 经济、社会及文化理事会：《关于国家在工商活动中履行〈经济、社会及文化权利国际公约〉规定的义务的第 24 号一般性意见》，第 E/C.12/GC/24 号，2017 年。

31. 联合国人权理事会：《联合国土著人民权利宣言》，第 A/RES/61/295 号。

32. 消除种族歧视委员会：《第二十三号一般性建议：土著人民的权利》，第 A/52/18 号。

33. 联合国人权理事会：《与享有安全、清洁、健康和可持续环境有关的人权义务问题特别报告员的报告》，第 A/HRC/37/59 号。

34. 联合国大会：《与享有安全、清洁、健康和可持续环境有关的人权义务》，第 A/73/188 号。

35. 联合国人权理事会：《人权与环境》，第 A/HRC/RES/19/10 号。

36. 人权理事会：《加强对与工商企业有关的侵犯人权行为的问责、改善受害者获取补救的途径》，第 A/HRC/32/19 号，

37. 联合国大会：《世界人权方案》，第 A/RES/59/113 号，2005 年，

38. 联合国大会:《联合国人权事务高级专员关于〈联合国人权教育十年行动计划〉执行情况的报告》,第 A/51/506/Add. 1 号,

39. 联合国大会:《联合国人权教育和培训宣言》,第 A/RES/66/137 号,2012 年。

40. United Nations, Report of the Panel of Eminent Persons Enhancing the Development Role and Impact of UNCTAD, Geneva, June 2006.

41. United Nations Global Compact, Office of the High Commissioner of Human Rights: Embedding Human Rights into Business Practice, 2004.

42. UN human rights office of the high commission: How State-based NJMs respond to sectors with high risks of adverse human rights impacts: Sector Study-Part 1, May 2017.

43. Sub-Commission on Prevention of Discrimination and Protection of Human Rights, UN Doc. E/CN. 4/Sub. 2/1995/11 of the 24th July 1995, E/CN. 4/Sub. 2/1996/12 of the 2nd July 1996 and E/CN. 4/Sub. 2/1998/6 of the 10th June 1998.

44. UN human rights office of the high commission: A scoping paper on State-based non-judicial mechanisms relevant for the respect by business enterprises for human rights: current issues, practices and challenges, 17, February 2017,

五、网站

1. 移徙工人委员会:《移民常见问题》,https://www. un. org/zh/aboutun/structure/ohchr/cmw/faq. shtml,最后访问时间:2021 年 12 月 20 日。

2. 仁宝电脑:《企业社会责任》,https://www. compal. com/CSR/ZH/page. aspx? Id=5,最后访问时间:2021 年 12 月 15 日。

3. 中国商务部:《商务部:我国对"一带一路"沿线国家投资持续增长》,http://www. mofcom. gov. cn/article/i/jyjl/e/202103/20210303045630. shtml,最后访问时间:2022 年 5 月 18 日。

4. 中国一带一路网:《已同中国签订共建"一带一路"合作文件的

国家一览》，https：//www. yidaiyilu. gov. cn/xwzx/roll/77298. htm，最后访问时间：2021 年 12 月 18 日。

5. 中国一带一路网：《共建"一带一路"倡议：进展、贡献与展望》，https：//www. yidaiyilu. gov. cn/xwzx/roll/77298. htm，最后访问时间：2021 年 12 月 18 日。

6. 中国一带一路网：《联合国人权理事会第 46 届会议云上聚焦中国与"一带一路"国家的人权合作与成就》，https：//www. yidaiyilu. gov. cn/xwzx/hwxw/166495. htm，最后访问时间：2021 年 12 月 18 日。

7. 联合国：《气候行动》，https：//www. un. org/zh/climatechange/net-zero-coalition，最后访问时间：2022 年 3 月 1 日。

8. 商务部条约法律司：《企业利用投资协定参考指南》，http：//tfs. mofcom. gov. cn/article/bnjg/202106/20210603162407. shtml，最后访问时间：2021 年 12 月 13 日。

9. 中国自由贸易区服务网：《协定专题》，http：//fta. mofcom. gov. cn/index. shtml，最后访问时间：2021 年 12 月 13 日。

10. 中国自由贸易区服务网：《中国—格鲁吉亚自由贸易协定》，http：//fta. mofcom. gov. cn/georgia/georgia_ agreementText. shtml，最后访问时间：2021 年 12 月 13 日。

11. 中国自由贸易区服务网：《中国—韩国自由贸易协定》，http：//fta. mofcom. gov. cn/korea/korea_agreementText. shtml，最后访问时间：2021 年 12 月 13 日。

12. 中国政府网：《中方正式提出申请加入〈全面与进步跨太平洋伙伴关系协定〉（CPTPP）》，http：//www. gov. cn/xinwen/2021-09/16/content_5637879. htm，最后访问时间：2021 年 12 月 13 日。

13. 中国自由贸易区服务网：《商务部国际司负责人谈 RCEP 即将正式生效有关情况》，2021 年 11 月 6 日，http：//fta. mofcom. gov. cn/article/zhengwugk/202111/46077_1. html（最后访问时间：2021 年 12 月 13 日）。

14. 《习近平在联合国发展峰会上的讲话》，新华网，2015 年 9 月

27 日，http：//news. xinhuanet. com/world/2015 - 09/27/c _ 1116687809. htm，最后访问时间：2022 年 3 月 13 日。

15. United States Global Compact：Implement the Value Driver Model. https：//www. unglobalcompact. org/take - action/action/value - driver - model，last visited at December 5th，2021.

16. United States Global Compact：Global Compact LEAD，see https：//www. unglobalcompact. org/take - action/leadership/gc - lead，last visited at December 5th，2021.

17. United States Global Compact：Financial Markets，see https：// www. unglobalcompact. org/what - is - gc/our - work/financial，last visited at December 5th，2021.

18. The Danish Institute for Human Rights：National Action Plans On Business and Human Rights：https：//globalnaps. org/，last visited at May 3rd，2021.

19. OEIGWG，"Legally Binding Instrument to Regulate，In International Human Rights Law，the Activities of Transnational Corporations and Other BusinessEnterprises"，https：//www. ohchr. org/Documents/HRBodies/HRCouncil/WGTransCorp/Session3/DraftLBI. pdf，last visited at October 5th，2021.

20. OEIGWG，"Draft Optional Protocol to the Legally Binding Instrument to Regulate，in International Human Rights Law，the Activities of Transnational Corporations and Other Business Enterprises"，https：//www. ohchr. org/Documents/HRBodies/HRCouncil/WGTransCorp/Session4/ZeroDraftOPLegally. PDF，last visited at October 5th，2021.

21. Statement of Intent to Work Together Towards Comprehensive Corporate Reporting，https：//www. nomuraconnects. com/focused - thinking - posts/esg-fad-or-future/，last visited at December 16th，2021.

22. French Duty of Vigilance Law，https：//www. legifrance. gouv. fr/jorf/id/JORFTEXT000034290626？ r = AtVgPOmMom，last visited at May 3rd，2021.

23. Swiss Coalion for Corporate Justice, The Responsible Business Initiative, https://corporatejustice. ch/, last visted at May 4th, 2021.

24. Federal Ministry of Labour and Social Affairs, Act on Corporate Due Diligence in Supply Chains, 18. August 2021. https://www. bmas. de/EN/Services/Press/recent-publications/2021/act-on-corporate-due-diligence-in-supply-chains. html, last visited at December 15th, 2021.

25. Sebastian Rünz, Volker Herrmann, Overview of the German Supply Chain Due Diligence Act, https://www. taylorwessing. com/en/insights-and-events/insights/2021/07/overview-of-the-german-supply-chain-due-diligence-act, last visited at October 15th, 2021.

26. Dutch Child Labour Due Diligence Act, https://ohrh. law. ox. ac. uk/dutch-child-labour-due-diligence-law-a-step-towards-mandatory-human-rights-due-diligence/, last visited at July 3rd, 2021.

27. Modern Slavery Act 2015, https://www. legislation. gov. uk/ukpga/2015/30/section/54, last visited at July 3rd, 2021.

28. U. S. Custom and Border Protection, Forced Labor, https://www. cbp. gov/trade/programs-administration/forced-labor, last visited at May 3rd, 2021.

29. The Australian Border Force, https://modernslaveryregister. gov. au/statements/, last visited at May 3rd, 2021.

30. NOAURA, ESG: fad or Future? , see: https://www. nomura-connects. com/focused-thinking-posts/esg-fad-or-future/, last visited at December 13rd, 2021.

31. Eni, Eni's respect for human rights, https://www. eni. com/en_CH/attachments/pdf/Enis-Statement-on-respect-for-Human-Rights. pdf #: ~: text = ENI% E2% 80% 99S% 20STATEMENT% 20ON% 20RESPECT%20FOR%20HUMAN%20RIGHTS%201. , to%20the%20well-being%20of%20local%20individuals%20and%20commu-nities, last visited at October 18th, 2021.

32. Eni, slavery－and－human－trafficking－statement－2020, https：//www. eni. com/assets/documents/slavery－and－human－trafficking－statement－2020. pdf, last visited at October 18th, 2021.

33. Amazon, Amazon Global Human Rights Principles, https：//sustainability. aboutamazon. com/people/human－rights/principles, last visited at November 18th, 2021.

34. Wbcsd, bp launches updated Human Rights Policy, https：//www. wbcsd. org/Overview/News－Insights/Member－spotlight/bp－launches－updated－Human－Rights－Policy#：~：text = bp% 20has% 20launched% 20an% 20updated% 20Business% 20and% 20Human, detail% 20around% 20how%20it%20will%20deliver%20on%20commitments.

35. EVP Strategy and Sustainability op－ed：https：//www. linkedin. com/pulse/people－our－updated－human－rights－policy－giulia－chierchia/? trackingId = uzI57EAP1grzM3X31678Ag% 3D% 3D, last visited at November 18th, 2021.

36. Microsoft, Microsoft Global Human Rights Statement, https：//www. microsoft. com/en－us/corporate－responsibility/human－rights－statement? activetab = pivot _ 1% 3aprimaryr5, last visited at November 18th, 2021.

37. BHP, Human Rights Policy Statement, 2019, https：//www. bhp. com/－/media/documents/ourapproach/operatingwithintegrity/taxandtransparency/191202_human－rights－policy－statement_2019. pdf? la = en, last visited at November 18th, 2021.

38. United Nations Environment Programme Report, Environmental Assessment of Ogoniland, August 2011, available at：www. unep. org/nigeria, last visited at December 15th, 2021.

39. Nokia, Nokia People & Planet 2020, see, https：//www. nokia. com/sites/default/files/2021－04/Nokia _ People _ and _ Planet _ Report _ 2020. pdf, last visited at November 18th, 2021.

六、其他

1. 国际劳工组织：《关于多国企业和社会政策的三方原则宣言》，GB. 337/POL/3。

2. 经济合作与发展组织（OECD）：《跨国公司指南（2011 年版）》。

3. 经济合作与发展组织（OECD）：《经合组织关于国际投资和跨国公司的宣言和决定》，2019 年。

4. 国务院国有资产监督管理委员会：《关于印发〈中央企业"十二五"和谐发展战略实施纲要〉的通知》。

5. 国际复兴开发银行：《关于解决各国和其他国家的国民之间的投资争端的公约》。

6. 《国家外汇管理局关于印发〈跨国公司跨境资金集中运营管理规定〉的通知》。

7. 经济合作与发展组织：《经合组织负责任商业行为尽责管理指南》，2018 年。

8. 经济合作与发展组织：《经济合作与发展组织受冲突影响和高风险区域矿石负责任的供应链尽职调查指南》，2016 年。

9. 国际法委员会：《国家对国际不法行为的责任条款及其评注》，第 A/56/10 号。

10. 国际劳工组织：《禁止和立即行动消除最恶劣形式的童工劳动公约》（第 182 号公约），1999 年。

11. 国际开发银行、联合国开发计划署：《融合投融资规则促进"一带一路"可持续发展——"一带一路"经济发展报告（2019）》，2019 年。

12. 《中华人民共和国公司法》（2018 修正）。

13. 《中华人民共和国外资企业法》（2016 修正）。

14. 《中华人民共和国数据安全法》。

15. 《中华人民共和国个人信息保护法》。

16. 《中华人民共和国食品安全法》。

17. 《国务院关于印发 2030 年前碳达峰行动方案的通知》。

18.《国务院关于印发"十四五"国家知识产权保护和运用规划的通知》。

19.《国务院关于印发"十四五"就业促进规划的通知》。

20.《国务院关于印发全民科学素质行动规划纲要（2021—2035年）的通知》。

21.《国家人权行动计划（2009—2010 年）》。

22.《国家人权行动计划（2012—2015 年）》。

23.《国家人权行动计划（2016—2020 年）》。

24.《国家人权行动计划（2021—2025 年）》。

25. 浙江华友钴业股份有限公司：《2020 年度钴供应链尽责管理报告》，2021 年。

26. 中国国家电网：《2020 社会责任报告》，2021 年。

27. 中国五矿化工进出口商会：《中国负责任矿产供应链尽责管理指南》。

28. 中国纺织工业联合会：《纺织服装企业社会责任管理体系（2018 版）》，2018 年。

29. 日内瓦国际标准化组织：《ISO 26000 社会责任指南》，2010 年版。

30. 中华人民共和国国家质量监督检验检疫总局和中国国家标准化管理委员会：《ISO26000 - 2010 社会责任指南中文版（GBT36000 - 2015）》。

31. 北京零点有数：《"一带一路"沿线中国民营企业现状调查研究报告》，2019 年 8 月 7 日。

32. 新京报：《缅甸政府单方面叫停密松电站 外长访华协商》，2011 年 10 月 12 日。

33. Dodd-Frank Wall Street Reform and Consumer Protection Act, 12 USC § 1502 (2010).

34. Development Policy and Strategic Research Branch Working Paper 05/2010.

35. D. Johnson, Who's in charge? Putting the Mineral Trade in Eastern DRC under International Control: An Overview, August 2010, Pole Institute, Goma.

36. OECD (2011), OECD Guidelinesfor Multinational Enterprises, OECD Publishing.

37. KPMG, "Conflict Minerals Provision of Dodd-Frank: Immediate implications and long-term opportunities for companies", Report, August 2011.

38. Keen De Backer, Sébastien Miroudot, Mapping Global Value Chains, December 2013.

39. European Parliament, Regulation (EU) No 995/2010 of the European Parliament and of the Council of 20 October 2010 laying down the obligations of operators who place timber and timber products on the market Text with EEA relevance.

40. Directive 2014/95/EU of the European Parliament and of the Council of 22 October 2014 Amending Directive 2013/34/EU as Regards Disclosure of Non-Financial and Diversity Information by Certain Large Undertakings and Groups [2014] OJ L 330/1.

41. Modern Slavery Act 2015 (UK).

42. CESCR, Concluding Observations on the Fourth Periodic Report of France (2016) CO 4.

43. European Parliament, Regulation (EU) 2017/821 of the European Parliament and of the Council of 17 May 2017 laying down supply chain due diligence obligations for Union importers of tin, tantalum and tungsten, their ores, and gold originating from conflict-affected and high-risk areas, 320 17R0821.

44. Organization for Economic Co-operation and Development, OECD-Due Diligence Guidance for Responsible Business Conduct (OECD Publishing, 2018).

45. Vedanta Resources PLC and another (Appellants) v. Lungowe and

others（Respondents）[2019] UKSC 20.

46. Okpabi & Ors v. Royal Dutch Shell Plc & Anor（Rev 1）[2018] EWCA Civ 191（EWCA [Civ]）.

47. Organization for Economic Co-operation and Development, OECD Due Diligence Guidance for Responsible Business Conduct（OECD Publishing, 2018）.

48. Czech Republic, National Action Plan for Business and Human Rights 2017-2022.

49. Finland, National Action Plan for the Implementation of the UN Guiding Principles on Business and Human Rights, 2014.

50. The Federal Government of Germany, National Action Plan Implementation of the UNGuiding Principles on Business and Human Rights 2016-2020, 2016.

51. Ireland, National Action Plan on Business and Human Rights 2017-2020.

52. Italy, ItalianNational Action Plan on Business and Human Rights 2016-2021, 2016.

53. Secretary of State for Foreign and Commonwealth Affairs, Good Business Implementing the UN Guiding Principles on Business and Human Rights, May 2016.

54. Sweden Ministry for Foreign Affairs, Action plan for business and human rights.

55. Georgia, National Human Action Plan chapter 25 on business and human rights 2018-2020.

56. Korea, The 3rd National Action Plan（NAP）for the Promotion and Protection of Human Rights Republic of Korea 2018 to 2022.

57. Office in Colombia of the High Commissioner for Human Rights, National Action Plan on Human Rights and Business.

58. Swiss, Swiss National Action Plan 2020-23, 15 January 2020.

59. the Council of Minstries, Polish National Action Plan for the Implementation of theUnited Nations Guiding Principles on Business and Human Rights 2017−2020.

60. French, National Action Plan for the implementation of the United Nations Guiding Principle on Business and Human Rights.

61. Kenya, National Action Plan on Business and Human Rights For the Implementation of the United Nations Guiding Principles on Business and Human Rights, June 2019.

62. The Danish Government, Danish National Action Plan−implementation of the UN Guiding Principles on Business and Human Rights, March 2014.

63. Thailand, Rightsand Liberties Protection Department Ministry of Justice, First National Action Plan on Business and Human Rights (2019−2022).

后　记

　　光阴荏苒，不知不觉我在中国政法大学已度过十年。回首十年的学习和成长时光，情景往事，历历在目，2012 年有幸跨入法大五年制英语法律双学位试验班，2016 年通过考研，我第一次结缘人权研究院，从此闯入人权法学这片天地。硕博六年我一直求学于恩师张伟教授门下，2018 年到新西兰人权委员会实习，同年获得了国家奖学金，2019 年参加在泰国举办的国际人权会议。恩师时常给我分享有关工商业与人权的前沿讲座和期刊信息，带我拜识了很多人权学界权威前辈。在写作过程中，从论文的选题、撰写与修改，无不凝聚着恩师的心血，写作中恩师不断鞭策和指导我，帮助我改掉闭门造车的陋习，要求我主动与人分享自己的写作心得，进而使得论文的研究更加全面深入。在此，向恩师和师母致以崇高的敬意和深深的感谢。

　　《企业人权尽责研究》这本书在写作和出版过程中还获得了诸多老师的帮助。孙萌老师、刘小楠老师、单纯老师和夏吟兰老师对我的论文选题的理论依据和整体框架提出了意见，帮助我明确了论文要解决的问题。在写作和修改阶段，我组织和参与了多次工商业与人权论坛，与会的各位老师和实务工作者为我的论文写作提供了多元的视角，其中特别是梁晓晖老师、唐颖侠老师、陆志安老师等。此外，我还要感谢我的室友张爱桐以及同师门的郑童心、李冰清、孙圆圆师妹，她们帮助我进行了文字的校对，而在修改期间，我非常感谢我所在的单位汕头大学给我的支持，让我在教学之余有时间进行进一步深入研究，并将此作为我的科研启动项目。

　　最后，我要感谢我的父母，您们一直在我身后默默支持我，没有您们的扶持和鼓励，就不会有我的今天。

　　回首过往，所有的汗水与泪水，荣耀与失败已经显得那么的微不足道，展望未来，我会努力成为"有志、有识、有恒、有为"的青年研究者。不枉母校和恩师的谆谆教诲！

刘林语

2023 年 10 月 8 日

图书在版编目（CIP）数据

企业人权尽责研究 / 刘林语著. -- 北京：中国政法大学出版社, 2025. 2. -- ISBN 978-7-5764-1896-5

Ⅰ. D998.2

中国国家版本馆CIP数据核字第2025X4Z012号

书　　名	企业人权尽责研究 Qiye Renquan Jinze Yanjiu
出 版 者	中国政法大学出版社
地　　址	北京市海淀区西土城路 25 号
邮　　箱	fadapress@163.com
网　　址	http://www.cuplpress.com (网络实名：中国政法大学出版社)
电　　话	010-58908435(第一编辑部) 58908334(邮购部)
承　　印	北京中科印刷有限公司
开　　本	650mm×960mm　1/16
印　　张	18
字　　数	259 千字
版　　次	2025 年 2 月第 1 版
印　　次	2025 年 2 月第 1 次印刷
定　　价	89.00 元